JN113403

数秘術

内なる自分をひらく鍵

ハンス・ディカズ 著　トム・モンテ 共著
水柿 由香 訳

Fortune

"Translated from"
Numerology:
A Complete Guide to Understanding and Using Your Numbers of Destiny
Copyright © 2001 Hans Decoz

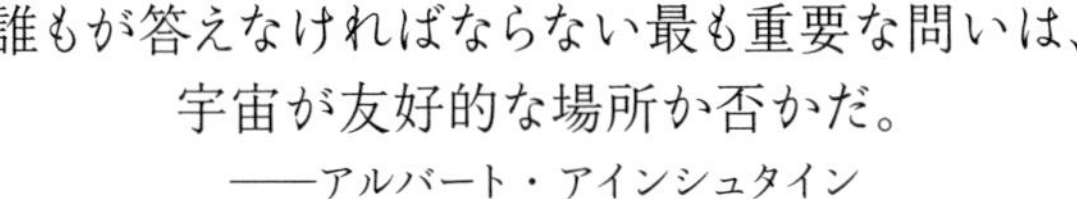

誰もが答えなければならない最も重要な問いは、
宇宙が友好的な場所か否かだ。
——アルバート・アインシュタイン

The most important question all of us must answer
is whether the universe is a friendly place or not.
—Albert Einstein

目　次

はじめに

Preface

数秘術は、自分の精神的な気づきを大きく広げてくれる言語である。自分も知らなかった心の奥底にある扉を開く言語だ。

実はどの言語にもそんな働きがある。言葉が生まれる前、人類には極めて単純で基本的な思考しかなく、多くは生存に関することに限られていた。しかし言語が生まれると人間と現実の関係は複雑になり、可能性が広がり、クリエイティビティーが圧倒的に高まった。

相対性理論という言葉を例に挙げてみよう。相対性とは、絶対的でない何かが宇宙に在る、という意味だ。また、自分にとっての真実が必ずしも別の誰かにとっても真実であるとは限らない、という意味もある。アルバート・アインシュタインが相対性理論を発表するまでは、自分にとってもほかの誰にとっても、物はその見かけどおりのものだという絶対性の概念が世界の主流だった。しかし相対性理論という言葉とその言葉の意味するアインシュタインの壮大な概念が現れたことで、人類は生命観や人生観が変わるような新しい考え、新しい可能性、自分と現実との新しい関係に目覚めた。このように、複雑で大きな意味を持った象徴的な言葉が現れるたびに、人の精神の世界は広がってきた。

言葉と同じように、数という言語に出会うことでも世界は広がる。数に出会った瞬間、世界がはるかに大きく複雑で、それでいて前よりもわかりやすいものに思える。以前は思い至らなかったことも考えられるようになる。

シンボルは関係性をあらわにする。シンボルは、とかく抽象的な考えの連なりに、はっきりとした形を与える。シンボルは人間のさまざまな特性の相互関係を示し、本質的な部分で互いにどう関連しているかを明らかにする。

たとえば、あなたが持っているさまざまな特性について考えてみよう。あなたの才能や性格の一部分だけを取り上げても、あなたがどんな人かはまるでわからない。では、あなたに意志の強さがあるとしよう。意志という抽象的な概念だけでは、ほかの雲と離れて空に浮かんでいる一片の雲のようである。けれども、そこに「1」というシンボルを使うと、シンボルが考えを整理する物差しの役目を果たし、「1」に象徴されるさまざまな資質――意志、始まり、勇気、決断、オリジナリティー、自立心、個性――がまるで家族のように自然に集まって「1」というシンボルの下に引き寄せられる。

では、なぜこれらの特性は「1」と結びつくのか。それは、どんな始まりもほかの何かと関連していることを人が生きていく中で学んだからである。たとえば、始まりには必ず抵抗が伴う――何かを生み出すには、意志、決断、勇気、オリジナリティー、クリエイティビティー、自立心、個性が必要になる。こうして、世の中に存在している「1」との関連、始まりとの関連がつまびらかになる。このような関連性は実は以前からあったのだが、抽象的な概念であるためにつながりが見えなかったか、結びつきが私たちに把握できる領域外で自然に生まれたために、わかりづらかったのだろう。

究極的には、シンボルなくして人生のパターンを語ることはできない。シンボルは、元型の世界に存在する膨大な知識を映し出す。元型は情報の独特なかたまりのようなものだが、その豊かな英知を引き出す手段がなければ、人生に生かされることもなく心の奥底にしまわれたままだ。元型は今まで知らなかった知識を、いや、今まで意識に上らなかった知識を伝えてくれる。

数を使って人の特性について考えることの良さは、両者に元々自然な結びつきがあり、相性が素晴らしいという点にある。「1」という数を独自性や創意と結びつけることに何の無理もない。また「1」という数はあらゆる言語で始まり、源、最初、誕生の意味で使われている。

数による象徴のおかげで、人がこの世界の仕組みについて深く問いかける際にクリアに考えることができる。たとえば、数には特定の意味がでたらめに当てはめられたのか？ それとも数とその数の意味には自然に発生するパターンがあるのか？ 数はものごとの表面下に隠れている大いなる真実の反映か？

本書、『数秘術 ―内なる自己をひらく鍵（*Numerology: The Key to Your Inner Self*）』は、この問いに答えることを試みている。数について理解するだけでなく、人生を深く理解するためのツールとしても役立つはずだ。ただし、どれほど力のある洗練されたツールであっても、宇宙や人生という広大な世界に迫ることなどできない、という認識を持っておくことが大切である。数秘術は今より大きな現実に飛び込むためのきっかけにすぎない。宇宙は無限で、数秘術は創造という広大な世界への窓を開き、その広がりはあなたの中にある。誰もがこの無限の宇宙の一部である。あなたやほかの人について数が何を伝えるとしても、すべてを語り尽くせるツールなどないことを忘れないでほしい。

この本の執筆中に、多くの方から支えられ、励まされ、また現実的な助けをいただいた。ウェンディー・エイカース、ジョン・ピーターソン、ベティー・ピーターソン、ニーナ・グレイ、ランドル・ジャメール、ジェニス・ジャメール、マイク・ラトリッジ、デイヴィッド・メスメイカー、デボラ・メスメイカー、コリン・ギビンス、そしてキャロル・ギビンスに愛と感謝を送りたい。

近しい友人であるニールス・レンズとリー・アン・ダルースカからは、励まし、アドバイス、実際的な助けをもらった。本書が無事に完成したのは彼らのサポートのお陰である。

トム・モンテとトビー・モンテには特別に感謝を伝えたい。彼らなくして『数秘術 ―内なる自己をひらく鍵（*Numerology: The Key to Your Inner Self*）』を書き終えることはできなかっただろう。

テキサス州ヒューストンにて
ハンス・ディカズ

Part 1 内なる自分

The Inner You

西洋に伝わるピュタゴラス数秘術は、今までに生み出された自己啓発法の中でも最も長く人々に親しまれてきた手法のひとつである。

中国、日本、ギリシャ、ヘブライ、エジプト、フェニキア、初期キリスト教、マヤ、インカといった文明では、どれも自己や世界への理解を深めるために数が用いられてきた。

ピュタゴラス数秘術は、古代ギリシャの哲学者であり数学者であったピュタゴラスが、アラビア、ドルイド、フェニキア、エジプト、エッセネで発達した数学を組み合わせて体系化したものである。それ以来進化を続け、薔薇十字団、フリーメーソン、人智学など、多くの秘密結社における精神的な教えの基礎となった。

数秘術は、自分自身を理解するための実践的な手法として使われている。数秘術によって、自分の才能、生きる目的、隠れた特性、チャンスや課題など、自分の奥深くにある生まれ持った性質を知ることができる。この先訪れる機会を見抜くヒントをもたらし、生涯を通じて経験するサイクルを示し、仕事、恋愛、資産形成への向き合い方を導いてくれる。端的に言えば、数秘術は自己啓発ツールであり、あらゆるタイプの状況に有意義なアドバイスを提供する。

今日、数秘術の人気は高まり続けている。今では新聞や雑誌に数秘術のコラムが連載されている。個人的な恋愛からビジネス上の決断に至るまで、数秘術師たちにはあらゆる相談が持ち込まれ、その数は増え続けている。コンピューター化の進む産業社会が数という体系への依存を深めるにつれて、数秘術という古の精神科学はその魅力を増すばかりである。

この魔法の術が時の流れを超えて使われる理由はいくつもある。まず単純に言ってとても正確だからだ。数秘術に出会った人は、その洞察の鋭さ、実践的なアドバイス、今後の流れや出来事を予測する能力にただ驚く。数秘術という精神科学には古くからの普遍の英知が込められており、人はその英知を直感的に理解し、敬い、響かせ合う。また、数秘術は難解ではない。簡単な計算さえできれば誰でもチャートをつくれるし、チャートの完成にさほど時間がかからない。

この本で使われているチャートのシステムでは、伝統的なシンボルとわたしがデザインしたシンボルを組み合わせて使っている。わたしは数年をかけて必要な数や情報をすべてひとつにまとめた完璧なチャートを開発した。すべてのステップを学んで必要な計算式をすべて使いこなせるようになるまでは、このチャートを使うことをお勧めする。十分習得したら自分なりのシステムを開発してもよいだろう。

本書では、数秘術のチャートの完成に必要な情報を順に説明していく。

チャート上の記号は、たとえばライフ・パス・ナンバーをエクスプレッション・ナンバーやハートデザイア・ナンバーなど別のナンバーと区別するために使われる。ちなみにライフ・パス・ナンバーは二重丸の記号で示される。

Part 1では、自分の人柄、強み、弱みを知り、数からわかったことを自分のためにどう活かせばよいかを学ぶ。

ベース・チャート(訳注P1-1)

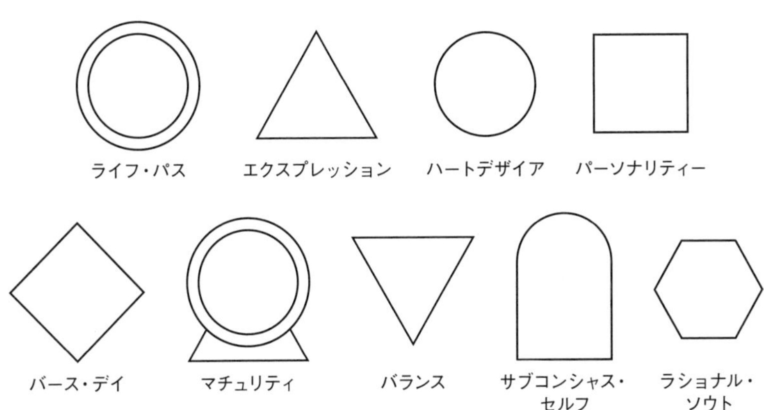

訳注 P1-1　ベース・チャートについては 233 頁に説明がある。

第1章

数秘術の基本と利点

わたしは神が絶対にサイコロを振らないと確信している。
——アルバート・アインシュタイン

たいていの人は、数学が嫌いか数学と聞いただけで及び腰になるかもしれない。あなたがそんな人のひとりなら、数秘術は数学ではないので安心してほしい。確かに小さな数を足したり引いたりするが、それ以上複雑な計算はしない。数秘術のチャートを完成するのに必要な数は、どれも簡単に計算できる。一桁か二桁の数同士を足す以上に複雑ではないので、気後れすることは何もない。

数秘術は、それぞれの数の性格、秘められた性質、バイブレーションに基づき、数を使って自分と自分を取り巻く世界への理解を深める方法である。数に性格があるとは今まで思ったこともないだろうが、少し考えてみれば、たいていの人には好きな数があることに気づく。人は直感的に数の性質や性格に魅かれ、そこから数に対する好みが生まれるからだ。

この話をさらに進める前に、数秘術のさまざまな面について考えてみたい。以下に、数秘術に関してよく聞かれる質問を挙げて説明する。

数秘術はどんなことに役立つか？

数秘術は基本的に自己啓発ツールである。自分の内面の在り方や本来持っている性質について洞察し、理解を深めるための方法だ。自分の個

性や人柄のさまざまな面がわかるので、ワクワクして新鮮な気持ちになれる。自分を見つめる新たな視点が得られるだけでなく、ほかの多くの自己啓発法よりも深く、広く、全体的に自分を見渡すことができる。成功や自由を手にするには自分を知ることが鍵だが、数秘術で自分の強みや弱点への洞察を深めると、人生のさまざまな面で役に立つ。

また、数秘術によって、今までに経験した人生のいろいろなサイクル、チャンス、課題、そして今後直面するそれらへの洞察も得られる。これらがわかるだけでも人生を大きく見すえて未来に備えることができるし、自分の長所を伸ばして短所を克服する助けになる。

チャートをつくるのに必要な情報は？

チャートの作成に必要なのは、誕生日、出生証明書[訳注１－１]に記載されている氏名（苗字、下の名前、ミドル・ネームを持っているならそれも含む）、今使っている名前の３つだけである。今使っている名前とは、たいてい正式な本名を略した[訳注１－２]ものや結婚後の名前になる。自分が自己紹介をするときに名乗る名前、ふだん自分が公の場で使っている名前を指す。

改名するとどんな影響があるか？

改名はとても大きな影響をもたらす可能性があるが、それはチャートにほかにどんな数があるかによる。改名した直後はぼんやり感じるだけだが、改名による変化は、改名後の名前が自分の潜在意識に十分行き渡るまで続く。法律的に名前が変わることよりも、自分がその新しい名前をどのくらい使うかのほうが重要である（改名についての詳しいアドバイスは第３章「マイナー・エクスプレッション・ナンバー」を参照してほしい）。

訳注１-１日本の戸籍謄本・抄本に当たる。
訳注１-２たとえばビル・ゲイツの出生時の名前はウィリアム・ヘンリー・ゲイツ３世、トム・クルーズはトーマス・クルーズ・メイポーサー４世である。アメリカでは、ビル・ゲイツのような「正式な本名を略した」名前がパスポートや運転免許証といった公の文書にも使われ、公的な性質がきわめて強い。

数秘術は、健康問題、お金の苦労、事故が起こることを予測できるか？

数秘術は未来を予測できるともできないとも言える。サイクルを見て、人生のある特定の時点で事故、金銭問題、離婚といった苦しい経験をする可能性があることはわかるし、それと同じようにポジティブな出来事も数秘術で予言できる。

しかし、起こったことを自分にとって良いほうに向けるチャンスは誰にでもあるし、せっかくの好機をやり過ごす可能性もある。数秘術は、人生の中で大いに報われる時期や、長年の努力が実るような時期がいつなのかを示すことができ、その予測は極めて正確である。しかし、どれだけ報われるかはその人が積み上げた努力次第である。あまりがんばらなかったのならあまり報われないし、大いに努力したなら大いに報われる。また数秘術では人生の種まき期や収穫期のサイクルもわかる。ただし、自分の撒いたものが自己中心的なふるまいや貪欲の種であれば、収穫期に財政的な損失をこうむったり、周囲からのサポートを受けることができなくなったり、何かを失う時期を経験するだろう。

チャートはその人のポテンシャル、強み、弱み、課題、学びを示す。ものごとにはすべて光と闇の両面があるので、チャート上の数はすべて潜在的な長所と短所の両方を示すことになる。自分の可能性をどこまで発揮するかは本人の自由だが、数秘術師にはその人がどの方向に進む可能性が高いか、どのくらい自分の潜在的な力を活かすか、それとも乱用することになるかがわかる。チャートのバランス、エネルギーの広がり方として表れ、それを読み取ることが数秘術師の最大の仕事なのだが、どれだけ経験を重ねてもむずかしい。たとえば、チャートに「1」がほとんどない、またはまったくない人は、湧き上がる意欲や意志の強さに欠ける可能性が高く、アイデンティティの確立に苦しむ。少し気の弱いところがあるが愛や奉仕の心にあふれていて、協力を惜しまない人という言い方もできる。逆に「1」が多すぎる人は、強力なアイデンティティを持ち、並外れたパワーと野心とやる気にあふれているが、傲慢になったり、自分勝手にふるまったり、人に対して攻撃的であったり、時には暴力的になる恐れもある。どちらも本人が意識しておくべきアンバラン

スなチャートの例である。

数秘術で自分がいつ死ぬかが正確にわかるか？

数秘術は死を予言できないし、他の同様の科学にもそれはできない。死ぬ瞬間を予言できると主張していた数秘術師がいたが、その人自身は何の準備もしないまま不都合なタイミングで亡くなり、そのせいで最高のポロの試合が台無しになって皆が困ってしまった。

数に良い数や悪い数があるのか？

ほかの数より良い数というものはない。どの数にもポジティブな面とネガティブな面がある。数の良し悪しを語れるのは、この職業にはこのような特性が求められる、というような特定の状況の下に限られる。たとえば「４」は優秀な会計士になれる素質を、「５」はセールスパーソンやプロモーター、「６」は素晴らしい教師、「８」は商才に長けた人を示す。

人は特定の数に魅かれることがある。たいていの人は好きな数がある。ある数に魅力を感じるのは色の好みにとても近い。作為がないように思えるが、色が人の気分や行動に影響を与えることは科学的に証明されている。この逆もあって色は人の内面の状態を映し出す。色と同じように、数も人の内面の状態やその人の好みに呼応する。数は人の性質を明らかにし、ものごとの感じ方に影響を与える。

誰もが心の深い部分で、数が単に数量を表すものではなく、それ以上の何かがあるとわかっている。「１」から「９」までの数が表しているのは元型である。クリエイティブな「３」、ダイナミックな「５」、責任感の強い「６」、賢者のような「７」など、数にはそれぞれ特性がある。ひとりの人の中にこれらの特性がすべてあるのだが、その中で他の特性よりはっきり表れるものがある。好きな数とは、そのような特性とその特性を持つ数とのつながりが無意識の認識や無意識に感じる魅力を刺激しているのである。

数そのものに客観的な良し悪しはなく、特定の数に対する好き嫌いは純粋な主観である。

チャートの数はどうやって出すか？

数秘術で扱う数の大半は「1」から「9」までの一桁の数である。後述するが、特別な意味を持った二桁の数が、例外としていくつかあるだけだ。そのため数秘術で行う計算はとても基本的である。非常に単純な足し算や引き算をするだけで、名前と誕生日から自分だけの数秘術ナンバーを出すことができる。

まず、名前を表す文字は数に対応している。アルファベット順に、Aには「1」、Bには「2」、Cには「3」が割り振られている。「9」までの数を使ってこのサイクルを繰り返すと、それぞれの文字の数は以下のとおりになる。

アルファベット	A	B	C	D	E	F	G	H	I
対応する数	1	2	3	4	5	6	7	8	9
アルファベット	J	K	L	M	N	O	P	Q	R
対応する数	1	2	3	4	5	6	7	8	9
アルファベット	S	T	U	V	W	X	Y	Z	
対応する数	1	2	3	4	5	6	7	8	

ここでメアリー（Mary）という名前を例にして、文字に数を当てはめてみよう。上の表を使って以下のようにメアリーという名前を数に置き換える。

M＝4
A＝1

R＝9
Y＝7
→4＋1＋9＋7＝21

名前の文字から計算するナンバーには、エクスプレッション・ナンバーを始めとしてさまざまなものがあり、それらの数について第３章で詳しく使い方を学ぶ。

次に、数秘術では大きな数を一桁の数へ変換する決まった方法がある。たとえば、メアリーを表す「21」は「２」と「１」を足して「３」にする。以下にさらに例を挙げる。

- 「81」は「8」と「1」を足して「9」になる。
- 「124」は「7」になる（1＋2＋4＝7）。
- 「222」は「6」になる（2＋2＋2＝6）。

一桁の数になるまで２回計算することもある。たとえば、

- 「39」は2回計算して「3」になる。
1回目：3＋9＝12
2回目：1＋2＝3
- 「86」は「5」になる。
1回目：8＋6＝14
2回目：1＋4＝5

これ以上複雑な計算はしない！

数秘術の背後にある価値観とは？

数秘術は、いのちの営みや宇宙全体には秩序があるという考えを前提とし、秩序そのものである数にその秩序が映し出されるという考え方に基づいている。

数秘術が投げかける問いは人生や世界に対する疑問と同じであり、人

生には意味や秩序があるのか、それともこの世はただ単にでたらめで混沌としたものなのか、という誰もが直面するジレンマに行き当たる。

この問いの答えとしては、宇宙は無作為で混沌としている、宇宙はどこまでも秩序正しい、無作為と秩序の両方が存在している、という3つが考えられる。

まず、宇宙が無作為なものであれば、宇宙は何の秩序も深い意味も存在しない状態になり、偶然の出来事に支配され、宇宙に整然たる秩序をもたらす法則など存在しないことになる。だが実際は、物理、数学、生物学、化学、天文学といった自然科学の法則が見出され、それらの基本はすべて秩序正しさであり、さらには予測可能でもある。つまり宇宙は無作為だという想定は正しくない。もし宇宙が予測できない出来事に支配されているなら、宇宙に持続可能な構造は存在しないはずだが、宇宙では形や構造が保たれているだけでなく、精確かつ秩序を持って変化している。

人はこの変化のプロセスを常に目にしている。昼は夜になり、夜は昼になる。冬が終わり、春が訪れ、夏が来て、秋になる。リンゴの木にリンゴが実り、イチジクの木にイチジクがなり、決して入れ替わったりはしない。

原子核の内部から星や銀河に至るまで、宇宙の存在のあらゆる面に秩序がある。つまり元々の問いの答えがひとつ目である可能性はなく、宇宙には少なくともある程度の秩序があると言える。

では、すべてが秩序正しいのか？　生命の基——ディオキシリボ核酸（DNA）の世界、分子の世界、そして子どもの発育——に目を向ければ、その規則性に驚かされる。DNAはどこまでも整然としている。DNAという基本の型から、目がふたつで手と足の指が10本ずつあるまったく同じ特徴を持った人間が、文字どおり何十億人と生み出されてきた。まったく同じ目元をした人間はいないが、それはDNA分子に込められた驚異的なクリエイティビティーとエネルギーの表れだと言えよう。

妊娠と誕生も目を見張るほど秩序正しい。卵子と精子から受精卵ができ、9カ月後には完全な胎児に発達して生まれ出てくる。生まれた後の成長パターンも同様だ。人間は誰もがとても未熟な状態で生まれ、若者に成長して思春期を迎え、大人になって成熟し、年を取り、やがて死に

至る。人の一生は昔から変わらない。人類が地球に生息して２億年ほど経つが、その間このパターンが連綿と繰り返されてきた。

星空を見上げれば、惑星というさらに大きなスケールの秩序が見て取れる。つまり、世界の創造に無作為はない。事実、それがあらゆる自然科学の基本概念になっている。

とは言え、誰もが無秩序な気まぐれやランダムに思える出来事を経験したことがある。自分の頭の上も足の下も――つまり自分以外――この世界にはどこまでも深淵な秩序があるのはわかったが、自分の人生には意味のわからない出来事ばかりがでたらめに起こるように思える。秩序ある宇宙と無秩序な自分はいかにして共存するのか？

それは、一見すると秩序と無秩序が同時に存在しているように思えるため、そのふたつが共存していなければいけない、と思い込んでいるだけだ。考えてみてほしい。宇宙を知れば知るほど宇宙の秩序に対する認識が高まる、ということを。たとえば、つい 30 年前まで心臓病や癌は突然何の理由もなくかかる怖い病気だと思われていた。が、今日では日常生活のパターンや食習慣が主な原因だと考えられている。どちらの病気も極めて論理的な原因の結果であり、つまりは秩序の産物である。病気そのものは何も変わっていないが、病気に対する人々の認識が変わった例だ。

飢饉、干ばつ、地滑りなどのいわゆる「自然災害」は、偶然の出来事だと見なされることが多い。人間の無知が引き起こしたと判明するのは、たいてい後になってからだ。ものごとの根底にある秩序を認めずに状況を曲解しようとして、災害につながりかねない要因がありながら、広い視点からさまざまな可能性を考えることができなかったのである（人間には今でもその視野がない）。

つまり、理解が進むにつれて、無作為だと思っていた認識も変わるということだ。そしてものごとの根底にある秩序を認めるようになる。その秩序はいつもぼんやりしていてはっきりわからなかっただけで、秩序自体はいつもそこに存在していた、という点が重要である。

秩序の理解が深まると、時間や空間のとらえ方も変わってくる。シンクロニシティーや超感覚的な知覚を説明しようとすると、誰でも苦労する。時間認識や空間認識の常識に反する体験だからだ。合理的な考え方では説明がつかず、今までの知識では理解できない「普通では考えられないこと」とされる。が、実は、ものごとの根底にある秩序を一瞬垣間見る体験をしたのである。

この根底にある秩序は直感的にしか十分には理解できないが、それが最先端科学の量子物理学によって証明されつつある。

量子物理学者のフリッチョフ・カプラが自著『ザ・タオ・オブ・フィジックス（*The Tao of Physics*）[訳注1－3]』で指摘しているように、科学者はついに宇宙が一体であることを発見した。カプラは宇宙で起こるすべての現象には『根本的な相互依存』があると述べている。同じく量子物理学者のニールス・ボーアは、宇宙に存在するいかなるものも他の存在と完全に切り離して考えることは絶対にできないと論じており、それが量子論の中心的な主張だとしている。現実に対する新たな見方は実にスピリチュアルだ。

わたしの考えでは、人間の魂の進歩とは、自分が宇宙の一部であり宇宙を形づくる不可欠な存在だという認識に十分至るまで意識が高まることである。それは合理的思考プロセスで到達し得るいかなる理解よりも、はるかに広い世界のとらえ方である。頭で考える知識とは正反対で、ずっと深いレベルで理解し、受け入れ、実感を持ってわかっている状態である。瞑想体験によって得ることが多いが、それ以外の状況でも到達できる。

科学もそのような理解への到達を試みている。カプラが示唆しているように、量子力学は――合理的に考えると瞬時にわからないのだが――宇宙の基本的な事実として、宇宙がすべてのものと互いに関連している広大な結合体であることを示している。

古代においては、自然科学も精神科学もすべてこのような考え方に基づいていた。というより、古代の自然科学は、神という名の宇宙の秩序を見出すためのただの道具だった。そのような世界観から生まれたのが数秘術という精神科学である。

数秘術はこの「すべてはひとつである」という考えに基づき、ひとつであることの結びつきが人生のあらゆる面に本質として顕現する、と考

訳注1-3日本語訳はF・カプラ著、吉福伸逸、田中三彦、島田裕巳、中山直子訳、『タオ自然学――現代物理学の先端から「東洋の世紀」がはじまる』（工作舎、改訂版1979年）。

える。合理的な発想ではすぐに納得できないが、たとえば、自分の名前や誕生日も自分の内面の最も深い部分と結びついていると考える。直感で考えればこれらの関係を見抜くことができ、生きることへの理解が深まる。

何かに名前をつけるという行為は、表面的なことでも知的なことでもなく、名前をつけるものの本質を深いレベルで体験し、その体験を名前として表すことである。名前とは名前をつけるものと自分との結びつきから生まれるのであり、直感的に感じたことの表現である。

たとえば、「嵐」という言葉を構成する母音と子音の組み合わせは、目に見えない力の動きやその強さを感じさせる。「嵐」と口に出してみれば感じるはずだ。

別の例を挙げると、「パワー」という単語は「パワー」というものの名前だが、同時にパワーそのものを体験させてくれる。「パワー！」と言うと、何かに食いつくような顎の動きからパワーそのものが感じられる。

「愛」という言葉は、優しく自分を包み込む。まさに愛の意味を体験させてくれる。

どんな言語のどんな単語も、その言語を話す人々が名づけたものであり、どの言葉にも名づけられたものの感覚と魂が見事に映し出されている。ものの名前は何となく選ばれて後から人の中にある感覚と結びついただけだという主張もあるが、音の受け止め方は人の元型的かつ無意識の部分からきている。音をどう受け取るかは音楽を味わうことと密接なつながりがあり、音痴の人も絶対音感を持った人も、人は誰でも生まれながらに雑音と音楽を区別できる。音楽とは調和である。音楽ははじめから人の中に存在している。

人はまた、雷鳴、川がうねりながら流れる音、風を切る鳥の羽音など、自然の営みからもある種の資質と音との関連を学んでいる。

人はものの本質を感じ取り、自分の中にある音楽や調和への理解を使って名前をつける。この直感的な行為が言語を生み出す源である。すべての言語はその言葉を使う人々の中から生まれ、その言葉を話す人々の性質を表している。

ここまで述べたことは、音と時間がどちらも調和と宇宙の秩序に根ざしている、という極めて重要な事実を指摘している。

これが数秘術の源である。数秘術師は、人の名前がその人の本質やその人という存在を見事に反映していると考える。名前は音の集まりであり、メロディーであり、とても深く完璧なまでにその人そのものである。

それぞれの数の具体的な特性は？

数は元型だと考えることができる。人によって程度の差はあるものの、誰もが持っている資質である。それぞれの数が特定の元型的資質だと言ってもよい。たとえば、「１」という数には積極性やダイナミズムがあり、「２」には受容性や協調がある。そういう意味では数秘術には神話との共通点が多い。ギリシャ神話の神々にそれぞれ特定の価値体系があるように、数もそれぞれがただひとつの存在である。

さらに具体的に説明するなら、「１」という数は男性性、強い原動力、個性、決断を表している。「１」とはがらりと異なって「２」には感受性の強さ、女性性、協調、優しさといった資質がある。数は次の数と対になっていて相対関係にある。「１」の性格は「２」の反対である。それとは異なるが同じように深い意味で「２」は「３」の反対であり、「３」は「４」の反対で、「４」は「５」の反対、と続いていく。

それぞれの数の性格ははっきりしているので、いったん理解すればあらゆる場面での数のふるまいを予想できるようになる。

同時に、数がチャートのどこにあるかによって特性の表れ方が微妙に異なり、その数の個性の幅の中で強まったり弱まったりする。また、ほかの数を補完する数というものがあり、その組み合わせになると互いに強め合いサポートする。同じように互いに相手の効果を抑制する数の組み合わせもある。それがチャート上の重要なポジションにあると、相反関係がダイナミックに働く可能性があり、または内面の葛藤を表している場合もある。

本書の数の説明を読むと、その数がどんな位置関係にあるか、チャートの中のどこにあるかに触れていることに気づくであろう。各章を読んで数に関する知識を得れば、すぐにそれぞれの数の性格になじめるはずだ。

数は人間にとてもよく似ていて、相手を知る過程に終わりはないので、それぞれの数の特性、資質、特異性をすべて書き尽くすことはできない。

たとえば「１」は、ジョン・ウェイン(訳注１－４)のようにのしのしと腕を振って歩き、男らしく、どんな状況もすぐに自分のコントロール下に置くような数で、「３」は陽気でスキップするような足取りである。「７」はとても読書家で、「４」はたった１ドルでも大切にするが、「８」は大金を稼いで大金を使う術を知っている。本書ではこのようなあまり目立たない特性まで学ぶことができ、数の知識を自分や他者の人生に関連づけて考えられるようになる。

人の個性、資質、特異性は、すべて基本の９つの数で表すことができる。人間のＤＮＡ分子はすべて基本の４つの核酸でできており、それが複雑な配列の二重らせん構造を成し、ひとつとして同じものはない。それと同じように、人の９つの元型的資質はすべて基本の９つの数で表すことができる。９つの元型が独自の配列を成して長所も短所もあるその人ならではの性格を形成する。

また、９つの数は９つの元型の象徴というだけでなく、人が成長し成熟する過程で誰もが経験する９つの発展段階も表す。本書では、数が表す人の特性だけでなく、人生という進歩の旅路にあるさまざまなサイクルを表す数についても解説する。

ある優れた象徴心理学は、「９」という数字が紐の先の輪の形をしていてひとつのサイクルの完了、始まりに戻ることを表すと解している。同じことが、「９」にどの数を足しても足した数に戻るという事実にも表れる。たとえば9に５を足すと14になり、さらに足し算をする（14の１と４を足す）と５に戻る。８足す9は17で１と７を足すと再び8になる。これ以外にも、数秘術では「９」の表す主な性質を完了、分離、新たな始まりに返る直前の最終地点、と考える。シンボルとしての数字の形、数学的な不思議さ、そして数秘術における意味、という「９」に対する３つの見方には密接な関係性が見て取れる。

数字という数のシンボルの形は、どれもその数の性質を映し出していて興味深い。「１」というまっすぐな柱の形は「１」の意味する独立、リーダーシップ、強さを反映している。

訳注１-４ジョン・ウェイン（John Wayne, 1907 － 1979）は強い英雄の役を多く演じたアメリカの映画俳優。

謙虚で感受性が強く外交的な「２」の形は、立ち直る力の強さを象徴し、落ち込んだり押しつぶされたりしやすいが、バネのように柔軟で、「１」よりもずっと簡単に立ち直る姿をしている。

「３」は自己表現、話術、熱意、インスピレーションを表す。数の中で最も想像力豊かで、オープンで、相手を温かく招き入れ、この世界や上の世界のすべてをいつでも包み込むことがその形に表れている。

「４」はその角張った形のように堅実だ。しっかり地に足が着いていて、他の数を支える土台として岩のように揺るがない。「４」は制約（自分で自分に課していることが多い）や規律も表し、うっとり夢見るようなことがない。

「５」はすべての数の中で最もダイナミックで、真ん中を中心に回転しているような形をしている。どんなことも一度は試してみるタイプなので、裏表のない開けっぴろげな性質である。

「６」は最も愛にあふれ、他の数のために自分を投げ出す。母性と父性の数で体内に愛を宿したような形をしている。

「７」は思索家であり賢者である。真実を追求する数で、その形は腕を伸ばした長老を思わせる。手に持った明かりは答えを求める光を放っている。

「８」は精神的な世界と物質的な世界のバランスを表し、「８」という上下に重ねたふたつの円が天と地を象徴している。

「９」は一巡を表す。「６」と同じように愛に満ちた数だが、「６」が家族、友人、社会に愛を送るのに対して「９」は世界に愛を与える。「９」は人道主義者である。

実際の人や状況に数を当てはめるとそれぞれの数の微妙な意味合いがわかってくるので、答えがはっきりするだけでなく楽しくなるはずだ。

手始めとして、それぞれの数の性格を以下に短くまとめた。また、二桁の数の中にはマスター・ナンバー（「11」と「22」）やカルミック・デット・ナンバー（「13」、「14」、「16」、「19」）として知られる特別な意味を持つ数があるので、それらについても説明する。

「１」は、すべての数の中で最も独立心があり、従来の型にはまらない個人主義者である。始まり、源、イノベーター、何かをゼロから始めて創り出すこと、いかにも個人主義者ならではの特徴を表す。男性的で、勇気や強力なリーダーシップを持つ。大志を抱き、目標を立てて達成しようとする。目指している方向があり、自分の行動に疑問を持たない。頑固で善悪の判断に対して確固たる意見がある。何も恐れず運命に向かって突き進む、エネルギッシュで迫力満点の力の持ち主である。「１」は推進者である。

「２」は、すべての数の中で最も優しく、協調性、外交、機転を表す。影の実力者であり、他者を支える数で、しばしばアドバイザー役を担う。とても女性的で繊細である。「２」は愛にあふれ、弱く、謙虚だ。あらゆるタイプの音楽やハーモニーを愛している。直接的な対立を嫌い、傷つきやすく、人からの批判を冷静に受け止めたり反論すべきことを主張するのが苦手である。だが回復力は極めて高い。「２」は人と人との橋渡し役である。

「３」は、すべての数の中で一番茶目っ気がある。クリエイティブでインスピレーションとやる気に満ちている。その資質の中心は自己表現とコミュニケーションである。能天気な数で、楽観的で何かに夢中になる。外に向かって拡張していくエネルギーで、散り散りになることも多い。周りを盛り上げる。人生を楽しみ、ものごとをあまり真剣に受け止めない。「３」は太陽の日差しのように明るい数だ。

「４」は、すべての数の中で最も現実的で、細かなことに目が届く。整然としていて、システマチックで、几帳面で的確である。信頼性があり、時間を守り、頼りになる。言ったことは必ず実行する。誠実で信用できる数で、ずるいところがまったくない。柔軟性に欠け、変化を嫌う。予測のつかないことを避け、習慣や一定の形式で行われることを好む。あらゆる事業の基盤を成す。「４」は岩盤であり土台である。

「５」は、すべての数の中で一番躍動感がある。説得力があり、人に何かを売り込む能力がずば抜けている。多芸多才で順応性がある。なんでも試してみるし、探検してみる。頭が切れ、機転が利き、猪突猛進で、飛び抜けた反射神経がある。数々のプロジェクトを切り盛りする数だが、性的な悦びや一時の快楽を好み、それにあっさり気を取られてしまう。「５」は冒険心があり、勇敢な旅人の数である。

「６」は、すべての数の中で最も愛にあふれている。他のすべての数と調和し、ひたむきで、相手を気づかう。思いやりがあり、相手を守り、育み、さらに責任感があって、自分を後回しにし、多くを求めない。家庭的でパートナーや家族をまず大切にし、自分がいる社会への関心が高い。「6」は教師であり癒し手である。弱者に心を寄せる。絵画や写真などの視覚芸術の才能や審美眼があり、創造力豊かで職人肌だ。母性と父性の数でもある。

「7」は、すべての数の中で最もスピリチュアルである。真実を探求し、精神性があり、分析的で、高い集中力を持ち、深く静かに考え、瞑想的である。知識と英知を積み重ね、知的で、抽象的にものごとを考えられる。洞察力や理解力があるが、自分志向で内にこもることが多い。内向的で内なる世界に向かう旅路の数である。科学者、哲学者、伝道者、学者、賢者である。内省、独り、穏やかな充足感を表す。「7」は隠者の数である。

「8」は、すべての数の中で一番結果志向である。物質的な世界と精神的な世界のバランスを表す。力強く、野心があって、お金に対する意識の高い数だが、寛容でもある。お金は道具だと知っている。リーダーであり、ビジネス・パーソンであり、大きな夢を抱き大きな計画を立てる。全体を見渡す人で、管理する人である。ものごとを見通す強さと忍耐力の数である。ギャンブラーである。理解があり、包容力があり、心が広い。「8」は先見の明の数である。

「9」は、すべての数の中で最も人道的である。見返りを求めない努力と犠牲を表す。献身的で、人と分かち合い、愛情豊かで、思いやりがある。実業家、政治家、弁護士、文筆家、思想家で、何よりも理想主義者である。世界規模の意識、天才、さまざまな要素を統合する存在である。独創性が高く芸術的だ。建築家、造園家、設計者として色や素材を組み合わせる。人と打ち解けず、高尚で、貴族のようだが、「9」は多くの人の苦しみや痛みを和らげるヒーラーである。

このように、「1」から「9」までの数で人間のあらゆる特性が表される。基本の三原色から何百万という色が生み出されるように、9つの元型である数から無数の組み合わせがつくられ、一人ひとり異なる性格の基礎を成している。

マスター・ナンバー

二桁の数の中に、一桁の数との結びつきがありつつも、特別に取り上げるべき注目の数がふたつある。「11」と「22」だ。ほかの数より潜在的な力があることからマスター・ナンバーと呼ばれる。緊張感にあふれた扱いのむずかしい数で、人柄の一部にうまく組み入れるのに時間と成熟度が求められ、多くの努力を要する。

11 のマスター・ナンバー

「11」は、すべての数の中で最も直感的である。啓示、潜在意識につながる経路、合理的思考の一切ない洞察、そして感受性を表す。また、神経エネルギー、内気さ、非実用性を表す。夢想家である。「11」には「２」のあらゆる側面が備わっており、加えて強いカリスマ性やリーダーシップ、インスピレーションもある。生来の二面性を持った数で、それが前進の活力になることもあれば、内面の葛藤を生むこともあり、いずれにせよ変化を促進させる力がかかり続ける。それに振り回されずに、その力を超えるような何かを目指して目標に集中しないと、意識が内に向かい、恐れを生んだり病的な恐怖心を引き起こしかねない。「11」は偉大さと自己破壊の境目を歩む。成長、安定、人としての魅力を得る可能性を秘めているが、それは直感的な理解やスピリチュアルな真実を受け入れられるかどうかにかかっている。「11」は、そのような理解や真実による平安を、論理ではなく信じる心に見出す。「11」はサイキックの数である。

22 のマスター・ナンバー

「22」は、すべての数の中で一番パワフルである。マスター・ビルダーという名称で呼ばれることが多い。「22」は極めて野心的な夢を現実にできる。すべての数の中で最も大きな成功を収める可能性を秘めている。「22」は「11」のインスピレーションや直感的洞察力の多くも内に宿しており、そこに「４」の実際的で几帳面な性質が加わっている。ルールで締めつけることはないが、自分なりの決まりごとは大切にする。元型を見抜き、それに形を与えて現実のものにする。発想が大きく、素晴らしい計画を立て、理想を追い、リーダーシップを発揮し、圧倒的な自信がある。次々に行動に移していかなければ「22」の持つポテンシャルは無駄になる。「11」と同じように、「22」も自分の野心に自分自身が簡単にひるんでしまい、自分の中にプレッシャーを抱え込んで苦しむ。「11」と「22」は、どちらも特に若い頃とても厳しい精神的プレッシャーを経験する。個人レベルの希望を超えた大きな目標の実現に向かって励まなくてはならない。「22」は現実的な形で世界に奉仕する数である。

マスター・ナンバーについては、本書を通じてさらに説明していく。

カルミック・デット・ナンバー

数秘術は、人は誰もが霊的な存在であり、魂は高次の気づきへ進化するために輪廻転生を繰り返す、という古代の考えに基づいている。

何度も生まれ変わって魂が進化していく道のりを通して、人は豊かな英知を積み、来世で活かされるような良い選択を重ねていく。また、間違いを犯したり天から授かった才能を悪用したりすることもある。そして、過ちを正し、今までの過去生で学びきれなかったことを学ぶために、あえて負荷を増やすことがある。数秘術ではそのような負荷をカルミック・デット（負のカルマ）と言う。

カルミック・デットを示す数は「13」、「14」、「16」、「19」である。これらがコア・ナンバー（ライフ・パス、エクスプレッション、ハートデザイア、パーソナリティー、バース・デイという最も重要なナンバー）や人生のさまざまなサイクル・ナンバーとして出るときは重大な意味がある。これらの数にはそれぞれ特性があり、特定の困難を示している。

チャートの作成のために計算した結果が――特にコア・ナンバーやいろいろなサイクル・ナンバーの計算で――「１」、「４」、「５」、「７」になるときには、二桁の数を足し算した結果としてこれらの一桁の数になる場合がある。たとえば、10から１に（１＋０＝１）、19が１に（１＋９＝10、１＋０＝１）、28、37、46も、足すと10になり、10が１になる。だがカルミック・デット・ナンバーとみなされるのは「19」の場合に限られる。同じように、「４」、「５」、「７」に至る前の二桁の数が

カルミック・デット・ナンバーのときがあるが、それは、「４」になる前が「13」、「５」になる前が「14」、「７」になる前が「16」の場合に限られる。また、カルミック・デット・ナンバーはその数を一桁の数にしたときの数の意味も一部含めて解釈する。

カルミック・デット・ナンバーは、誕生日の数の合計や名前の綴りの計算結果など、チャートのそこここに出る可能性がある。同じ「16」のカルミック・デット・ナンバーを持つ人でも、チャートのどこにあるかによってその数がどう表されるかは大きく異なる。従って、以下の説明は一般的なカルミック・デット・ナンバーの特性にすぎず、対処方法の大まかなガイドラインであることに留意してほしい。

13のカルミック・デット・ナンバー

「13」のカルミック・デットを持つ人は、何かを最後まで成し遂げるのにとても苦労する。行く手をふさがれ、何度も障害を乗り越えなければならない。がんばっても無駄に思えて、苦しく、失望することも多いだろう。実現できるわけがないと最初からあきらめ、困難に屈し、投げ出したくなるかもしれない。「13」のカルミック・デットを負う人は怠け癖があり、ものごとを否定的に考えるところがある。だが努力は無駄ではなく、成功は十分手の届くところにある。目標達成に必要なのは、ひたむきに取り組み、辛くても耐えることだけだ。実業界、芸術、スポーツなどあらゆる職業において、大きな成功を収める人には「13」のカルミック・デットを持っている場合が多い。

「13」がある人は、ひとつのことに集中できるかどうかが成功の鍵を握る。「13」のカルミック・デットを持つ人たちは、ほとんどの場合自分のエネルギーを一点に絞らず、ひとつの決まった方向や任務にエネルギーを注がない。いくつものプロジェクトや複数の仕事にエネルギーをばら撒くため、どれも中途半端になる。安易な成功を求めて近道を取りたくなるが、たいていそう簡単に成功できないので、後悔して投げ出したくなる。その結果セルフ・イメージが下がり、自分は何もできない人間だという思いを強めてしまう。

ひとつのことに集中するには、日々をきちんと過ごすことが大切である。うまくいくためには、ものごとを整理して進めることが必須である。

立てた予定を変えず、約束を守り、最後までやり遂げること。身の回りを整えて管理し、やるべきことを先延ばしにしないことだ。コツコツがんばれば、努力は大いに報われるとわかるときが来る。

14 のカルミック・デット・ナンバー

「14」のカルミック・デット・ナンバーは、人としての自由が踏みにじられた過去生から生じる。このカルミック・デットを持つ人は、変わり続ける状況や予期せぬ出来事への適応を強いられる。薬物やアルコールを乱用したり、食べ物やセックスなどの肉体的快楽に溺れたりする危険性が高い。自分を律すること。このカルミック・デットを克服するには、すべてに謙虚であることが肝要である。

同じように大切なのが、きちんとした生活を送り、自分で自分の気持ちを落ち着かせることである。さらに、自分の目標や夢に意識を集中しながら、人生の予期せぬ出来事に前向きに対応する必要がある。このナンバーの課題の根幹は柔軟性と適応力である。

クリアに考えて集中を保つには、身の回りの環境をきちんと整えることが大切だ。心や感情を安定させれば、外的な環境による運不運に振り回されない。

「14」のカルミック・デットの鍵は、ものごとに真剣に向き合うことにある。ジェットコースターのような人生でも、決心が本物で善良な心を持って歩めば必ず正しい方向に進む。目標を高く掲げ、できるだけ心を整えて日々を生き、肉体的な快楽に溺れず、信じる心を持ち続けること。何よりも目標や夢をあきらめないことである。

「14」のカルミック・デットがある人は、人生を味わい尽くす。高い理想を持ち続ければ、成功を収めて、大いなる精神的成長を遂げる。

16 のカルミック・デット・ナンバー

「16」のカルミック・デットは――チャートのどこに出ているかに関わらず――古いものの破壊と新しいものの誕生を意味する。「16」は、エゴとエゴの築いたすべてのものの崩壊を表す。それは分かれ目であり浄化である。自分が今まで築いてきたものも、すべてはひとつにつながっているという宇宙の真理を否定する価値観も、すべてが崩

れ去る。そして「16」を通して大いなるスピリットとの再会が果たされる。

この崩壊は、たいていエゴが膨みすぎた後に起こるため、痛みを伴う恐れがあり、最終的にはエゴと神意との闘いになる。自分の壮大な計画が難題に直面し、憤りを感じ、もがき苦しむかもしれない。だがそれは負け戦であり、その後の事態の崩壊を前に謙虚にならざるを得ないだろう。しかし、そこで首を垂れることが後の成功の鍵になる。暗に示された高次の現実に従うことを学べるからだ。古いものの破壊から、まったく新しい気づきと共に精神の再生が起こる。この再生が人生のあらゆる分野に影響を及ぼす。崩壊は、人生をより一層良いものにしてくれる。

「16」のカルミック・デットを持つ人は、うぬぼれに注意が必要である。「16」がある人の多くは、とても直感が鋭く洗練された知性を持っているため、人を見下し、世の中をすべて自分より下に見る。それが強烈な疎外感と孤独を呼ぶ。さらにそれが自分に返ってくる。エゴイストは誰よりも厳しく謙虚さを学ばされるためだ。

コア・ナンバーの中に「16」があると、上述の破壊と再生のプロセスがサイクルとして繰り返され、その人が高次の意識に到達し、いのちの源との結びつきを強められるように後押しをする。

本来持つべき視点から見れば、「16」のカルミック・デットは進歩と大いなる精神的成長の道のりだと言える。人生を神の手に委ねることで、信じる心を育むことができる。そのような信念を通してこそ、感謝の念と心の安らぎが固く築かれる。

19 のカルミック・デット・ナンバー

「19」のカルミック・デットを持つ人は、独立心とパワーの正しい使い方について学ぶことになる。自分の力で立ち上がるしかなく、自分だけ取り残されることも多い。困難に直面し、誰の力も借りずに必死に乗り越えなければならない。

「19」のカルミック・デットがある人たちは、人の助けを頑なに拒否する自分の態度から大切な学びを得る。自分では自立していると思い込んでいるが、本当は単に人の言葉に耳を傾けたくない、人からの助けやアドバイスを受け入れたくないだけだ。「19」のカルミック・デットは、現実や互いに助け合うことを受け入れ、愛し愛される必要性に心を開かなければならない。そうしないと、自分の思い込みの世界から出られなくなる。

「19」のカルミック・デットの人にとって最も重要な学びは、自分の足で立とうとしていても、所詮ひとりの人間として、他者との深いつながりの中で生き、支えや助けや人間的な理解を必要としていることである。「19」のカルミック・デットがある人は「なんぴとも一島嶼（とうしょ）にてはあらず」、「なんぴともみずからにして全きはなし」[訳注1－5]であると身をもって学ぶ。

このように、数は人間の最も美しい面も醜い面も映し出す。数秘術は自分を深く知る手立てであり、長所を活かして弱点を克服する機会をつかむ手段である。

数秘術が扱うのは、大切な自分の一部、間違った思い込みや中途半端な期待で覆い隠されていることの多い「内なる自分」である。自分で自分を主観的に見た自己像には、どうしても限界がある。だが数秘術を使えば、より客観的な角度から自分を見つめることができ、自分の知らなかった自分の性格の一面や、人からの影響、潜在的な力を明らかにできる。数秘術は自分発見と自己向上の強力なツールであり、数秘術によって豊かで充実した人生を自らの手で創造することができる。

訳注1-5　イングランドの詩人、ジョン・ダンの詩の一節。アーネスト・ヘミングウェイ著、大久保康雄、滝川元男訳、『ヘミングウェイ全集 第6巻』（三笠書房、1974年、p.10）。

第2章

誕生日は時間の扉

人間は自分の欲するところを成さず、
それでもなお自分に責任を持たねばならない――それが事実である。
――ジャン=ポール・サルトル

何もかも変わる瞬間があるとすれば、それは生まれる瞬間だろう。誕生の瞬間に時間の扉をくぐり抜け、人間として生きるという新しい現実に足を踏み入れる。今までの記憶を失い、まったくの無垢な状態で物質次元に入ってくる。何のけがれもなく、この世界から何の影響も受けておらず、制約もなく、特定の考え方も期待も決めつけも自意識もない（そんな純粋な存在である赤ん坊に、誰もがメロメロになるのは驚くに当たらない！）。

だが、その誕生の瞬間に、すでに人は何らかの特性を持っていて、それはDNAのようにひとりひとり異なる。この段階ではまだ人は「今後こうなる可能性がある」というポテンシャルを秘めているだけで、それは今から始まる芝居のようなものだ。

人生を芝居にたとえるなら、人が生まれるとは幕が上がることで、死ぬとは幕が下りることである。その芝居はいくつかの段階を踏んで支度が進められてきたが、本番が始まるのは人が生まれたとき、つまり幕が上がるときである。役者が全員舞台に上がる。それぞれが自分の役づくりを済ませており、彼らの役どころは大枠が決まっている。舞台上の準備が整う。そして幕が上がって芝居が始まる。そのとき、芝居自体は役者、演出家、演奏家、聴衆の中で「これから始まるはずのもの」というポテンシャルとして存在するにすぎない。

この芝居と同じように、誕生した瞬間に人生の大枠が与えられる。そ

の人生のスタートまでにはさまざま用意がなされてきたが、誕生の段階では人生は「こうなる可能性がある」というポテンシャルとして存在している。どんな人生にするかは究極的にはその人の自由で、持って生まれた可能性を最大限に活かして人生を満喫してもよいし、一回り小さな自分を生きてもよい。すべては自分の努力と決断次第だ。自分のポテンシャルをどこまで発揮して人生を送るかは、自分が決めている。人生は本人の選択で決まるという意味で、誕生の瞬間にはざっくりとしか示されない。

ライフ・パス・ナンバー

数秘術のチャート上で最も重要なのは、人生の幕が上がった瞬間である誕生日を基にした数である。それをライフ・パス・ナンバーといい、芝居にたとえるなら芝居の構想に当たる。ライフ・パス・ナンバーは、今回の人生で巡り合うチャンス、課題、学びを、大まかな概略として示している。

ライフ・パス・ナンバーは二重丸の記号で表し、二重丸の中にナンバーを書き込む。

ベース・チャート

ライフ・パス

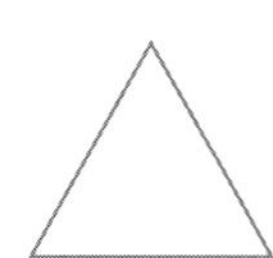
エクスプレッション

ハートデザイア

パーソナリティー

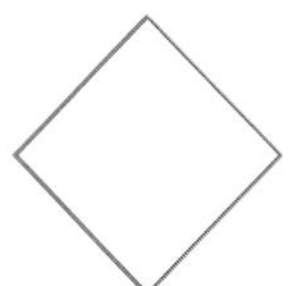
バース・デイ

マチュリティ

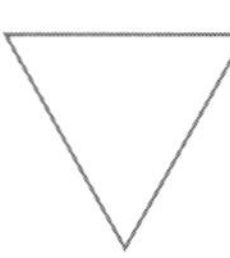
バランス

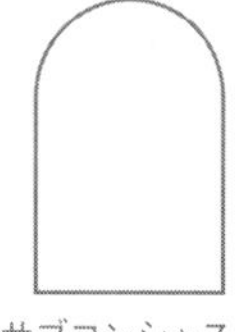
サブコンシャス・セルフ

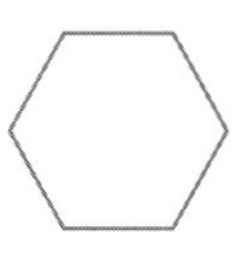
ラショナル・ソウト

ライフ・パス・ナンバーの出し方

ライフ・パス・ナンバーは、生まれ年、生まれ月、生まれ日の合計である。

ライフ・パス・ナンバーを出すには、まず誕生日の年、月、日の数をそれぞれ一桁にする。たとえば、1964年12月25日生まれなら、まず生まれ年の1964年を一桁にするため1と9と6と4を足す。結果は20となり、さらに2と0を足して2にする。

次に生まれ月の12月を一桁にするため1と2を足して3にする。数秘術では12月という月は3だ。

そして生まれ日の25日を一桁の数にするため、2と5を足すと7になる。25という数は数秘術では7だ。

続いて、この3つの一桁の数を合計する。この例では2と3と7を足すと（2＋3＋7）、合計が12になる。12を一桁にするため1と2を足して3にする。

このステップを改めて示すと以下になる。

1964年＝1＋9＋6＋4＝20　20＝2＋0＝2
12月＝1＋2＝　3
25日＝2＋5＝　7
合計：2＋3＋7＝12　1＋2＝3

この例のライフ・パス・ナンバーは「3」である。

ライフ・パス・ナンバーを正しく計算するには、必ず誕生日の年、月、日の数を別々に一桁の数にして、それから3つの一桁の数を合計する。決して誕生日の数をすべて足さないことだ（1964＋12＋25ではない）。

なぜなら、いったん3つを別々に計算しないと、その中にマスター・ナンバー（11と22）があるかどうかを確認できないからである。第1章で説明したように、チャートの数を計算する際、マスター・ナンバーだけは一桁の数にせず二桁のままにする。

ここで1948年５月29日生まれを例に説明してみよう。正しいライフ・パス・ナンバーの計算方法は以下のとおりである。

1948年＝１＋９＋４＋８＝22
（マスター・ナンバーなので一桁にせず、このまま）
５月＝５
29日＝２＋９＝11
（マスター・ナンバーなので一桁にせず、このまま）
合計：22＋５＋11＝38　３＋８＝11

ライフ・パス・ナンバーは「11」で、マスター・ナンバーなので一桁にしない。

年月日の数をすべて足して、その合計を一桁の数にするのは間違った計算方法であり、それではライフ・パス・ナンバーを正しく出すことができない。つまり以下の方法は間違っている。

1948年＝1948
５月＝　　５
29日＝　　29
合計＝　1982
1982＝１＋９＋８＋２＝20　２＋０の足し算をして「２」にする。

このように、間違った計算方法を取るとライフ・パス・ナンバーが「11」ではなく「２」になり、マスター・ナンバーを見過ごしてしまう。

数秘術の講義をすると、何とかして自分のチャートにマスター・ナンバーを出そうと、さまざまな計算方法を試みる人をよく見かける。だが、そのような人たちはマスター・ナンバーを誤解している。

マスター・ナンバーはとても矛盾した性質をあわせ持つ数で、チャートにこの数がある人は極めて厳しい課題を抱えている。大きな可能性を秘め非常に高い能力を持っているものの、理想が高く、それを絶対に実現したいという欲求も深いため、内面に激しい葛藤が生じる。チャート上のマスター・ナンバーは、元型あるいは一点に集中したエネルギーの影響を暗示し、その人が目標に向かって人生を歩むように強く働きかける。

マスター・ナンバーという名称は、「11」と「22」がすべての数のマスター的存在であるという意味ではなく、この数を持つ人の精神の奥深くに、パワフルなエネルギーが存在していることの象徴である。とても力強いエネルギーであるため、マスター・ナンバーを持つ人の人生を簡単にコントロールすることができ、実際にマスターとしてその人の人生の師となる。マスター・ナンバーを持つ人には、そのエネルギーに責任を持ち、自分で選択してそのエネルギーを使うという課題が課せられる。

マスター・ナンバーは、少しずつ理解を深めて使うものである。マスター・ナンバーを全面的にコントロールできる程度に持ち主の能力が熟達するまで、ナンバーの力は使われない。その段階に達して初めて、マスター・ナンバーの恩恵に預かることができる。

1のライフ・パス・ナンバー

「1」のライフ・パスの人は、生まれながらのリーダーである。自分のことは自分で決める権利があると主張し、思想と行動の自由を求める。

意欲にあふれ、意志が強い。いったん目標を決めたら、誰にも邪魔させずすべてを乗り越えて突き進む。愛する人たちを守り養う責任を引き受ける。自分に敬意を払い注目することを周囲に要求し、大事なことが自分の思いどおりにならないと、イライラして威張り散らすこともある。重要な任務や責任を負う立場に立って、力を発揮していたい。脇役になりたくない。最前線で脚光を浴びていたい人だ。

ずば抜けたクリエイティビティーと独自性があり、少し変わったところがある。問題へのアプローチの仕方がユニークで、常識的な道から外れることを恐れない。自分の欠点にも人の欠点にも我慢ができない。自分の地位を非常に気にかけ、悠々とした成功者だと思われることを大切にする。裕福に見られたいという欲求が自分を奮い立たせ、それを力にして成長、成功、贅沢を追い求める。

自分勝手、うぬぼれ、外見を気にしすぎることに注意すべきである。あまりに熱狂的な行動を取ったり、行きすぎた怒りや攻撃性を持ったり

しないよう用心すること。これらの資質を抑えるようにしないと、度を越して横柄になったり、執念深くなったり、暴力的になる恐れもある。

自分の才覚で仕事をすると最善の結果を出せる。建設業や工芸の世界で起業するのが理想的で、自営が向いている。がむしゃらに生涯の夢を追って、実現に向けて持ち前の意志の強さを発揮するとよい。

意欲的な性質なので、強いストレスを抱えかねない。食生活に気をつけて、楽しんで体を動かせる習慣を持つようにすること。活力にあふれているので、人と競争するタイプのスポーツが健康的な息抜きになり、特にランニングや水泳がよい。

プライドの高さや自信過剰のせいで自分を見失わないこと。才能や能力は自慢や自惚れのためにあるのではなく、高次の源から授かったものだと心得て、そのことへの感謝や謙虚さを忘れないことが大切である。

「１」の人は、自分の持っている活力、クリエイティビティー、独自性、開拓者精神を存分に発揮すれば、たいてい大成する。さまざまな才能を持ち合わせており、大きな成功を収める可能性が高い。指導的な立場で自分なりの方法を取れるなら、ビジネス、軍部、政府機関に魅力を感じるかもしれない。

2のライフ・パス・ナンバー 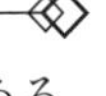

「２」のライフ・パスの性質を表すキーワードは、調停者である。極めて感受性が強く、察しが早く、少し恥ずかしがりだ。これらの資質は強みにも弱みにもなる。というのも、人の気持ちに敏感で相手の気持ちがよくわかるが、自分の感情にも極めて敏感で傷つきやすいため、自分の才能を隠して押し殺してしまうからだ。「２」の人は、良くも悪くも敏感さと察する力が特に優れている。

相手が何を欲し、どんな気持ちでいるかが直感的にわかるため、交渉上手で、機転が利く。また我慢強く協力的である。集団行動が得意で、皆の考えがバラバラでも、ひとつにまとめる方法を見つけることができる。

音楽や詩を楽しみ、調和にあふれた環境を求める。

審美眼があり、バランス感覚とリズム感に秀いでている。癒す力があり、マッサージ、鍼、理学療法、カウンセリングといった分野の能力が特に高い。だが感受性が強いために自滅する恐れもある。敏感すぎて、すぐに傷ついてしまい、人からの配慮に欠ける発言や批判を深刻に受け止めすぎる。

傷つきやすいために、目の前の出来事に対して自分の考えを言わずに黙っていたり、力を貸さない傾向があり、そのせいで自分の中にかなりの憤りや怒りをため込む。衝突を避けるために、人と対立することから逃げてばかりいる。

芯の強さが発揮されると、難しい状況でも、目指すゴールに向かって状況を変える強さと力が自分にあるとわかり、自分でも驚く。自分の内なる強さに気づくと勇気を得て、必要なときに自分の力を発揮できるようになる。

愛に関しても感性豊かで情熱的である。察しが良く鋭いので、パートナーが何を必要とし、何を求めているかに気づき、魔法のように細やかな心遣いで、相手を満足させることができる。しかし、自分が不当な扱いを受けた、捨てられたと思ったときは、時に復讐心に満ちた個人批判を繰り広げるなど、相手を壊滅させるほどの力でやり返すことがある。

気づく力、交渉術、組織をまとめる才能を兼ね備えているため、難しい任務を成し遂げることができる。自分のプランを成功に導くためなら、喜んでスポットライトから外れる。実は陰の実力者ということが往々にしてある。しかし素晴らしい業績を達成しても自分の手柄にならなかったり、役割が軽んじられたり、功績が見過ごされることが多い。失ったものをあれこれ悔しがるより、自分の貢献を軽んじる相手に立ち向かい、自分の功績を守るために立ち上がる必要がある。

ライフ・パスが「２」の人には、安心、くつろぎ、静かな環境、大切な人たちが身近にいることが必要である。自宅や仕事場の環境に関しては完璧を求める。「２」の人のプライベートな生活環境を見ると、抜群のセンスの良さが一目でわかる。一緒にいて気持ちのよい人で、ユーモアのセンスがある。穏やかでほっとする人柄から友人に慕われる。「２」の人と同じように思いやりや他者への理解があり、感受性の豊かな人たちにとっては、安心できる隠れ家のような存在である。自分にぴったりの場所を見つけると、才能と知性を活かして大いに成功する。自分の感受性の強さが花開くような仕事を求めること。人々をひとつにまとめる

存在になるとよい。

カウンセリング、教えること、癒すことで成功を収め、自分も満足する。また音楽、建築設計、広告、農業、工業デザイン、ファッション、時計のような精密機械の修理などの分野もとても向いている。政界や法曹界では、交渉や問題解決に対する優れた才能を活かすことができる。

3のライフ・パス・ナンバー

「３」のライフ・パスの人は、クリエイティビティーと自己表現の豊かな才能に恵まれている。著述家、詩人、俳優、音楽家には、「３」のライフ・パスの下に生まれる人が多い。ウィットがあって弁が立ち、人々の注目を浴びる。ゼロから何かを生む表現芸術の才能があるので、かなり若くから芸術家になる道に魅かれるのも当然である。しかし、芸術家としての力を伸ばすには、本当の意味で自分の才能を開発する必要があり、自分を律して真剣に取り組むことでしか達成できない。

天から授かった自己表現の才を使って、一生パーティーに明け暮れ、皆の注目を浴びて生きていくこともできる。社交の場の花になることで、才能をあっさり無駄にする恐れがある。

天賦のクリエイティビティーを活かして、自分の欲しい安らぎや贅沢を手に入れることはできる。が、それは創造することに集中し続け、自分を磨き続けて初めて可能になる。

楽天的な人で、多くの挫折にも負けず乗り越える強さがある。人づき合いがよく、人気者で、のほほんとした陽気さが人を元気にする。人の欠点に大らかでいられる。管理が苦手で、自分の責任についてあまり真面目に考えないため、お金の扱いに苦労する人が多い。

感情的なところがあり、傷つきやすい。傷つくとしばしダンマリを決め込み、やがて口を開くのだが、冗談を飛ばしたり笑ったりして本心をごまかす。落ち込むと、気分屋や皮肉屋になることがある。つい辛辣な言葉を発して、周囲にいやな思いをさせるかもしれない。自分を表現する才能がポジティブなほうに活かされれば、世の中に大いにインスピレーションをもたらす力になり、人を元気にし、自分も成功してとても幸せになれる。

4のライフ・パス・ナンバー

「４」のライフ・パスは地に足の着いた現実的な人で、ものごとの善悪に対して自分なりの考えがはっきりしている。すべてがきっちりと整理され、システマチックで、自制心があり、決断力があって、几帳面で、問題には合理的なアプローチを取ってひとつひとつ解決し、前に進める。一度やると決めたら簡単にはあきらめない。

一攫千金を狙うことはしない。むしろ、真面目に長い時間働いて土台を固めて、事業を築きキャリアを積む。細かいところまで正確であり、粘り強く、つらくても耐えられるので、成功する可能性は大きい。だが、成功はあくまで努力を重ねた後に訪れる。「４」の人は何度となく限界に直面し、それらを乗り越えてこそ何かを達成できる。

「４」のライフ・パスは、正義と誠意を大切にする。信頼できて、頼りになり、社会の支えとなる人だ。理想主義者ではないが、世の中を良くするために喜んで働き、現実的な貢献の仕方をする。ただし、自分の考えにこだわりすぎたり、自分の仲間に対して性急に決めつける一面もある。

好きな人には素直に接し、人とうまくやっていける。チームの一員として活動するときは、自分の責任や担当範囲をはっきりさせることがポイントになる。自分だけの担当範囲があって、他の人と責任がかぶらないほうが結果を出せる。

銀行、会計、管理・経営、団体・組織、建設、農業、科学全般、法律に関わる分野で成功する可能性が特に高い。

注意すべきこととして、威張り散らしたり、失礼な態度を取らないようにする。「４」の人の忍耐強さと自律心の高さは飛び抜けており、他の人はそこまで自分に厳しくなれない。

お金をしっかり管理することができ、何かのときに備えて貯金し、安心したいタイプである。仕事好きで、若くして働き始める人が多い。几帳面で細かい性格から融通が利かず、古い常識にとらわれやすい。変化が必要なときにも石橋を叩いて渡ろうとする。それで目の前のチャンスを逃すことがあるので、柔軟性を養うことが大切である。

結婚にはとても向いており、責任感のある愛情たっぷりの親になる人が多い。しかし、たとえば別居や離婚といった経験をすると、自分の中

に奥深く根づいている秩序が崩れてしまい、心身共にボロボロになる。他のことが一切考えられず、自分の視点から見た正しさを追求して、復讐に燃えることがある。

勇気があり、逆境に強い。事業を築いて基盤を支え続けるのは、いつも「４」の人である。勤勉で、現実的で、伝統的な価値観を持っており、それらによって自分の欲しいものを手にできる。

5のライフ・パス・ナンバー

「５」の人柄のポイントは自由である。旅行、冒険、多様さ、初めての人に会うことが大好きだ。好奇心が強く、ありとあらゆることを経験したいと思っている。ひとつの分野にとどまらずに済むなら、同時に複数のことに関わることを好む。

変化、新しいこと、新たに広がる世界に心が躍る。人とすんなり友達になれる。明るくて他の人を元気にするので、さまざまな立場の人から慕われる。

話をするのが得意で、相手をやる気にさせる能力は抜群である。「５」のライフ・パスに向く職業は、販売、広告宣伝、エンターテイメント、投資、科学全般、医療、オカルト、公共サービスなどで、旅行や言語能力が求められる仕事の適性も高い。人前に出ても平気な人が多く、特に司会者やコメディアンとして活躍できる。

肉体的な悦びを求め、何でも味わってみたいと思っている。人生を楽しむうえでセックスや食といった官能的な体験は欠かせない。特定の人と真剣に付き合うことがなかなかできないが、いったん心からひとりに決めれば、老犬のように忠実で裏切らない。

自制心や秩序を守る気持ちに欠けるところがあり、衝動的になって、あとあと自分の言動を後悔する。このライフ・パスを持って生まれる人は、自由を求める思いや冒険心をきちんとコントロールできないときがあり、薬物の乱用、食やセックスに溺れること、行きすぎた贅沢につながる恐れがある。

多才多芸で、幅広い能力を持っている。だが、自制心を持ってひとつのことに集中できるかが成功の鍵を握る。それができなければ、何を始めても最後までやり通せないことが多く、本来の能力が開花しない。勤勉さと忍耐力をもってすれば、可能性は無限に広がる。

小さい頃はおとなから反抗的な子だと言われ、家族の問題児扱いされるかもしれない。しかし、あせって自分の進路を決める必要はない。大器晩成型の人が多いので、人生経験を積むと自分が本当にしたいことがわかり、真剣に取り組めるようになる。

「5」のライフ・パスの課題は、真の自由とは何かを学ぶことにある。自分の世界が常に変化し続けるので、順応性と勇気が必要になる。体を動かす習慣を持ち、しなやかで引き締まった体型を保つこと。柔軟性と持久力を身につけると、自分の中で安心感と自信が高まる。

自由を求めて自営業に強く魅かれる。自活して成功を収められるだけの力をつけるには、ひとつの分野に腰を落ち着けることだ。それが「5」の課題である。自分を活かせる場所を見つけさえすれば、持ち前のやる気やインスピレーションが他の人たちに伝わり、それが大きな力となって自分に返ってくる。自分を支え、盛り立て、成功へ導いてくれる友人や同僚を得られるはずだ。

6のライフ・パス・ナンバー 

「6」のライフ・パスは思いやりが深く、人のためになろうとする人。立場の弱い人や虐げられている人たちをいつも気遣っている。他者を癒し、助けの手を差し伸べる。困っている人に安らぎを与え、人の悩みや愚痴に耳を傾け、相談相手になることが多い。

このライフ・パスの人が人生で達成すべきことは、相手に同情して話を聞くだけではなく、本当の意味で相手を助けるのに必要なツールを生み出すことである。助けることと干渉することの釣り合いを考える必要がある。それと同じように、人が苦しみながら何かに取り組んでいるとき、本人を信じてどのタイミングで任せるべきか、その人に必要な人生経験を相手から奪わないためにどうするか、自分で学ぶようにいかに誘導するかを見極めることが大切である。優れたカウンセラーのような判断力を磨かなければならない。「6」の人には天然のバランス感覚があり、試練に耐える人を安定させ、支えることのできる資質を持っている。

責任を負おうとする性分で——他の人が空けた穴を埋めることが多い——自分が犠牲になることを厭わない。他人の苦労を背負いすぎて苦し

いときがあるかもしれないが、人から愛されて、報われる。

家族や集団の調和を保とうとして、バランスを取りながらバラバラに散らばる力を融合させる。結婚への思いが強く、温かくて、家族思いで、子どもへの理解のある素晴らしい親になる人が多い。

寛大で、親切で、魅力的な人である。よく人から褒められ、熱狂的な憧れの対象になることまであり、本人は困惑する。謙虚だが自分への誇りはある。よく体を動かし、身のこなしは優雅だが、体型を保つには努力が要る。意識して運動することが大切で、太り気味にならないように、甘いものや乳製品が欲しくても控えたほうがよい。

若い頃は、パートナー選びに気をつける必要がある。特に、結婚相手は感情に流されずに決めることが大切である。「６」の人は人から必要とされたいと願うが、自分に助けられる相手と、助けたことで相手を弱者にしてしまう場合との違いを学ばなければならない。弱者に心魅かれる性質が自分の中にあることを自覚すべきである。

自分を世界の救世主のように考えたくなり、その誘惑に負けて他人の苦労まで背負う恐れがある。

音楽、絵画や写真などの視覚芸術、演劇や舞踊などの舞台芸術の才能に恵まれている。ただし、すぐに自分を後回しにしたり自分の才能を過小評価したりするので、元来の創造力にフタをしてしまうかもしれない。それは、これらの分野で秀でることができないという意味ではない。むしろその逆で、才能があるので、努力すればさまざまな芸術分野で活躍できる。

また、「６」の人にはたぐいまれな商才がある。天性の魅力とカリスマ性をうまく活かして人々の心を引き寄せ、必要な支援を得ることができる。

他にも、大いに活躍する可能性の高い職業としては、人を癒すこと、教えること、もてなすことに関わる分野、マンションの管理業務、政府機関、また動物に関係した仕事であれば何でも向いている。

7 のライフ・パス・ナンバー

「７」のライフ・パスの人は、真実とは何かを深く考え、探し求める。自分が霊的な存在であると、はっきり強く自覚している。そのため、未知の世界の研究や世界の謎の解明に人生を注ぐ。

仕事の処理能力が高い。頭が切れ、高い集中力で理論に基づいて考えて分析する。研究調査に喜びを感じ、知的な謎解きを楽しむ。ヒントが十分そろうと、極めて独創的な読み解き方をしたり、現実的な解決策を考えついたりする。

孤独を好み、ひとりで働くほうが性に合っている。人の意見にわずらわされず、自分の考えを深める時間が不可欠である。一匹狼タイプで、自分の考えに従い、自分のやり方で生きていく。そのため、人と深く関わって近しい関係を続けることが苦手で、結婚には特に向いていない。自分だけの空間とプライバシーがなくてはならず、それを侵されると激しいフラストレーションを感じ、イライラしてしまう。だが、バランスの取れた日々を送っているときは、チャーミングで魅力的な人である。人前で出し物をして、場の盛り上げ役になる。ウィットに富んだ物知りな人なので、それを活かして注目を集めるのも嫌いではなく、特に異性の間で人気者になる。けれども、「7」の人にはそれを続けることができない。たしかに人づき合いの場では気前がよく、自分に集まる注目やエネルギーを独り占めせず、皆と一緒に楽しむ。だがそんなときでも、心の中ではその場を去ってどこかにひとりきりで籠りたいと強く思っている。このライフ・パスにとっての平安は、誰にも邪魔されない自分だけの世界である。ライオンの母親が自分の子どもを抱きかかえるように、自分の内なる世界を守ろうとする。その結果、なかなか人と親密になれない。

だが、そんな風にプライバシーを守ってひとりきりでいると、孤立や孤独を感じることがある。どこかむなしく、本当は仲間や人との近しい関係を切実に求めていて、満たされない自分に気づくはずだ。

あまりに孤立すると、ひねくれた見方をしたり、懐疑的になったりする恐れがある。自己中心的な思いがひそかに湧き上がり、人がそれを感じ取って、寄りつかなくなるかもしれない。ひとりで引きこもってばかりいると、他者からの愛を拒むことになり、友情や仲間づき合いの本当の喜びを経験できなくなるので、十分気をつけなければならない。

わがままや自己中心的になることには、特に注意する。世界は自分中心に回っている、この世で大切なのは自分だけだ、などと勘違いしないこと。社会との接点を持つことで、自分を見つめ、人が生きていくことへの視点を得られる。あまりに人と距離を置くと、視野が狭くなり、世界とのつながりを一切失いかねない。

他の人が気軽に人間関係を築いているのを見て、実はうらやましいと思っている。他の人が、自分ほど引っ込み思案ではなく、自分を自由に表現できるように見えるかもしれない。なぜ自分はもっと社交的でないのか、なぜ堂々とできないのか、力強いリーダーシップを発揮できないのかと、自分を厳しく責めるかもしれない。

「７」のライフ・パスの課題は、孤立感や無力感を感じることなく独立することである。「７」の人にとって自分独自の世界観をしっかり守ることは欠かせないが、それと同時に、他者に心を開き、彼らのもたらす知識にもオープンになる必要がある。

生きることを学び、分析し、問いかけ、その答えを追求する能力を持っているので、目覚ましい成長を遂げ、人生で大いに成功を収めるポテンシャルがある。中年に差しかかる頃には、洗練された賢明な人として魅力を放っているだろう。2500年前に生きたピュタゴラスは、しばしば数秘術の父と呼ばれるが、彼は大いなる精神的可能性を表す「７」が大好きだった。

「７」のライフ・パスの人は、ビジネス、科学全般、宗教、保険、発明、オカルトの分野や、調査研究に関するあらゆることで、成功を収め、充足感を得ることが多い。

8 のライフ・パス・ナンバー

「８」のライフ・パスの人には、天性のリーダーシップと財産を築く能力がある。あらゆる分野、特にビジネスや財務関係で優れた管理統率能力を発揮する。物質主義の世界をよくわかっており、どんな事業も、どうすればうまくいくかが直感的にわかる。

「８」の人の才能とは、帳簿をつけたり小銭を管理したりといったことではなく、もっと壮大なビジョン、目的、長期的な目標に対するものである。

先を見通す目を持ち、怖いもの知らずのところがある。自分の活動に参加するように人を感化する力があるが、たいていの人は「８」の人と同じように先を見通すことはできない。そのため、いつも自分が周囲の人たちを導き、インスピレーションを与え、励ます必要がある。自分のビジョンに向かって行動するように、彼らをリードし続けなければならない。

他のどのライフ・パスよりも経済的な成功を収めるが、それには努力も必要である。

このライフ・パスの課題は高い次元の達観で、権力や影響力は人類全体に恩恵をもたらすために使われるべきものだと理解することである。お金の本当の相対的な価値がわからずに「8」のライフ・パスの下に生まれる人は、強欲につられてすべてを失う危険を冒し、苦い結末を味わう運命にある。そして失敗や敗北から立ち直ることを学ぶ。打たれ強く、本当の意味で逆境に負けない強さがある。このライフ・パスの人には、倒産や経済的な失敗などの大きな挫折を経験する人が少なくない。だが、多くの財を成し、事業をいくつも成功させる才能とガッツも持っている。結婚に失敗すると、他の人と比べて非常に高くつくかもしれない。

困難の多い人生だが、物質的な豊かさによる満足感と豊かさから得られる権力を経験する。

「8」に向いている職業は、ビジネス、財務関係、不動産、法曹界、研究者（特に歴史、考古学、物理学）、出版、大組織の管理運営などである。 影響力やリーダーシップを発揮する立場に魅力を感じる――政治、ソーシャル・ワーク、人に何かを教えるような分野でも能力を活かすことができる。また官公庁、スポーツ、報道関係といった分野でも「8」の資質が活かされる。

人の性格を見極めるのがうまく、自分に合った人を集める上でとても役に立つ。「8」のライフ・パスの人には大家族を好む人が多く、必要以上に長い間自分に依存させることがある。明るく陽気な性格だが、相手への愛情や好意を表に出さない。贅沢や快適さへの欲求が特に強く、社会的な地位をとても重視するので、分不相応な暮らしをしないように注意する。

このライフ・パスの人は、権力への誘惑に駆られて危険な道に踏み入る――そして腐敗する恐れがある。自分のやり方が絶対だと信じ、傲慢で威圧的になり、人を見下す恐れがある。当然ながら、そのような態度

は孤立や対立を招く。

傷つける相手は、家族や友人など自分にとって大切な人たちである危険性が最も高い。

頑固になる、自分と異なる考えを受け入れない、横柄になる、我慢が足りない、といった行動を取らないように気をつけること。「８」のライフ・パスは、横暴な親や、戒律の厳しい宗教や弾圧的な考え方に縛られた家族の下に生まれ、若い頃にここに挙げたネガティブな特徴に苦しめられて学びを得る人が多い。「８」のライフ・パスを持つ人は、たいていしっかりした体つきをしており、持ち前の強靭さ、立ち直る力の強さが体格に表れる。

9 のライフ・パス・ナンバー 

「９」のライフ・パスの人は、博愛主義で、人道主義で、社会への意識が高く、世界の状況への関心が深い。人を思いやる気持ちにあふれていて、理想主義者である。ユートピアを夢見ていて、少しでも良い世の中にしようと時間もお金もエネルギーも注ぎ、自分の思い描く理想郷を実現するために生きる。

世の中を広い視点でとらえ、細かなことより大きく全体を見渡す傾向がある。

自分の壮大なプランに当てはまる人を自然に集めることができ、あらゆる職業や地位の人を引き寄せ、自分には興味のない分野を彼らが引き受けてくれる。

「９」のライフ・パスの人にはほとんど先入観がなく、他の人が持っているような社会的偏見を受けつけない。そのかわり、人を見るときは、大きな理念に向かってその人に何ができるかを基にして判断する。本当の意味で平等な人だ。また「９」の人は、ある環境に秘められた美を見出し、そこに調和を実現することにおいて、特に想像力豊かで独創的である。これらの能力から、室内装飾、造園、写真などの分野に向いている。また社会的な意識の高さからは、政治家、弁護士、裁判官、聖職者、教師、人を癒す仕事、環境問題の専門家として活躍できる。「９」のライフ・パスには、献身が求められ、社会に明確なインパクトを与える職業の人が多い。

自分や他人に欠点があるといった世の中の現実にがっかりすることが多い。世界が完璧でないことをどうしても受け入れられず、それを残念に思う気持ちに掻き立てられて、常に改善しようとする。自分の努力にも他者の努力にも満足することはなく、もっともっとと執拗なまでにがんばり続ける。結果を不満に思うことが多い。つまり、人生を思いきり楽しんで、ものごとには限界があることを受け入れようという視点に欠けている。

ものごとの進捗への意欲には節度があり、始めたことは最後までやり遂げられる。

「9」の人には、どうしても献身したいというこだわりが鍵になる。物や人間関係を手放すことを学ばなければならない。その学びの本質は、何かを必死につかんで放そうとしないと痛みにつながる、ということだ。

お金に関しては、相続する、あなたの仕事に感銘を受けた人からの善意として受け取る、もしくは投資が運よく実を結ぶなど、不思議な形や予期せぬ形で入ってくる。逆に、大きな夢をあきらめて、お金を稼ぐことを目的にすると、手に入らない可能性が高い。「9」の人は、見返りを求めずに、大きなゴールに向かって何かを与え、分かち合い、捧げる道を選ぶと最もうまくいき、満足できる。人のためになるように、世の中をよくする努力や活動に自分の幸運を結びつけると、大きな成功のチャンスが得られる。このナンバーの場合はそのような活動が大成功し、事業としても利益が上がることが非常に多く、自分と家族を十分養える見返りを得られる。与えれば与えるほど多くを受け取るという真の法則が、「9」の人生の基盤である。

「9」の人はロマンチストだが、「9」の愛は個人の思いを超えた高尚なものである。自分の夢のほうに意識が集まりやすい。

自分の本質と調和が取れていないと、不機嫌になるか、人との距離を取って引きこもることがある。弱気になり、確信がなくなり、感謝の念を持てなくなって、自分が困っているのを他人や世の中のせいにするかもしれない。だが本来は、自分の人生を客観的に一歩離れたところから見つめることができる人だ。自分に正直になること。長所だけではなく、自分の欠点にも素直に向き合うと、釣り合いを保てるようになる。そして、自分自身とこの世のすべてを愛し、理解を深めることができる。

11のライフ・パス・ナンバー

「11」のライフ・パスの人は、多くの人にとってのインスピレーションや啓示の源になる可能性を秘めている。このライフ・パスの人は、途方もないエネルギーと直感にあふれているからだ。心の奥であまりにたくさんのことが起こっているので、小さい頃は誤解されることが多く、そのせいで内気で引っ込み思案になる。自分が思っているよりも、はるかに大きな潜在能力を持っている。

このライフ・パスの人がいるだけで、その場が刺激されて人々が奮い立つが、本人はそうしようと思っているわけでない。意識的に何かしなくても、「11」のライフ・パスの人を通して自然にエネルギーが流れるようである。それが「11」の人に力をもたらすのだが、そのせいで情緒不安定になることもある。

「11」の人は情報が流れるチャネルであり、自分の中で高次と低次の間、元型の領域とその元型に対応した世界の間がつながっている。そのため、合理的な道筋をとおって考えなくても、アイディア、思考、理解、明察を得られる。どうやら「11」の人には、顕在意識の領域と潜在意識の領域をつなぐ橋、結びつきがあって、高いレベルの直感に同調して、サイキックな情報も流れてくるようである。

これらの特性は、偉大な発明や発想の才能につながる。発明家、芸術家、宗教指導者、預言者、歴史上の人物のチャートを見ると、「11」が顕著な意味を持っている人が多い。

強烈な存在感を放ち、それがよいことばかりではないことを経験する。優れた能力があるのに、反省や自己批判ばかりしている。自意識過剰だと思うことが多い。自分が目立つ存在だと何となく気づくはずだ。その場になじもうとしても、結局自分だけ浮いてしまい、部外者だと感じることが多い。

自分の人生の意味についてメッセージを受け取り、自分が担うべき役割を天から与えられている。ただし、その機会を存分に活かすには、その役を担えるだけの自分に成長しなくてはならない。内面的に成長することが先で、その後に、選ばれて与えられた責務を引き受け、その責任を負うための能力を磨く。「11」の人の人生は、時間をかけて発展することが多いようだが、その分、ふつうの人よりも多くを達成する。本当に花開くのは、35歳から45歳までの熟年期を過ぎてからで、人生の歩みをずいぶん進めた頃になる。

失望したり、いらいらしたりすることが多いが、それはたいてい、自分に求めるレベルが極めて高いからだ。自分に非現実的な期待をかけると、結果的に何も達成できなくなる。２階建ての家でよいのに高層ビルを建てようとするような、非現実的な人になり得る。

また、発作的に混乱して方向性を見失うことがあるかもしれない。そのせいで自信を失い、深い鬱状態になる。このような感情面の問題は、自分の感受性と潜在的な可能性を十分に理解していないために起こる。大きな野心があり、実現したいという欲求が非常に強いが、達成できる力が自分にあるという自信が足りない。それで大いにフラストレーションを感じてしまう。自分の潜在能力の大きさをどこかでわかっているが、夢を現実にするには、能力の大きさに匹敵する自信も必要である。自分の可能性を解き放つ鍵は、その自信を持つことである。

身体的なレベルに限られるが、「11」は感受性が鋭く、ストレス耐性が過度に低いので、神経系を労わる必要がある。長い間ストレスを抱えたままでいると、鬱になることが多い。

リラックスできる音楽を聞いて、穏やかで調和の取れた環境で過ごすこと。また、健康的な食生活を送ってバランスと平安を取り戻すとよい。

「11」のライフ・パスは、「２」のライフ・パスが持っているエネルギーと緊張感をさらに高めたような人で、以下のような「２」に見られる特徴や才能の多くを持っている。

交渉上手で、機転が利く。我慢強く、協力的である。集団行動が得意で、皆の意見がバラバラに分かれていても、不思議と調和をつくり出すことができる。

審美眼があり、優れたバランス感覚とリズム感がある。また人を癒す能力が高く、特にマッサージ、鍼灸、理学療法、コンサルティングなどの分野に適している（これらに加えて、「２」のライフ・パスの人に適した職業もすべて当てはまる）。

「２」と同じように、人を愛することにおいて感性豊かで情熱的である。察しが良くて鋭いので、パートナーが何を必要とし、何を求めているかに気づき、魔法のように細やかな心遣いで相手を満足させることができ

る。しかし、不当な扱いを受けた、恋人に捨てられたと思ったときは、時に復讐心に満ちた個人批判を繰り広げるなど、相手を壊滅させるほどの力でやり返すことがある。

一緒にいて気持ちのよい人で、ユーモアのセンスもある。自分にぴったりの場所を見つけ、本来持っている能力を活かせるようになると、若い頃の試練が大いに報われる。

22のライフ・パス・ナンバー

「22」のライフ・パスはすべてのライフ・パス・ナンバーの中で、最もパワフルで、最も成功を収める可能性の下に生まれた人である。ただし、このライフ・パスの人には両極端な可能性がある。ひとつには、元型の世界の何か大いなるものを認知し、その元型界に対応する現実の世界で、認知したものを顕現させる人、つまり「マスター・ビルダー」と呼ばれる人になるかもしれない。その一方で、闇の世界に迷い込み、必死に何とか生きていく程度で終わる可能性もある。

このライフ・パスのパワーはデリケートである。その力は、自分が理想や理念を掲げなければ生まれず、その実現に向けて、他者を奮い立たせて力を合わせるために使うしかない。人、アイディア、財源など、ゴールを達成するのに必要な要素をひとつにまとめるには、個々ではなく集合体の力として結束させるしかない。

その結果、「22」の人が目指すゴールは劇的な進化を求める。自分の中に一見矛盾したふたつの特性――たとえばインスピレーションあふれる理念を掲げながら現実性を求める――を抱えているが、そのふたつをひとつに統合する中で、「22」の人はいろいろなタイプの人への対応能力を磨く。そして、その能力を活かして、さまざまに異なる多くの人々を理解し、結束させ、同じゴールを目指すひとつの集団にまとめることができる。このライフ・パスの人の任務は、夢と現実を結びつけることである。先見の明と現実性をあわせ持っている。

ビジネスや政治の手腕がある。大きな組織を難なく理解し、国際的なスケールで考え、行動することができる（「４」に向いた職業にも適している）。

極めて健全な常識的感覚を元々持っている。人からアイディアを聞くと、そのアイディアのどんな点が優れていて、どんな可能性があるかを見抜き、さらにそのアイディアを実現するための具体的な方法もわかる。またどこがうまくいって、どこがうまくいかないか、といったアイディアの限界も何となくわかってしまう。現実的な可能性を評価できる天性の直感力がある。

多くの面で「22」は最も有望だが、その可能性を活かし切るという意味では、最もむずかしい数である。原因は志が大きいことにあり、何かに駆り立てられるように、自分にできることをすべて達成しようとする。

恋愛においては、つねにひとりの人と付き合う。相手に適切なアドバイスをし、気持ちの面でも常に変わらず支える。一時の出来心から過ちを犯すこともなく、気持ちが高ぶっても自然に抑えられる。発想や行動は型にはまらないが、外見はむしろ型どおりである。気取ったり、もったいぶったりすることがない。

「22」の課題は、自分の理念を人と共有すること、人の力を借りて共に理念を追求することである。それには自分の側に柔軟性が求められるが、そこがこのライフ・パスの最大の弱点かもしれない。人の能力を十分信頼しないことが多いため、相手や状況をコントロールしようとする傾向があり、自分の思うように操りたいという誘惑に駆られることもある。

ライフ・パス・ナンバーは、チャート上の最も重要な数である。数秘術に出会うまでの人生がどんなものであれ、今こうして数秘術の世界を訪れ、数秘術と共に人生を歩むことになった。そして、人間であることの限界と可能性を抱えながら、進化を続けていく。その進化の道のりには、ありとあらゆる体験がある。そのすべてを映し出しているのがライフ・パス・ナンバーである。そのため、このナンバーはライフ・レッスン・ナンバーやディスティニー・ナンバーと呼ばれることもある。(訳注２－１)

実際の自分とチャート上の数との関係を探っていくと、ライフ・パス・

訳注２-１ほかにも、『数秘術マスター・キット』（ナチュラルスピリット、2005年）の著者キャロル・アドリエンヌは、「バースパス・ナンバー（誕生数）」と呼んでいる。

ナンバーと他の数の関係が見えてくる。ライフ・パス・ナンバーは、誕生日から計算した数とも、名前から導き出された数とも、チャートの他の数すべてにつながり、すべての数を制限している。ライフ・パス・ナンバーがパイだとしたら、他の数はパイの中身のようなもの、と言えるかもしれない。

バース・デイ・ナンバー

バース・デイ・ナンバー（生まれ日の数）は、その人がどんな人で、どんな才能があるかを理解する上で、極めて重要な意味を持っている。このナンバーは特別な才能を示す。その人が生きていく上でずっと役に立つ、天の恵みである。第１章でふれたように、バース･デイ･ナンバーは５つのコア・ナンバーのひとつで、その中では最も重要度が低い。だが、その人の主な能力を具体的に表すという点で、最もはっきりしているかもしれない。

バース・デイ・ナンバーは生まれ日の数で、一桁と二桁の両方の数を見て判断する。それは、その人の特性の中で一桁の数ではダイレクトに表されないものを、二桁のバース・デイ・ナンバーから読み取るためである。たとえば、15 日生まれの人のバース・デイ・ナンバーは「６」になるが、「６」だけではわからない他の能力や個性が、二桁を構成する「１」と「５」からわかる。さらに、同じ「６」のバース・デイ・ナンバーでも、「15」の人の才能は、「２」と「４」で構成される「24」の人のものとは生まれながらに大きく異なる。この違いは、バース･デイ･ナンバーを理解する上で極めて重要なので、31 あるバース・デイ・ナンバーをひとつずつ説明していく。

バース・デイ・ナンバーはダイヤモンドの記号で表し、ダイヤモンドの中にナンバーを書き込む。

ベース・チャート

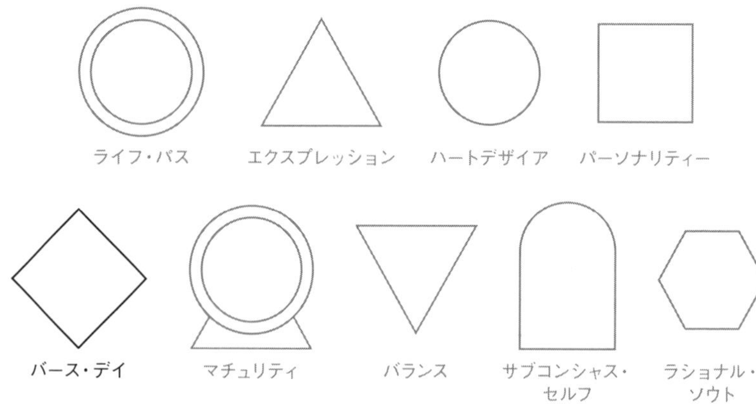

1のバース・デイ・ナンバー

バース・デイ・ナンバーが「1」の人はリーダーである。大志を抱き、成功したいという意欲が強い。独立心がとても強く、人と一緒に何かをするのは窮屈に感じる。同じことの繰り返しだと、すぐにイライラしてしまう。先駆者、ギャンブラー、創始者である。とても独創的で、頭脳明晰で、頭の回転が速い。ビジネスに対する本能的直感がとても鋭く、きちんとトレーニングを受ければ、大きな組織を動かしたり、大規模な事業を運営することができる。

「1」の人にとって、情報は具体的な目的のために使うもので、知識は実用的なツールである。持っているだけの情報や知識が好きではない。

大きな構想を描き、人をやる気にさせる能力に優れている。意志が強く、何かを成し遂げる非常に大きなチャンスがある。人の意見はたいていオープンに聞き入れるが、自分の計画に固執し始めると、極端に意固地になって、頭が固くなることがある。

怠けず、やるべきことを先延ばしにしないこと。怒りやフラストレーションに屈しやすい。また自分が思っているスピードでものごとが進展しないと、無理に押し通そうとすることがある。

決断力、意志の力、発明の才が成功の鍵を握り、自分が大いに報われたり、金銭的に大きな利益を得るポイントになる。

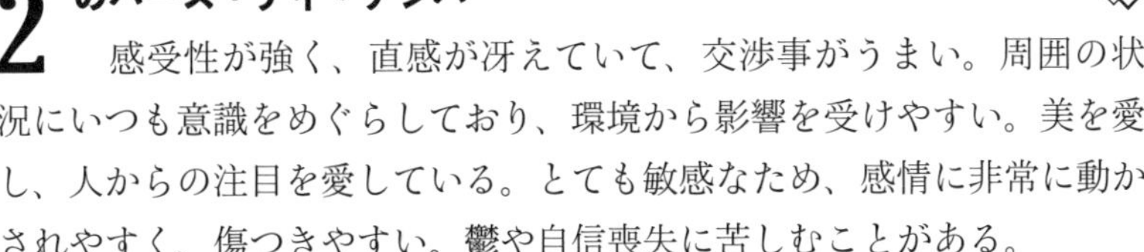

2のバース・デイ・ナンバー

感受性が強く、直感が冴えていて、交渉事がうまい。周囲の状況にいつも意識をめぐらしており、環境から影響を受けやすい。美を愛し、人からの注目を愛している。とても敏感なため、感情に非常に動かされやすく、傷つきやすい。鬱や自信喪失に苦しむことがある。

個人的な関係づくりや、そつのない対応をする才能がある。人の心の内を鋭く読み取り、穏やかさや調和が生まれるように調子を合わせることができる。それと同じように、交渉上手で、折衷案や双方が同意できる部分を見つけるように助けを出す。さらに芸術や音楽の才能に恵まれる人もいる。

愛に関しては、温かく愛情深い人で、近しい友人や大切な人たちにも、同じことを求める。愛情たっぷりに抱きしめられたいと思っている。愛情のやり取りに関しては、子どもの頃のパターンを繰り返す傾向がある。安全や安心感を求める。

仕事については、人との協力が得意なので、パートナーシップを組むのが最善である。人前に出るよりも、影の実力者の立場を楽しむ。温厚で親切な人柄に加えて、優れた交渉術や高い折衝能力を持っている。相手が口に出さなくても、何を求めているかを直感的に察知する。

何かを始めることより、続けることのほうが得意である。細かな部分に注意が行き届く。調和の取れた穏やかな環境が必要で、そうでないとすぐにストレスを感じ、気が休まらない。

このバース・デイ・ナンバーの人は、重要なプロジェクトやグループなどで皆をひとつにまとめ、結束させる。自分の功績のすべてが自分のものとして認められないこともあるが、あらゆる取り組みで不可欠な存在である。

3のバース・デイ・ナンバー

クリエイティブな才能がとても高く、芸術家気質である。執筆、絵画や写真などの視覚芸術、演劇や舞踊などの舞台芸術で傑出した活躍ができる。これらの分野で仕事に就いていないなら、趣味として芸術に関わるとよい。

想像力がとても豊かで、飲み込みが早く、トークもうまい。熱意に満ちている。インスピレーションの豊かな魅力的な人という印象を与える。また素晴らしいセールスパーソンになれる。親しみやすく、気さくで、人懐っこく、優しい。カリスマ性も大いにある。ただ気分がコロコロ変わり、急に不機嫌になることもある。服装から自宅のインテリアに至るまで、あらゆるものに優れたハーモニーとアートのセンスを発揮する。植物の世話やフラワー・アレンジメントの才能に恵まれている。些細なことに時間やエネルギーを無駄にしないよう、気をつけること。長期的な視点でものごとの優先順位をつけるようにするとよいだろう。

4のバース・デイ・ナンバー

働き者で良心的な人。きちんとしていて、自分の行動に十分な気を配る。自分の信念を守り通し、自分に厳しく、責任感が強い。自分の果たすべき義務をとても真面目に考えている。道徳観念が高い。実直で自尊心が高いが、傲慢ではない。人への深い思いやりがある。乗り越えなければならない障壁や人柄にからむ問題に直面すると、我慢するほうを選ぶ傾向がある。

家族を大切にし、素晴らしい伴侶になる。だが感情をむき出しにしたり、愛情をはっきり態度に表すことはない。控え目な愛情表現をしがちである。ビジネス、職業上の進路、家族の問題など、生きていく上での基盤にいつも意識を向け、基本を大切にする。極めて合理的な人で、絵に描いた餅のような方法で問題を解決しようとはしないし、一攫千金を狙うこともない。

ものごとにはゆっくりと慎重に臨み、妥当で安全な進め方をする。整理、管理能力の素質がある。人から頼りにされることが多く、特に親戚や同僚から頼られる。あらゆる取り組みで大黒柱として認められる。意地を張って、頑なになることがある。自分の考えを通すために、相手が諦めるまで意地を張り続け、別の解決策を考えたり独創的な発想をしない。もっと柔軟になる必要がある。

フラストレーションや抑圧を感じることが多い。感情豊かな人ではないので、感情そのものへの理解が十分でないのかもしれない。それが理由で、機転の利かないことが時々ある。

働きすぎに注意し、生きる喜びを味わう機会を失わないようにすること。本当は自然と交わるのが大好きである。

5 のバース・デイ・ナンバー

変化、旅、冒険を愛している。良い意味での転がる石[訳注２−２]のようなところがある。とてつもない好奇心を持ち、遠く離れた場所を訪れて、自分とまったく異なる異国の人々に会ってみたいと思っている。世界を舞台に飛び回り、遠出から戻ると、またすぐに次の旅に出る。

適応力が高く、ワクワクが必要である。自分のことのように相手に共感でき、言葉で表現するのがうまい。そのため、プロモーションや広報活動に秀でており、執筆にも多少向いている。スマートな人づき合いができる。商品やイベントのコミュニケーションやプロモーションに長けているので、自然と優秀なセールスパーソンになる。制約が少なければ、人と一緒にうまく仕事を進められる。机の前に座ったきりやオフィスにずっと閉じ込もるのは苦手である。バラエティーや変化に満ちた生活でないと、すぐに息苦しくなり、閉じこめられたような気になったり、退屈して、そわそわしてしまう。

少し無責任なところがあるので、自分を正すこと、規律を守ることを学ばなくてはならない

頭の回転が速く、考え方が分析的である。自信を持ちすぎ、向こう見ずかもしれない。しかし非常に創造力が豊かなので、たいていの問題に驚くべき解決法を出すことができる。自分が思いつくこともあれば、人のアイディアのこともあるが、どれも実行可能な解決案である。

我慢ができず、衝動的になることがあるので、食べ物、アルコール、セックス、薬物に溺れる恐れがある。極端な好き嫌いのせいで健康を損なわないように注意すること。

6 のバース・デイ・ナンバー 

家庭を大切にする。もめごとの仲裁に入って、両者が納得する形で解決する才能がある。なんとなく妥協点がわかる人である。

訳注２-２「転がる石には苔が生えぬ」ということわざには、「腰を落ち着けず、いつも活動的な人はいつまでも新鮮」というポジティブな意味がある。

このバース・デイ・ナンバーの人が人生で取り組むべきテーマは、バランスである。相反するものは調和を求めるという古代の基本法則を深く理解しなくてはならない。感情、他者への思いやり、お金、仕事、遊びなど、どの領域でもかまわないので、どんな場面で自分が役に立てるのか、具体的に何ができて、どこまでしかできないのか、というバランスを学ぶこと。また、かなりの芸術的な才能があり、美と芸術への造詣が深い。責任感がとても強く、必ず借りを返す。人間関係を大切にし、人を助けたいと思っている。人を癒すことに長けているので、栄養士、代替医療の施術者(たとえば鍼灸師やマッサージ師など)、医師といった、人を癒す職業に就くとよいかもしれない。

自分が評価されていることを確かめたい人である。お世辞や誉め言葉に弱く、逆に批判されると苦々しい思いをいつまでも抱え、重く受け止める。

自分が楽をするよりも、他者を支え助ける。寛容で、親切で、人を理解する思いやりがある。

ただし、とても感情的になって、極端な同情や感傷的な思いに陥ることがある。悩みや愚痴を聞いてあげるだけでなく、それ以上のことができる人を目指すこと。人を癒す技能を研究して自分の能力を伸ばすと、大いに報われる。

7のバース・デイ・ナンバー

精神性が非常に高い。それを使って世界を掘り下げ、あらゆることを研究する。哲学的で精神的な志向がある。ひとつの分野に特化して研究すると、自分の能力や生まれ持った知性を十分活かすことができる。

人間関係に対しては、分析的で合理的なアプローチを取る傾向がある。このバース・デイ・ナンバーの人にとっては、人の気持ちはつかみどころのない不確かなものであり、ほとんどの場合信用しない。感情豊かな人を見て、少し未熟な人、もしくは何をしでかすかわからない人だと考えるところがある。

直感が実に優れている。その力を伸ばすために、瞑想など何らかの精神的な訓練を積むとよい。自分の直感を信じられるようになると、確固

たる信念へと発展する。

あらゆることを、深く考えることが大切である。表面だけを見て、一か八かの極端な賭けやギャンブルをしないこと。無謀な生き方をすべきタイプの人ではない。見境ない行動を取ると、たちまち痛い目に遭いがちである。

ひとりで働くほうが好きで、自分のペースで仕事を進める。一度始めたことは最後まで終わらせることが多い。科学的、技術的、形而上学的なことに興味を持つ。

感受性が豊かで、ものごとに深く心を動かされるが、相手にうまく伝えられないため、自分の気持ちをあまり人と分かち合わない。ひとりで過ごすのが好きなので、引きこもってばかりいないように注意するとよい。

自分の考えに固執して意固地になることがある。冷静に分析するだけ、冷淡、冷笑といった態度を取らないように気をつけること。自分勝手に相手をひどく批判することがあり、大いに不幸を招く恐れがある。特に結婚生活では注意が必要である。だが、結婚相手には真心を持って相手に尽くす。

過程そのものに心を奪われずに、生まれ持った精神性や知性を十分に活かすこと。信用している人たちに自分の気持ちを明かして分かち合い、親密な関係を長く続けるとよい。そうすることで精神的にバランスの取れた人生を送ることができ、大きな支えにもなる。

8のバース・デイ・ナンバー

商才があり、金銭感覚に優れている。ビジネスへのアプローチが独特で、独創性があり、大胆である。健全な判断力を持ち、それを自由に駆使させてもらえないと、冷酷で独裁的な人になってしまう。人とパートナーシップを組むのは、できるだけ避けたほうがよい。かなりの負けず嫌いなので、密接なパートナーシップを組んで、特に権限を対等に分けると、パートナーに対して陰謀を図ったり、相手を巧みにコントロールしたくなる恐れがある。

有能で仕事が早く、大きなプロジェクトを動かすことができる。いずれは、ひとつの部署を任されたり、自分で事業を営むような立場に立つ。

持って生まれた指導力があり、組織の先導方法を心得ている。大きな集団を管理し、自分のビジョンに向かって率いることができる。

現実的で、自分に自信があり、実践的で、野心があり、目標に向かって行動する。周囲から尊敬され判断を求められる。頼りになる人として認められるし、実際にものごとをやり遂げる。挑戦することが楽しい。人から期待されることが刺激になり、無理ではないかと疑われると、さらに励みになる。お金の使い方が派手で、ステータスを求めて人目に止まる車や家を手に入れ、自分で苦労して得た成果を見せびらかす。

自分の家族を自慢に思う。褒められるのが好きだ。個性が強く、傲慢で、親分風を吹かせるところがある。自分の短所にも人の短所にも我慢ができない。自分の感情はあまり表に出さないタイプである。

このナンバーの人は、耐え忍んで生き残る資質を身につける必要がある。さまざまな壁が行く手を阻み、乗り越えがたく思えるが、強い自分になるための挑戦の機会ととらえること。どんな姿勢で困難に臨むかが、人生の成否を分けるだろう。

9のバース・デイ・ナンバー

心が広く、理想を追いかけ、思いやりの深い人である。このバース・デイ・ナンバーの人には偉大な芸術家が多く、創造力が極めて豊かなので、さまざまな教育、特に芸術分野の教育を受けるとよい。

現実的かつ人道的な立場の大きな社会的役割を担う人なので、社会全体に奉仕する生き方を深く知る必要がある。何をどうすればうまくいくかを鋭く見極めながら、その活動が世の中のためになるように努力を重ねること。

このバース・デイ・ナンバーの課題は、自分がそこにいることで他者に直接的な利益をもたらすような場を見つけることである。物質的なレベルから精神的なレベルに至るまで、人類全体の役に立てば立つほど、あらゆるレベルで自分が報われる。

「9」のバース・デイ・ナンバーに生まれる子どもは、職業を選ぶまでに時間がかかることが多い。社会との関係を重視し、生まれながらに人を魅了する。人に好かれ、崇拝さえされるほどだ。職業や立場の異なるさまざまな人と心を通じ合わせることができる。広い視点で世の中を

見渡し、国際政治や大きな社会運動など、壮大なスケールで世界をとらえる。

自分の気持ちを表現するのはうまいが、大げさになることが多少ある。哲学や形而上学への関心が高い。

お金については、遺産や思いがけない偶然といった形で自然に入ってくる傾向がある。

「9」の人生には、許すことや無償の愛を学ばざるを得ないような、自己犠牲の要素がある。執着しないこと。正義に反するからとか相手に貸しがあるからといった理由で、態度を固持しないほうがよい。そのような状況を手放して天に任せ、自分に必要なものや受け取って当然のものが自然にやってくるように、自分の人生を信じて前に進むことが、このバース・デイ・ナンバーの責務である。

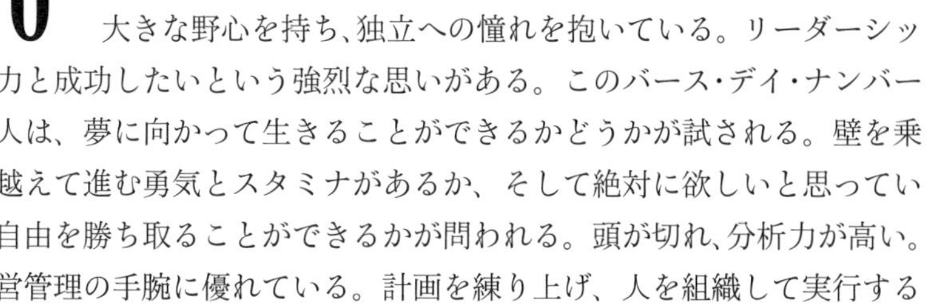

10のバース・デイ・ナンバー

大きな野心を持ち、独立への憧れを抱いている。リーダーシップ力と成功したいという強烈な思いがある。このバース・デイ・ナンバーの人は、夢に向かって生きることができるかどうかが試される。壁を乗り越えて進む勇気とスタミナがあるか、そして絶対に欲しいと思っている自由を勝ち取ることができるかが問われる。頭が切れ、分析力が高い。経営管理の手腕に優れている。計画を練り上げ、人を組織して実行することができる。

決まりきったことを繰り返すのにはフラストレーションを感じることが多い。日々の細かなことに縛られと、退屈して鬱になることさえある。そのような境遇から脱するには、よく計算した上でリスクを取って状況を変えるしかない。自分の権利を強く主張すること。心の中にある開拓者精神を実際に発揮することだ。

強い思い入れのあるアイディアに関しては強情で頑なになり得る。友人には義理がたく献身的で、相手を大切に思う気持ちをはっきり示すが、相当な負けず嫌いで、特に同僚や友人など、誰かが成功するのを見ると嫉妬に苦しむ。

持ち前の決断力とクリエイティビティーを活かせば、大いに成功を収めることができる。

11のバース・デイ・ナンバー

理想主義者で、直感力にとても優れている。と言うより、極めて直感が鋭く、優秀なカウンセラーやヒーラーになれる。相手が心の内を明かす前に、その人のことがわかってしまう。また、その人を突き動かしている動機を見抜けることが多い。敏感で、感情的で、受け身である。人から批判を受けるとすぐに傷つき、ささいなことでも立ち直るのに時間がかかる。また先見の明があり、人を強く触発する。世の中のためになるアイディアを思いつき、人々をワクワクさせる。直感と感受性の高さから、哲学的な考えを深めて、理想を追求する方向に自然と向かっていく。

インスピレーションをもたらし、あるひとつの方向や新しい生活様式に向かって人々を動かすところがある。このバース・デイ・ナンバーの人は、存在自体が人々にとって刺激になる。統率する能力も高いが、人を指導し続け秩序を守るリーダーというより、生き方そのものが人々の模範となるような存在である。日々リーダーとして直接関わるのではなく、いったん進むべき道を示したら、あとはそれぞれの人が自分なりに苦労して進んでいくように本人に任せる。

英断ができる。一度決心したら、目標に向かって全身全霊を捧げる。ただ、感受性の強さゆえに時々多少のトラブルがある。人が何を考えているかがよくわかってしまい、その考えを容認するかどうかは別として、無視することはできない。そのせいで気持ちが大きく揺さぶられても、自分に意識を集めてブレないことが大切である。人とはうまくやっていける人であり、皆の模範となり人の心を動かす理想を描いて、インスピレーションを与える。

アドバイザー役は例外として、考え方が合理的ではなく直感的なので、ビジネスの世界にはあまり向いていない。意見も行動も大げさなところがある。問題に対して主に直感で考えて解決する。

行動型というより夢見る人である。神経を張りつめることが多く、神経系の健康を保つために、特に脂肪や糖分の摂りすぎを避け、ミネラルの豊富な、きちんとした食習慣を持つこと。人類全体が安らかで幸せかどうかを案じ、世界をよりよい場所にすることを追求する人である。

12 のバース・デイ・ナンバー

家のインテリアや料理から、自己表現の仕方、そして真剣な芸術活動に至るまで、あらゆることに非常に高いレベルの芸術的才能を発揮する。イマジネーションにあふれ、飲み込みが早い。パーティーでは主役になり、話がうまく、冗談や機転の利いた会話で場を盛り上げる。元気いっぱいで、たいていの人と比べて体力の回復が早い。

話術や執筆の能力が特に優れている。俳優や舞台芸術の分野に進むのもよい。

あふれんばかりの熱意があるので、優秀なセールスパーソンになれる。また与えられた状況で最善を尽くし、無理なく満足することができる。

感情が豊かで、気さくで、社交的で、人懐こい。だが、特に憂鬱な気分や自己憐憫に浸っているときは、機嫌を損ねてわがまま放題になり得る。

自分にとって何が大切かを常に意識し、ささいなことに時間やエネルギーを無駄にしないことだ。何かに真摯に取り組み、自分を律することができるかが成功の鍵を握る。ある決まった分野やテーマで、自分の豊かなクリエイティビティーを発揮することに徹するとよい。そうすることで、あちこちに際限なくエネルギーをばら撒かずに済む。

13 のバース・デイ・ナンバー

家族、伝統、共同体をとても大切にする。自分が真剣に関わっている活動では、いつも土台を固める存在になり、固い決意と高い精度で自分がなすべき仕事をする。

ふらふらしたところのない、しっかり安定した、現実的なものを好む。また具体的な形で表現する芸術に秀でている。機能美を評価するため、美と形と機能の究極の融合である自然を愛している。

細部に目配りしつつ、組織をつくって率いることが当たり前のようにできる。長い時間、誠実によく働く。自己管理ができている限りは、見事な集中力を発揮する。同僚から自制心の高さを認められ、頼りにされるようになる。遊んだり人生を楽しんだりする時間がなくなるほど働きすぎないよう、注意する。

皮肉なことだが、自分では、本当に打ち込める仕事や天職が見つからないと感じたり、どれほど掘り下げても自分の才能が何かわからないと思うかもしれない。そのせいで、居場所を探し求めて、職を転々とする恐れがある。

このバース・デイ・ナンバーの課題は、今自分がしていることを最大限に活用することである。自分が今担当している仕事を徹底的にやり抜き、芸術の域まで高めること。今自分の前にあることを最高に楽しむこと。宇宙に常に導かれているのだから、目の前の課題に専念すればよいと強く信じ、前向きに取り組むとよい。そのような姿勢を認めず否定していると、仕事や交際相手との関係が長続きしない恐れがある。

持ち前の忍耐力と決断力の強さを正しく使うこと。このバース・デイ・ナンバーの人は、確立された方法にしがみつき、独創的な新しいアイディアを頑なに受け入れずに、意固地になることがある。だが、そのような態度は自分にとってフラストレーションや抑圧になる恐れがある。というより、実際によくそうなるはずだ。きちんと細かく決まった自分のやり方があるかもしれないが、そこに新しいアプローチを持ち込まれたときに頑なに抵抗するだけでは、永遠に解決しない。

良い意味で自分の秩序と自制心を保ちたいという思いと、自分に訪れるチャンスを最大限活かしたいという前向きな思いのバランスが成功の鍵になる。

14のバース・デイ・ナンバー

変化とワクワク感と旅行が大好きである。すぐに退屈してしまい、刺激的で生き生きと感じられるような、新しいエキゾチックなことを求める。順応性がとても高いので、変化にはすぐに対応できる。

言葉を操る才能があり、著述家や編集者としての才能にとても恵まれている。非常に社交的で、それほど束縛されない限りは人と一緒に仕事を進められる。落ち着きのない性格で、仕事や交際相手をコロコロ変える可能性がある。人生を大きく変えるようなことは、よく考えてから決断すべきである。

自分を過信し、怖いもの知らずのところがあるが、ラッキーな人でもあり生まれながらのギャンブラーである。

変化が大好きという思いの根底に、強い不安感がある。表向きは落ち着いていて何でもない様子だが、一皮むけば嵐のように気持ちが揺れ動いており、その揺れが変化の激しい人生や目まぐるしく変わる気分として表れる。このバース・デイ・ナンバーの人の課題は、豊かなクリエイティビティーにある種の制限をかけて形を与えること、そのためにひとつの職業もしくはライフスタイルに腰を落ち着けることだ。飛び抜けて多才で有能な人なので、できないことはほとんどなく、いったんひとつのことに決めればコツコツ努力できる。成功の鍵はバランスである。決まりきった仕事や日常から逃れるためだけに、もしくは難しい状況に対する責任を負いたくないというだけで、何かを大きく変えるのは止めたほうがよい。

頭の回転が速く分析的に考えるが、突飛なところもある。いったん始めた仕事は、最後までやり遂げるように自分に言い聞かせること。

セックス、アルコール、ドラッグ、食などに溺れる危険性に十分注意する。

特定の分野で地道に努力を続け、豊かな才能を活かして真摯に働くと成功する。

15 のバース・デイ・ナンバー 

創造力がとても豊かで、芸術家肌である。また言語能力の素質がある。どんな職業を選んでも、芸術、特に絵画、書、彫刻などの視覚芸術に強い関心を持つようになる。

家族や共同体の中で腰を落ち着けたいという渇望感があるが、放浪癖の片鱗もあるため、どこかに根を張るのはむずかしい。最高の人生にしたいと思っており、そのために努力を重ねる。

人間関係、特に家庭や結婚において、相手と深く真剣に関わり、その関係を心から大切にできるかが人生の中心的な課題になる。パートナーであれ、自分が住んでいる場所であれ、最も良いところを引き出そうと前向きに考えること。それと同じように、自分の能力にも真剣に向き合って伸ばすべきである。自分の力を最大限に引き出すこと！　自分が持っている才能を尊び、研鑽を積んで磨くことだ。

とても繊細な人で、批判されることに非常に弱い。そのため、自分を否定してまで誰かを支えようとする。「人から自分にしてもらいたいと思うことを人にせよ」という黄金律のとおりに、自分が人からこう扱われたいという扱い方で人に接する。寛容で、理解がある。親としては、子どもに尽くし、愛に満ち安定した家庭を守る。相手への愛情ははっきり表すタイプである。ただし、恋愛関係では相手に甘くなりすぎないように気をつけたほうがよい。いいカモにされたり、いくらでも泣き言を受け止めてくれる人だと思われかねない。何でも聞いてくれる人以上の存在になること。責任感が強いが、自分の考えは人に明かさず、何か決心するときはひとりで決める。実際の年齢より若く見られることが多い。

芸術的な才能があり、加えてビジネスや財務に関して本能的な勘が働く。ビジネスへのアプローチは綿密かつ良心的で、長期的にはそれが功を奏する。

人を癒す才能にもとても優れているが、それを職業にして本当に人の役に立つには実技を磨く必要がある。

いくつもの才能があるので、決断力と集中力を使えば大いに成功できる。

16のバース・デイ・ナンバー

他のすべてを差し置いて、人生哲学や精神面に意識を向け、まだ見ぬ世界を理解しようという思いに駆られる。自分を地球にやってきた宇宙人であるかのように感じていて、スピリットの世界に生きている。このバース・デイ・ナンバーの人の課題は、そのような世界を理解したいという欲求と、それについて自分の得た理解を、どうしたら他者と共有できるかを考えて、実際に共有する方法を見つけることである。

分析的な思考をする頭の良い人で、目の前の問題の隠れた部分を見通すことができる。また集中力が群を抜いているので、自分に有利なように使うとよい。心から好きになれるテーマを探し、その分野の知識を深めること。ひとつの分野の専門家になると、それで生計を立て、自分の得た知恵を人と分かち合うことができる。

落とし穴としては、人と打ち解けない、精神を病む、批判的になるといった危険がある。そうなると疎外感や敵意さえ抱くような結果になる。また、ふらふらして、現実感のない、空想にふける人間になりやすい。夢のようなことを考えてばかりいると、現実に戻れず、きちんと働いて

生活しようと思わなくなる。

直感に優れ、サイキックな能力も持っているかもしれない。直感を信じて自分自身を導き、人生を歩むとよい。ただし、どんなときも洞察力を現実的な形で使うこと。自分の思いを表す具体的な手段を見つけることが大切である。自分に合った分野――たとえば科学全般、形而上学、哲学、心理学、教職など――を選び、その分野の理解を深めるとよい。そのとき、他人に一切耳を貸さず独断的にならないように注意する。

グループの一員でいるより、ひとりで働くほうを好む。だが、自分のしていることにすぐに興味を失うので、始めたことを最後までやり遂げる努力が欠かせない。自分からチャンスをつかみにいこうとすると、逆に逃すかもしれない。チャンスが必ず訪れると強く信じて待つとよい。

とても敏感で深く心を動かされるが、自分の気持ちをあまり人と分かち合わず、うまく人に伝えることもできない。思いが移ろい続けて、漠然とした表現になってしまう。自分の気持ちを自分が理解するための努力が必要になる。

じっくり考えたり瞑想するのが好きだが、引きこもってばかりいないように注意する。長く続く人間関係をなかなか築けない。人との関係を保つように努力することが大切である。

17のバース・デイ・ナンバー

とても野心的で、ビジネスや財務に関する本能的な勘を生まれ持ち、極めて鋭い。ビジネスには、独特で、独創的で、大胆なアプローチを取る。独立心も強い。

判断がとても的確である。組織力と管理能力が極めて高い。ものごとを大きくとらえる優れた素質がある上に、細かな部分がどう働くかがわかる。有能な人で、大規模な事業を取り仕切ることができる。

課題は、権限や責任を誰にも委ねず、自分の判断や権力にこだわりすぎることである。悪気のない独裁者に成り下がるか、自分以外に妥当な判断を下して真っ当なかじ取りができる人はいないと思ってしまう。

自分に自信があり、自分に課す期待値も高い。人から期待されることが刺激になり、自分の計画がうまくいかないのではと疑われると、特に励みになる。

オーバーなところがあり、お金がからむと特にその傾向が表れる。「８」のバース・デイ・ナンバーと同じで、ステータスを求め、自分がどれだけ大金を稼いでいるかがわかるものを買いたがる。

ビジネスであれ社会的なものであれ、夢が大きい。壮大な野心を抱き、世の中に大きな影響を与えるまで手を抜かない。

家と家族が大好きで、ほめられるのが嬉しい。自分の事業を横暴に支配したり独占したりしないことが重要で、苦労して得た成果を人と分かち合うと、多くの面で喜びが倍増する。

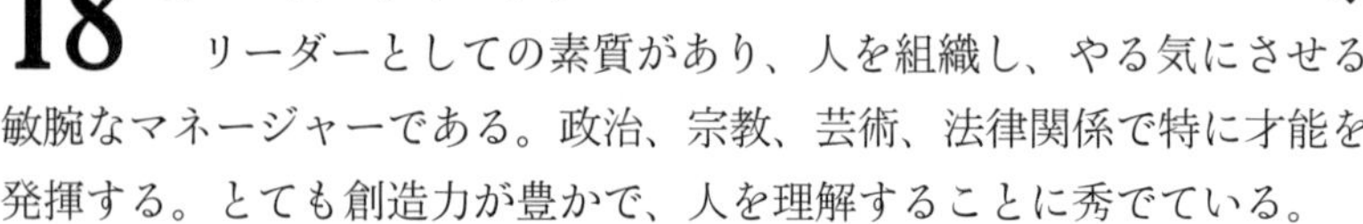

18のバース・デイ・ナンバー

リーダーとしての素質があり、人を組織し、やる気にさせる敏腕なマネージャーである。政治、宗教、芸術、法律関係で特に才能を発揮する。とても創造力が豊かで、人を理解することに秀でている。

人間が大きい。さまざまな分野の教育、特に芸術に関する教育を受けるとよい。このバース・デイ・ナンバーの下に生まれる人には偉大な芸術家が多い。

大器晩成型なので、職業はあせらずに時間をかけて選ぶべきである。自分の専門分野を見つけるまでに、さまざまなタイプの人と関わって人生経験を積むこと。あらゆる年齢や職業の人に共感できる。また、たくさん旅をして多くの変化を経験するだろう。

心の底に、社会への大きな夢がある。自分が属している共同体、地域、国に暮らす人々、さらには世界中の人々のことを思い、彼らの置かれた状況を改善したいと思っている。人のためになることで深い満足感を得る。

自分の気持ちをうまく表現することができるが、少し大げさになるときがある。外見は落ち着きがあって高貴な感じさえする。だが実際にはフラストレーションを抱えていて、自分が受け取るはずの見返りを、親、同僚、もしくは自分のコミュニティーから得ていないと感じている。

課題としては、受け入れることと許すことを学ぶことである。このバース・デイ・ナンバーの人の人生には犠牲という要素がある。ネガティブな思い込みをすべて手放すこと。復讐しようとするとすべて裏目に出て、自分が嫌な思いをする。

自分にとって不公平に思えることは、すべて精神的な面から見直した

り、冷静にとらえる必要がある。

サービスを中心とした仕事であれば、すべて儲かる。他者のために働けば働くほど、精神的にも物質的にも見返りが大きくなる。

19のバース・デイ・ナンバー

意志が強く、自立に憧れる。自分の望むレベルで自活できず苦労する傾向があり、その苦しみと闘いながら、相当なフラストレーションに耐えなくてはならない。なぜなら、自立を欲する強い思いが、それ以外のことのバランスに悪影響を及ぼすためである。このバース・デイ・ナンバーの学びの中心は、自立への夢と現実の違いを学ぶことである。

課題は、自分の視野を広げ、他者に対する視野も広げ、大きな視点を持つこと。そうしようとすると、まるで牢屋にでもいるように辛く感じるかもしれない。だが、人と関わりを持ち、自分の見方を押し通して孤立せずに、人と意見を交わすことが大切である。このバース・デイ・ナンバーの人はとても頑固になることがあるが、それは恐れから来ている。あらゆるいのちは大きな生態系の一部であり、すべてが支え合って微妙なバランスを形成している。自分もその支え合いの循環の中にいるという視点を持つとよい。

大きな志と、成功や権力を手にしたいという強い意欲がある。自信はあるが励まされたいと思っている。働き者で、自分が関わる活動ではどこでも重要なメンバーになる。真摯に仕事に取り組む姿勢と安定感のある働きぶりが、多くの人に好感を与える。

先駆者精神があり、欲しいものを手に入れるためなら前向きにリスクを取る。そのため、頻繁に自分の環境を変えることを厭わず、むしろそれを楽しんでいる。愛情は表に出すタイプで、人のために喜んで自分を後回しにする。かなりの理想主義者だが、自分の描く理想が叶わないと辛辣で否定的になり得る。

とても感じやすく、感情の起伏が激しい。劇的な状況に置かれることが多いが、人前では自分の感情をコントロールして、何の問題もないようにふるまおうとする。

意志の強さと独創性や創造力の豊かさを活かして、何かを成し遂げ、経済的にも報われる可能性を秘めている。

20のバース・デイ・ナンバー

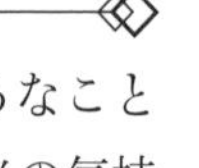

感受性がとても豊かで、非常に感じやすい。いろいろなことがわかり、たとえ相手が心の内を隠そうとしても、その人の本当の気持ちがわかってしまう。そのため、周りの環境から非常に影響を受けやすい。自分の感情もとても豊かなので、自分が置かれた状況の風向きに大きく左右される。

これらをすべて考え合わせると、自分の中心軸をしっかり持ち、ブレないようにすることが非常に大切になる。それがしっかりできると生きやすくなり、何かにビクビクすることも減っていく。

美、調和、愛に特に心を動かされる。愛にあふれた人で、自分が相手を愛するのと同じくらい相手からも愛されたい。身体的な愛情表現を求め、抱きしめ合い、相手のぬくもりをたっぷり感じたい。家族や友人と一緒に過ごすことが好きで、パートナーには協力的で、ひとりぼっちが嫌いである。

洞察力が鋭く、権力者の良き相談相手として立ち回ることができる。影の実力者の立場が最も力を発揮できる。

ものごとを最初に動かす人というより、終わるのを最後まで見届ける人である。細かな部分によく気がつき、ほとんど何も見逃さない。謙虚で、交渉上手で、丁寧である。穏やかな方法で、自分のものの見方を相手に受け入れてもらう能力がある。自分を素晴らしい人間だと人に思わせる稀有な才能を持っているので、優れたカウンセラー、セールスパーソン、弁護士、政治家になれる。非常に敏感で人の気持ちがわかる。また思慮深い行動を取る。何らかの事業や活動に加わるときは、その活動の成功に自分が不可欠な存在であることを、本当の意味で理解することが重要である。このバース・デイ・ナンバーの人はプロジェクトのまとめ役になる。大切なのは、必要なときには自分の意見を述べ、自分の仕事を黙々と進め、あらゆる成功の根幹が自分だという事実を認めて自信を持つことである。

21 のバース・デイ・ナンバー

独創的で、成功したいという意志が強い。生来の社交性があり、誰とでも打ち解けて、人との交流を大いに楽しむことが多い。

弾けんばかりの想像力があり、楽しいおしゃべりから自分が打ち込んでいる活動に至るまで、あらゆる行動に想像力が活かされているのが傍目にもわかる。頭の回転が速く、即断即決ができる。心身共に元気いっぱいで、いつも生き生きと輝いている。執筆や話術の才能があり、芸術家、文筆家、編集者になると成功する。インスピレーションと熱意に満ちている。人が集まる場で皆を盛り上げ、パーティーの主役になる。セールスパーソンとしても優れている。

このバース・デイ・ナンバーの課題は、特定の分野やひとつのことに腰を落ち着けて、徹底的に取り組み、自分のエネルギーを注ぐことである。豊かな人生を送るには、自分を成長させ、持てる才能を磨く必要がある。何もしなければ、せっかくの魅力や才覚を活かして目覚ましい活躍をすることもなく、宝の持ち腐れになる。

神経質になっているときや想像力が暴走するときに、被害妄想に陥る恐れがあるので、特に注意する。

愛に関しては、深く情熱的である。ただし、魅力的でカリスマ性のある人柄なので、たいてい愛するより愛される側の人になる。

22 のバース・デイ・ナンバー

リーダー、まとめ役、団体や事業の創設者として、大成功する可能性を秘めている。理念があり、それを現実のものにする能力もある。非常に大きな力をふるう度量があるが、自分の野心の大きさに尻込みすることがある。そんな大きな夢が叶うわけがないと考え、誰にも言わずに夢にフタをしてしまうかもしれない。だが、失敗を恐れて夢をあきらめると、そんな自分に自分自身がひどく落胆することになる。

このバース・デイ・ナンバーの人の課題は、小さな規模でものごとをスタートさせ、現実的な道のりを経て、思い描いていた規模まで拡大することである。

計画の細かなところと全体像の両方を理解できる才能がある。整然としていて、我慢が利く。問題に対して緻密かつ体系立ったアプローチを取り、ユニークな解決策を取ることが多い。芯が強く、自分の考えを人に明かさない。また自分に対して神経質になって猜疑心を持つことがあるが、そのような一面も人に見せない。並外れた理解力がある。直感がとても鋭いので、第一印象に従うとよい。

現実主義でありつつ理想主義的でもあって、自分の理想を現実的な方法で実現しようとする。単に大きなことを達成したいという理由で、非現実的な計画をぼんやり夢見る人ではない。

偉業を成し遂げる力を秘めている。発明家、ノーベル賞受賞者、第一級の芸術家、国家的指導者など、人類史に名を遺すような人には、チャート上の主要な数として「22」を持つ人が多い。

23 のバース・デイ・ナンバー

変化やワクワクすることが大好きで、生きているという実感を求める。人生は冒険であり、思いきり満喫するものだと思っている。身の程をわきまえるという考え方は受けつけない。

順応性がとても高く、人と比べてずっと楽に変化に対応できる。気さくに人と関係を築き、ほとんど誰とでも仲良くなれる。

コミュニケーション能力と自分を売り込む才能に恵まれている。話術や執筆に長け、優れた著述家、編集者、セールスパーソンになれる。

優しくて敏感である。あまり束縛されない限りは、人と一緒に仕事を進められる。同じ場所に長い間閉じ込められるのは苦手で、落ち着かず、すぐに飽きてしまう。

多芸多才で、たいていのことをそつなくこなす。体に関する理解に冴え、知性も高いので、医薬関係など健康に関する職業に向き、やりがいを得られる。

創造性がありウィットに富んでいる。だが、自分の責任を人に押しつけて、舌先三寸で言い逃れることがある。食、アルコール、セックスなどの感覚的な快楽に、特に溺れやすい。エネルギーにあふれた人なので、何かに注力することを学ぶことが重要である。人生で成功するには、節度を保ち、きちんと筋を通す必要がある。

24 のバース・デイ・ナンバー

家族を大切にする。人間関係のバランスを取り戻し、調和を保つことができる。感情が豊かで感受性が強く、愛情を行動で示すことを好む。ただし感情的になりすぎて、メロドラマの登場人物のようになることさえある。自分の感情的な問題を大ごとにするところがあり、自分が批判されると特にその傾向が強くなる。

大切な人間関係では、調和を保つために自分から相当の犠牲を払う。快く相談相手になり、相手の愚痴にじっと耳を傾ける。

エネルギッシュで、責任感が強い。人に助けの手を差し伸べるが、同情しやすい性格から、人間関係に余計な口出しをしてトラブルになる。限度を知ること、人に利用されないようにすることが大切である。

人を癒す技能と文化芸術の素質がある。多才な芸術的才能を持っているが、恐らく俳優や脚本家に向いている。さらに、ビジネス上の問題に体系的に、注意深く、我慢強くアプローチできるので、ビジネスの道に進むのもよい。ただし多少非現実的になることがあるので、人から適切なアドバイスを受ける必要がある。良き友人であり、誠実な伴侶である。現実的に行動できる人々を引き寄せ、彼らにうまく才能を引き出され、前進させてもらえる。

25 のバース・デイ・ナンバー

健全で合理的な考えの持ち主で、洞察力がある。論理的で、ものごとに知的なアプローチを取る。直感にも優れ、自分の直感に耳を傾けることができるなら、人生を導く指針として大いに役立つ。

何かを詳しく調べて研究することに長けている。分析能力が高く、表面的な判断をしない。それがこのバース・デイ・ナンバーの最大の強みで、知性を活かして事実や情報を掘り出し、問題への理解を深めて正しい判断を下すことができる。

適性としては、科学全般、人に何かを教えること、哲学、形而上学、心理学に向いている。

このバース・デイ・ナンバーの課題は、問題を頭で分析しつつ、心で感じることを軽視しないことである。知性を重視しすぎてバランスをすぐに崩し、そのせいで人が離れていったり、人に対して批判的になったり——最悪の場合は——相手を小馬鹿にすることもあり得る。知性だけですべてを判断せず、理解、思いやり、愛といった人の基本的資質に目を向けること。

仕事に関しては、自分でペースを決めてひとりで働くほうが好きである。一度始めたことは最後までやり遂げる。芸術、特に彫刻の才能がある。

とても繊細で、ものごとに深く心を動かされるが、自分の気持ちをあまり人と分かち合わず、人にうまく伝えることができない。人との関係づくりに励み、大切な人と深い関係を保つこと。自分の気持ちや人生への本音を人と分かち合うことを学ぶべきである。幸せだと感じる鍵は信頼である。

26のバース・デイ・ナンバー

金銭感覚に優れ、商才がある。ビジネスには、独特で、独創的で、大胆なアプローチを取る。健全な判断力を持ち、自分のすることは自分に任せてもらいたいと考える。組織力と管理能力がある。ものごとの全体像をとらえることが得意だが、細かな部分を軽んじる恐れがある。有能な人で、大規模な事業、企業、商取引を取り仕切ることができる。現実的で、自分に自信があり、実践的で、大いに野心がある。

課題は、収入や物を所有することへの具体的な目標と、理解、思いやり、愛といった人としての基本的な資質とのバランスを保つことである。仕事では人に対して無情で無慈悲になれるので、食うか食われるかの過酷な世界だけが自分の人生にならないようにすること。才能と負のカルマは誰にでもある。自分に与えられたものへの感謝を忘れず、できるだけ人と分かち合うことが大切である。

とても交渉上手で、そつがない。力でねじ伏せるのではなく、説得してものごとを進めることを好む。頼りになる人で、自分に対する期待値も高い。自分の能力や財産をすぐに見せびらかすので、他人の目には目立ちたがり屋に映るかもしれない。自分が持っているものを誇りに思い、褒められたい。

個性が強く、傲慢になり親分風を吹かせる恐れがある。自分の短所にも人の短所にも我慢ができない。すぐにがっかりしないように注意する

必要がある。決意の固さとくじけても再び立ち上がる意欲が試される人生になるが、どんな困難をも乗り越える強さと勇気を持っている。自分の気持ちをあまり表現しない。過去を手放すことが苦手である。

寛大で、危機的な状況で快く助けを差し伸べる。人類愛があり、自分の属す共同体を支える存在になり得る。

27のバース・デイ・ナンバー(訳注２－３)

偏見のない広い心の持ち主。どのような立場や地位の人とも、すんなりつながりを持つことができる。生まれながらの教師であり、カウンセラーで、相手の人間性を直感的に理解したり、顔の表情やボディー・ランゲージを読み取るのがうまい。そのような天性の才能によって、比較的簡単に人を感化することができる。その才能を乱用したり、人を操るために使わないように注意しなくてはならない。

オリジナリティーがあり、枠にとらわれない発想をし、非常に独創的である。自分のスタイルがあり、センスもよく、色や素材の組み合わせがうまい。このバース・デイ・ナンバーの人には建築家、インテリア・デザイナー、ファッション・デザイナー、造園家が多い。

このバース・デイ・ナンバーの人にとっては、旅をしたり、読書や勉強で見聞を広げることほど、自分が満たされ、自分のためになることはない。地球規模の意識と哲学者精神を持っている。何らかの行動を取る、記事を執筆する、政治に関与するなど、どのような形であれ、世の中のためになることに満足を感じる。理想主義者かつ人道主義者で、直感的に弱者の側に立つ。

人からは、冷ややかで距離を感じると思われ、友人や恋人に対してさえ打ち解けない感じを与える可能性がある。傍観者で、群れることがなく、パーティーの場やグループの一員として行動しているときも、皆から離れている。気がついたらひとりだったということが多い。横柄な人という印象を与えないように、謙虚さが大切である。

良くも悪くも興味の幅が広い。職業的には自分の得意分野を見つける

訳注２-３「27」、「30」、「31」の説明は日本語版のために新たに執筆された。

ことに苦労し、それが課題になる。だがそれは大器晩成型というだけで、いつか自分の道が見つかるので、あまり心配しなくてよい。

与えること、自分を後回しにすること、恵まれない人たちを守ることに本領を発揮する。ある意味、それが天命である。見返りを求めずに人を助けると、宇宙から大いに報われるとわかるときが来る。

28のバース・デイ・ナンバー

持って生まれたリーダーの才能があるが、協力という形で使うのが最もよい。あからさまに権力を振りかざすというより、たいていは穏やかに説得する手段を取る。型破りで、理想を追い、独立心がある。極端なほどの野心家である。並々ならぬ自信があるが、大いに励ましを求める。

分析的で合理的な思考に飛び抜けて強い。計画を立てることに優れ、集団に指示を出し統率する能力が高い。決まりきったことの繰り返しにはすぐにフラストレーションを感じる。恐れずにリスクを取る。パイオニア精神がある。自分の活動では最先端に立っていたいが、いったんプロジェクトが始まると、あとは誰かに引き継いで進めてもらうことを好む。始めることはとても得意だが、継続にはあまり関心がない。

何らかのアイディアに固執し始めると、非常に頑固になって考えを変えないことがあり、そのことにあまり自覚がない。アイディアと自分という人間とを分けて考えない傾向があるため、軌道修正されることを嫌う。自分の行動や活動に対して強烈なエゴがあり、なかなか妥協できない。

極めて感情豊かで、相手への愛を表に表す。その一方、すぐにイライラしたり、怒ったり、癇癪を起こすことがある。

とても創造力があり、アイディアを売り込むために情報を集めようという意欲が強いため、最高に素晴らしい論客やセールスパーソンになれる。

意志の強さと発想力で、何かを達成し、経済的にも大いに成功する可能性がある。

29のバース・デイ・ナンバー

とても直感的で独創性があり、ものごとを絵で考える。何も

ないところから情報やアイディアを引き出せる人である。

直感は天性のもので、すべてのものはひとつであることを理解したいという強い意欲がある。精神世界の探求に対する思いが強いため、どんな人生を送るにせよ、日々の行動の中心に精神世界や哲学的な世界がある。自分が大きな宇宙の力につながっていると感じ、何があってもその感覚は変わらない。

細やかで洞察力も鋭いが、論理的、合理的な考え方はしない。いろいろ計算して熟慮を重ねるというよりも、インスピレーションで人生の方向を決める。

ある程度だが、運命というものがあり、高次の力に形づくられた人生に身をゆだねるしかない、とわかっている。大器晩成型の人が多く、若い頃や30歳代は修行の時代で成長が遅い。そのため、この時期はもっと進歩したいとか進歩がないと感じ、フラストレーションを抱えることがある。

信じること。多くのことに意欲を燃やせる人だが、真の実力を発揮する前に、人格と適切な判断力を磨かなくてはならない。

木が大きくなるために根を張るのと同じで、自分の進みたい道を広げ、ビジョンを思い描くために、まず人としての奥行きの深さを持つ必要がある。直感がとても発達しているので、素晴らしいカウンセラー、セラピスト、健康関連の施術者になれる。人にインスピレーションをもたらす生来の才能がある。自分のことを知らないたくさんの人から憧れられる。先見の明があり、英知を持った人であることが人々に伝わる。

感受性が鋭く、周りからの影響を受けやすい。美と調和を大切にする。人との交流を心から望み、たくさんの注目を集めたい。かなり感情的になることがあり、幸せの絶頂と悲しみのどん底をよく経験する。とても傷つきやすい。気分がふさいでいるときは、すぐ落ち込んで自信をなくす。

このような鋭い感受性とリーダーとしての指導力をあわせ持っている。謙虚で、交渉上手で、丁寧である。説得するのがうまく、かなりの説得力を発揮することがある。

人への感受性の鋭さから、親切で思いやりの深い、優しい人になる。成功したいとか名声を挙げたいと自分から思わない限りは、名声を得て成功を遂げる機会がある。人を助け、大いなる調和のメッセージと天性の洞察力を提供する方法を探すこと。そうすることで、自分の望む物質的、社会的成果を得られる。

30 のバース・デイ・ナンバー

何歳であっても子どものような心を持っている。想像力がパワフルで、それを言葉や舞台芸術にして表現する才能がある。クリエイティビティーが求められない仕事に就いているとしても、職場の環境や仕事に必要なこととは別に、何らかの形で創造力を発揮する機会が必要である。課題やチャンスに対して、独自の発想をしたり、別の視点からユニークなとらえ方をする力があり、輝きを放つ。

とてもユーモアのある社交的な人で、自然に人が集まってくるが、限られた人としか親密な友人関係を持たない。心の底の本音や本心を明かすことに抵抗を感じ、表面的な軽い付き合いのほうが気楽である。そう感じる理由の一端は、感情というものが苦手で、理解できないためである。自分の気持ちであれ身近な人の気持ちであれ、激しい感情のやり取りになると、どうしてよいかわからない。

才能には恵まれており、新しいアイディアや事業に対してすぐに熱を上げるが、なかなか最後までやり遂げられない。気が散って、自分が力を注いできたものを途中で投げ出し、それまでの努力を無駄にするところがある。自制心と集中力が身につくと、どこまでも無限に可能性が広がる。

31 のバース・デイ・ナンバー

人から頼りにされる大黒柱である。頼りになり、責任感があり、信頼できる。一度約束したことは最後まで責任を持ってやり遂げる。緻密で、決意が固い。実践的で、行動派である。夢を語る人ではないが、求められれば理想を掲げ、大儀のために力を尽くす。

組織をつくり、チームを率いるのがうまい。細かなところまで目が行き届き、効率よくものごとを進める。AからBに最短の時間で到達する術を知っている。会計士、監督業務、コンピューター・プログラミング、建設など、規律と細かさと信頼性が求められる職業に向く。仕事中

毒になる傾向があるので、人生の小さな喜びを味わうように注意する必要がある。

皮肉なことだが、心から打ち込める仕事、天職だと思える仕事が見つからない、自分にどんな才能があるのかわからない、と感じるかもしれない。そのせいで自分の居場所を求めて職を転々とする恐れがある。実力を証明する実績を挙げても、低い自己評価を下す傾向がある。謙遜と自意識の低さを混同しないように注意する。

決まり事にあまりに縛られたり、変化への順応に後ろ向きになる——もしくは遅すぎる——ことのないように気をつける。予測可能な範囲や安定した状態は居心地がよいが、最も予期せぬタイミングで状況がひっくり返るようなことが起こるのが人生である。心地のよいぬるま湯が、自分を縛る牢獄にならないように、もっと柔軟になって、時にはリスクを取ることが大切である。

自制心、集中力、決断力という天性の資質がある。これらを存分に活かすには、時に型破りな道を選んでみるべきだ。しっかりと地に足の着いた現実的な人なので、コントロールを失い方向性を見失う恐れはほとんどない。

チャート全体で、バース・デイ・ナンバーは他のどのナンバーよりもライフ・パス・ナンバーと密接に結びついている。バース・デイ・ナンバーは、その人の才能や能力を具体的に示すだけではなく、ライフ・パス・ナンバーに込められた課題や機会に、その人がどんな対応をするかを反映している。

同じライフ・パス・ナンバーの人をひとつの部屋に10人集めても、共通点はあまり見つからない。なぜなら、チャート上には他にもたくさんのナンバーがあり、無数に存在するナンバーの組み合わせパターンが10人の外見や態度に表れるからだ。しかし、同じバース・デイ・ナンバーの人をひとつの部屋に10人集めると、どこか似ていることがすぐわかる。それがバース・デイ・ナンバーの面白い点である。

チャレンジ・ナンバー

誰にでも長所と短所がある。数秘術では、人生とは、その人の良いところを引き出して才能を伸ばし、弱点は強みに変えるような教育課程のようなもの、つまり人としての完成度を高めるプロセスと考える。

数秘術の考え方では、人生で４つの「チャレンジ」(訳注２－４)を経験する。同じチャレンジに何度も直面する人が多いが、４つとも大きく異なる課題を持つ人もいる。

人として完成するには、自分の弱点に向き合い、意識して自分を高める必要がある。４つのチャレンジは、その人に必要な学びの機会であり、チャレンジ・ナンバーは、その人がさらに磨くべき側面を示し、そのための努力を支え、励ますような状況を人生にもたらす。

チャレンジを克服する時期は４つのチャレンジごとに異なり、３つ目のサード・チャレンジ（メイン・チャレンジとも言う）だけは、生まれてから死ぬまで続く。

チャレンジの一般的な時期や年数は決まっていないが、チャレンジそのものは、舞台の袖に立つ役者のように、その人が生まれたときにすでに決まっている。

最初に訪れるファースト・チャレンジは、人生の初期にはっきり表れ、中年に差しかかるまで続くことが多いが、その頃には克服される。

ファースト・チャレンジが終わるのを待たずに、次のセカンド・チャレンジの影響が始まる。このチャレンジの影響が最も強くなるのは中年期である。

その人の主な課題を示すサード・チャレンジは、他のチャレンジとは違って生涯を通して影響を及ぼし、他のチャレンジよりも強く感じられる。

最後の課題となるフォース・チャレンジは、中年期の終わりから始まり、残りの人生を通して続く。

訳注2-4 日本語では何かを試しにやってみる自発的な挑戦や目標を意味するが、ここでは英語のChallengeの意味を持ち、自分の力が試される試練、自分に突きつけられる課題を指す。

チャレンジ・ナンバーの出し方

数秘術の中で、チャレンジ・ナンバーは引き算が登場する数少ないナンバーのひとつである。このナンバーは、誕生日の生まれ月、生まれ日、生まれ年の数を、この順に使って計算する（ヨーロッパでは誕生日を日、月、年という順番で表記するのが一般的だが、ここではその順番にしない）。

チャレンジ・ナンバーを知るには、以下のように計算する。ここでは、1950年5月29日生まれの人を例にして説明する。

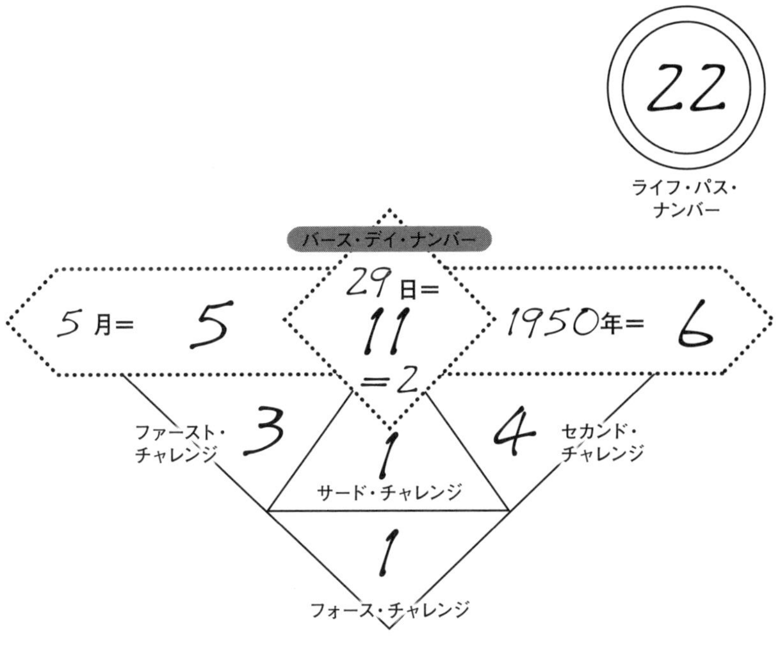

図2.1　ネイタル・チャート

1. ライフ・パス・ナンバーを出したときのように、誕生日の生まれ月、生まれ日、生まれ年の数を、それぞれ一桁の数にする。ここではマスター・ナンバーも一桁にする。

2. ここで挙げた例では、5月は5、29日は2（2＋9＝11、1＋1＝2）、1950年は6になる（1＋9＋5＋0＝15、1＋5＝6）。この誕生日の例は、5、2、6という数になった。

3. 月の数と日の数（ここでは5と2）の大きいほうの数から小さいほうの数を引く（つまりふたつの数の差を計算する）。この例では5－2＝3となる。
この例の人のファースト・チャレンジは「3」である。

4. 日の数と年の数（2と6）の大きいほうの数から小さいほうの数を引く。この例では6－2＝4となる。
この人のセカンド・チャレンジは「4」である。

5. サード・チャレンジを出すには、ファースト・チャレンジとセカンド・チャレンジの数を使い、大きいほうの数から小さいほうの数を引く。ここではファースト・チャレンジが「3」、セカンド・チャレンジが「4」なので、サード・チャレンジは、4－3＝1となる。
この人の主な課題であるサード・チャレンジは「1」である。

6. 月の数と年の数（5と6）を使い、大きいほうの数から小さいほうの数を引いて、最後のチャレンジであるフォース・チャレンジを出す。この例では6－5＝1となる。
この人の最後の課題であるフォース・チャレンジは「1」である。

この例からわかるように、同じ数が出て同じチャレンジが繰り返されることがある。この場合は、サードとフォースのチャレンジが同じである。

前頁の図2.1は、1950年5月29日生まれの人のネイタル・チャートである。ライフ・パスを表すシンボルと、ライフ・パス・ナンバー、バース・デイ・ナンバー、チャレンジが記されている。

チャレンジ・ナンバーは、０になり得る数少ないナンバーのひとつで、比べるふたつの数が同じだと「０」になる（たとえば、５月５日生まれの人のファースト・チャレンジは５－５＝０）。またふたつの数の差は最大でも８なので（９－１＝８）、チャレンジ・ナンバーに「９」はない。そのため、チャレンジ・ナンバーでは「０」が「９」の特徴を表すと考え、チャレンジ・ナンバー「０」はチャレンジ・ナンバー「９」と解釈する。

では、それぞれのチャレンジ・ナンバーの意味を説明する。

0のチャレンジ・ナンバー

このチャレンジ・ナンバーがある人は、人間社会の向上に十分関わっていない。貧困、病気、干ばつなど自然災害の被害に苦しむ人々がいると頭ではわかっているが、これらの問題や痛みを自分自身の体験として共有することがない。

このナンバーの期間は、大義のもとに無償奉仕をする機会に数多く恵まれるので、現実的に対応できる範囲で、その機会を受け入れるとよい。私利私欲のない奉仕は、自分が強い感謝の念に満たされ、報われることが多い。このチャレンジ・ナンバーを持つ人の幸せは、自分を超えた何かにただ尽くす体験と密接に結びついている。人間社会への奉仕を通してのみ、自分が人類全体とつながり、その一員であると感じることができる。

また「０」のチャレンジ・ナンバーには、一切の偏見をなくすことを学ぶという面がある。そのため、さまざまな年齢や職業の人と関わる機会がひんぱんに訪れる。

1のチャレンジ・ナンバー

このチャレンジ・ナンバーがある人は、自立することを学ぶ必要がある。自分で立ち上がり、権利を主張せざるを得ない状況に置かれる。自分が正しいと思うことを守り抜くか、誰かの要求に屈するか、どちらかを選ばなければならない場面に立たされる。強い意志を持つこと、自分の意志の強さを信じることを学ぶ。

このナンバーの期間は、自分で確固たる判断を下し、それを信じることを学ぶ。長いものに巻かれず、自分を持つこと。この学びは意識の先端領域にある。そのため、自分の奥深くの本能的衝動に従って行動できるようになるまで、強い敵意が爆発するときもあれば、怯えたまま不満や怒りを溜め込むこともあり、試行錯誤を何度も体験しなければならない。

だがいずれ自分なりの価値観を持てるようになる。自分独自の斬新な考えを持った個人に成長するだろう。

2のチャレンジ・ナンバー

このチャレンジ・ナンバーがある人は、感受性があまりに鋭く、人が何を期待しているかがわかってしまう。自分が浮いているのではないかと思い、自分を抑圧する。そんな自分の自意識にまいってしまうことがあり、噂されることが怖くて、引っ込み思案になる。これらがすべて、自分の個性やユニークさを押し殺すことにつながる。集団に溶け込みたいと思っている。

自分の思いや感情に飲まれてしまう。過敏さから、恐れ、臆病、自信のなさが生じる。無用な恐れや情緒不安定を経験する。

小さなことが実際以上に乗り越えがたいものに思え、感覚が麻痺してしまうことがある。また嫉妬による苦しみや誤解もある。

だが、このようなネガティブな側面は、実はこのチャレンジ・ナンバーのポジティブな特徴、特に意識や直感の鋭さから生まれるとも言える。人が自分の気持ちを言葉にしなくても、それをキャッチできるアンテナのような人である。

自分の中心軸を保つだけの内面の強さに欠け、最も優位な感情的雰囲気に合わせようとするので、それを乗り越えるために、このチャレンジ・ナンバーの期間に理解と深い思いやりを学ぶ。誰かが情緒不安定になっているとき、強く共感できる人であり、感情的な問題を抱えている人に大いに役立つことができる。

3のチャレンジ・ナンバー

このチャレンジ・ナンバーがある人は、自分に最も厳しい。自分の個性と創造性を抑圧してしまう。相手の印象に残るようなことをし

ようと思っても、自分にはできないと自分を疑って臨み、後で何がどうダメだったかを自分で酷評する。他の誰よりも辛辣に自分を批判する。

その結果、突っ込んだことはせず、安全な範囲にとどまるようになり、表面的なところで甘んじる。心の奥底の思いをほとんど表に出さず、ユーモアや、気のない発言で自分の気持ちを隠す。

独りぼっちで孤独だと感じることが多い。人との交流が怖くて、冗談ばかり言って無理やり陽気にふるまうため、会話がどこか不自然になる。文章を書く、絵を描く、歌う、踊るなど、何かはけ口になるクリエイティブな活動を見つけ、自分の想像力を解き放つとよいかもしれない。

このナンバーの期間は、努力して本当の自分を表に出す必要がある。自分が持っているクリエイティブな才能を他の誰よりも高く評価できるようになる。それを、個としての自分の完成度を高めるプロセスととらえること。この期間は、他人に合わせる必要性から自由になり、個として自立する過程となる。

4のチャレンジ・ナンバー

このチャレンジ・ナンバーがある人は、だらしがなく、きちんとできない。非現実的で、価値も将来性もほとんどない事業や可能性について、ただボーっと考える傾向がある。飛ぶはずのない鉄の風船と空を飛べる風船を区別できるようになる必要がある。

先のことを整理して考えられず、見通しが立たないため、ものごとを最後までやり遂げるのに苦労する。細部を意識することを学ぶこと。周りの環境をすっきり整頓すること。効率を考えることだ。

現実的にきちんとできる能力は持っているが、そのような特性に価値があるという認識を持つ必要がある。価値を認められると日々の生活の一部に取り入れ、ものごとをうまく進めるための基本が得られる。

このチャレンジ・ナンバーは、長い間自分の人生を支える基盤を築く期間を示す。辛抱と努力を積み重ねることが求められ、一攫千金を狙うと裏目に出る可能性が高い。辛抱強く努力を続けることが今後の幸せの鍵を握っている。

5 のチャレンジ・ナンバー

このチャレンジ・ナンバーがある人は、良くない意味での転がる石[(訳注2－5)]になる恐れがある。いろいろ体験して人生を楽しみたいという欲求を、すべてにおいて最優先させる。圧倒的な自由が必要だと感じ、すべてを試し、あらゆるところに行きたくなる。遊び放題にならないように注意し、アルコール、食、薬物、セックス依存にも用心すること。

このナンバーの期間は、長く続く人間関係を築き、関係を保つために努力することを学ぶ。寛容になり、理解を示すこと。そうすることで単なる仲間以上の存在を持ち、彼らとの人間関係を続けることができる。

自分にぴったりの状況でないとすぐに変えたくなるのが常だが、そのような衝動を抑えて自分を律する必要がある。やり始めたことを続けること、友人関係を切らないこと、そして、少し大変になっただけで相手や状況を放り出さないこと。

ただし、チャートにほとんど「5」がない場合は、変化を恐れて人や状況を手放せないことを表す。過去にとらわれて、自分の成長に制約をかけてしまう。慎重にリスク判断をして、もっと冒険することを学ぶべきである。

6 のチャレンジ・ナンバー 

このチャレンジ・ナンバーがある人には、ゆがんだ理想主義に対処するという課題が与えられる。非現実的な高い理想を持ち、そのせいで自分も人も苦しくなる。自分のしたことになかなか満足できないか、人にしてもらったことに満足できない。つまり感謝の気持ちが足りない。そのため何が人生の醍醐味かがわからない。また発想が硬いため、今まで自分にいいことがたくさんあったのに、そのことに気づくクリアな視点を得られない。

このチャレンジ・ナンバーの根底にあるのは、何かを見て見ぬふりをしていることである。視野を広げられず、自分は何でも知っていると思い込んでいる。そのため、自分に役立つ情報をキャッチしたり別の視点

訳注2-5「転がる石には苔が生えぬ」ということわざには、「仕事や住所を転々とする人は信用できず、成功せず、金もたまらない」というネガティブな意味もある。

を得たりする機会を逃している。

他者に奉仕したいという欲求は誠実なものだが、自分以外の人に意識を向けることで、自分の内面の成長が必要であることから目をそらしている恐れがある。

傲慢になったり、声高に正義を主張することがあり、自分の善悪の判断を人に押しつけることが多い。また自分はもっと感謝されるべきだと思うことも多い。

この期間に人に奉仕する、教える、人を癒す機会があるが、その際、自分の理想と自分が変わることへの抵抗との間にバランスを見出すことを学ぶ。

7のチャレンジ・ナンバー

このチャレンジ・ナンバーがある人は、証明できないことをすべて疑う。特に、精神的な事柄に関することを疑わしいと思う。そのため、心の平安を得たり人生の目的への洞察を深めたりするための、自分の指針を見つけることがむずかしい。

自分の知的な思考や合理的な考えに一致しないという理由で、生来の素質を抑え込む。だが、その抑え込んでいる自分の一部、自分の中の子どもを、自身が必要としている。

人間の特性の非合理的な部分——精神面、ユーモア、遊び心、直感——を一切認めず、見ないようにしている。このナンバーの課題は、そんな今の自分にない視点をもたらし、今まで認めなかった自分の根底にある多くの特性を無理やり引き出してくれる考え方、理想的にはコミュニティーを見つけることである。それをしないと、孤独になり孤立するリスクがある。

信じる思いを持つこと。人生の大半は目に見えない世界——思考、感情、洞察、愛——のものであると気づけば、実体を持つ領域はほんの一部だと理解できる。

プライドが高すぎるのかもしれない。自分の中に閉じ込めている内なる自分を解放するために、この期間に深い変容をもたらし、謙虚になれる体験をするとよい。

8のチャレンジ・ナンバー

このチャレンジ・ナンバーがある人は、お金を稼ぎ権力を得ることを最優先にするという危険を冒す。経済的に豊かになりたいという欲求に押されて、自分の人間らしい個性やこころの健やかさをおざなりにする。

このナンバーの示す課題として、お金の心配に振り回されて必要なことを後回しにするなど、物質欲が自分のあらゆる行動に影響を及ぼす。ミダス(訳注2－6)がたどった運命のように、すべてを黄金に変えられるようになる代わりに、それ以外のすべてを失うリスクがある。

このチャレンジ・ナンバーを持つ人には、物欲にとらわれる人が多く、冷血な悪徳商売への誘惑に駆られ、法に触れるようなことに手を出して、自分も他人もみじめな結果になり得る。

この期間は、「人生はお金がすべてではない」ことを学ぶため、厳しい試練に直面する。このハードルを越えると、本当の意味での精神と物質のバランスを取れるようになる。たとえば、湖のように流れを停滞させて命の営みの支えにならないよりも、力強い川の流れのように、あらゆる存在にとめどなく滋養をもたらす人になれる。

チャレンジ・ナンバーは、その人の短所を具体的に表す重要な数である。弱点をはっきり自覚できれば、克服するための行動が取れる。だがその認識がないと弱点に苦しみ続ける。欠点は、今の自分と今より豊かで充実した人生の間に立ちはだかっている。

ライフ・パス・ナンバー、バース・デイ・ナンバー、そしてチャレンジ・ナンバーは、どれも誕生日が基になっている。この3つの数は、すべて自分がこの世に生まれ、自分の力で人間になった瞬間と結びついており、また相互に関係があるので、ひとつの情報のかたまりとして理解するとよい。

数秘術では、チャート上のさまざまな数が互いにどう結びつき、どん

訳注2-6　ギリシャ神話に登場する王。ふれるものすべてを黄金に変える能力が欲しいと願い、叶えられる。その結果、手に取る食べ物も黄金に変わってしまい、餓えに苦しんで自分の強欲さを後悔する。

な影響を与えているかを読み取るのが恐らく最もむずかしい。だが実践を積み、オープンになれば、自分のことも人のことも、深くはっきりわかるようになる。

◇◈◇ 第3章 ◇◈◇

名前に偶然はない

私を、非実在的なものから実在的なものへ、
闇から光へ、
死から不死へと、導きたまえ!(訳注3－1)
――ブリハッドアーラニヤカ・ウパニシャッド

前章では、人の誕生の瞬間を時間の扉にたとえ、誕生日に基づいた数について述べた。本章は、名前から導き出される数について取り上げる。名前は、その人が時間の扉をくぐり抜け、この世界に入ったときの純粋なバイブレーションを持ち、魂のメロディーを奏でる。名前は、楽譜のようにバイブレーションとニュアンスにあふれている。そのバイブレーションとニュアンスは、でたらめにその人と結びついているのではなく、バイブレーションとして表されるその人そのものであり、どこまでも正確にその人を映し出している。

名前はまた、今回生まれるに至るまでのその人の過去であり、今回の人生に引き継がれる歴史を表す。今までの歴史はその人の一部として継承されていく。

生まれ変わりや魂の輪廻転生については、長年さまざまな憶測がなされてきた。その真偽はともかく、人は誰もが唯一無二の存在であり、それぞれの姿と形を持って、何らかの進化の結果としてこの世に生まれくる。それが人である。

大半の人は、自分の名前は親が好きなように考えてつけたと思っている。わたしは、親が子どものバイブレーションを無意識に感じ取り、そ

訳注3-1山口泰司訳、「サルヴェパリー・ラーダークリシュナン『インド哲学』3」(明治大学教養論集、通巻529号、2017年9月30日、p.222)。

のバイブレーションに合った名前を選んでいる、その子どもを表すバイブレーションに対応した音を名前にしている、と考えている。親が名前の綴りをうっかり間違えたり、最後の最後に考えを変えたりしたなら、それはその子どもにぴったりの名前にするための微調整である。

人の名前を聞いて、笑ってしまうほどその人にぴったりだと思った経験がないだろうか。わたしには多々ある。たとえば、ハーブという名前は、はっきりした個性の持ち主を思わせるし、メアリーやボブといった名前からも、それぞれ人柄が想像できる。

名前と人柄については、作家が作中の登場人物につける名前と、作品に描かれている人物の性格がぴったりで、その作家の名前選びのセンスに感心することが多い。そのような場合は、名前とその人物の性格や物語上の設定が、数秘術的にも正しいことがほとんどである。つまり、親が子どもに名前をつけるときのように、作家も直感的に登場人物の「本当の性格」に波長を合わせて名前をつけていると言える。どちらの場合も、直感が作用して彼らを導いている。

名前とは、その人の状態が奏でる音楽のようなバイブレーションであり、その人が進化しながら受け継いできた知識と体験の積み重ねを表している。

すべてはバイブレーションの世界で始まる。名前は魂の放つ音、メロディーである。そして数秘術は、名前に込められた情報を紐解く手段である。

この章では、エクスプレッション・ナンバーとマイナー・エクスプレッション・ナンバー、ハートデザイア・ナンバーとマイナー・ハートデザイア・ナンバー、そしてパーソナリティー・ナンバーとマイナー・パーソナリティー・ナンバーについて説明しながら、名前について詳しく考えていく。

エクスプレッション・ナンバー

エクスプレッション・ナンバーは、その人の体質と気質、人生の方向性や目指すところを示す。その人が生涯を通して目指すものを表すため、

「運命数」と呼ぶ数秘術師もいる。人はこのナンバーの表す可能性を日々追求し、実現しようとする。そのため、内に秘めた目的、なりたい自分を映し出すナンバーとも言える。

またエクスプレッション・ナンバーは、その人の才能、能力、個性、短所も教えてくれる。どんな自分になるかは、自分が潜在的に持っている能力や可能性をどこまで実際に活かせるかで決まる。

数秘術師から見れば、人の才能や個性は、その人の名前の一文字一文字とその文字に対応する数に表れている。これらがモザイクのように一体となって、ひとつの絵を描くように人物像が浮かび上がる。生まれたときにつけられた名前は、その人の青写真であり、潜在的な可能性、「ポテンシャル」を表す。

エクスプレッション・ナンバーは、出生時の苗字と名前から導き出す（ミドル・ネームもあるなら、それも含める）。ふつうは出生証明書(訳注3－2)に記載された名前を使う。どの名前を使うべきかを正確に知りたいと時々聞かれるので、よくある質問の答えを以下に記した。これらの説明は、ハートデザイア・ナンバーなど他のコア・ナンバーを出す場合にも当てはまる。

出生証明書に綴り間違いなどの事務的な誤りがあり、間違ったままの表記を両親が認めて名前として使っている場合は、出生証明書に記載されたとおりの名前でエクスプレッション・ナンバーを計算する。

間違いを両親が認めず、記載された表記ではなく、もともと親が考えた名前を使ってきた場合は、出生証明書上の記載は無視して、元々親のつけた名前でエクスプレッション・ナンバーを計算する。

養子として養親から新しい名前をつけられた場合は、養子になる前の元の名前を使う。

養子になり自分の元の名前がわからない場合は、自分が覚えている中で一番小さい頃の名前を使う。ただし、元の名前がわからないと、完全なチャートにはならない恐れがある。

元の名前をまったく使ってこなかったとしても、その名前が自分の人

訳注3-2 日本の戸籍謄本・抄本に当たる。訳注 1-2 も見よ。

生の青写真を映し出していることに変わりはなく、エクスプレッション・ナンバーを出す際はその名前を使う。

何らかの儀礼や宗教的儀式で、聖職者や宗教指導者などから与えられた名前は（訳注３－３）、エクスプレッション・ナンバーを出すときには使わない。だが、その人の人柄をさらに深く知るためであれば、使ってよい（本章のマイナー・エクスプレッション、マイナー・ハートデザイア、マイナー・パーソナリティーの項目を参照してほしい）。出生時に複数のミドル・ネーム（もしくは苗字）をつけられた場合は、そのミドル・ネーム（もしくは苗字）をすべて使って計算する。

名前の一部にジュニア、シニア、ザ・サードなどが含まれている場合は、その部分に名前として重要な意味がないため、すべて除外して計算する。

エクスプレッション・ナンバーの出し方

第１章でも述べたとおり、名前の一字一字にすべて一桁の数が割り振られている。

アルファベットの文字には順番に数が割り振られており、１番目のＡは「１」、Ｂは「２」、Ｃは「３」と続く。Ｉ（９番目の文字）まで進むと、それ以降の文字の順番は二桁になるため、たとえば13番目のＭは、今までの説明のとおり「13」を一桁の数に変換する。つまりＭという文字に対応する数は「４」である。

それぞれの文字の数秘術上の数は、以下のとおりである。

訳注３-３たとえばキリスト教徒が洗礼を受けるときにつけられる名前など。

アルファベット	A	B	C	D	E	F	G	H	I
対応する数	1	2	3	4	5	6	7	8	9
アルファベット	J	K	L	M	N	O	P	Q	R
対応する数	1	2	3	4	5	6	7	8	9
アルファベット	S	T	U	V	W	X	Y	Z	
対応する数	1	2	3	4	5	6	7	8	

エクスプレッション・ナンバーを出すには、フル・ネームをアルファベットで書き、それぞれの文字の下に対応する数を書く。下の名前の数を合計し、一桁になるまで変換する。同じようにセカンド・ネーム(訳注3－4)の計算をし、そして苗字の計算をする。次にこれら３つの一桁の数を合計し、その数を一桁になるまで変換し、エクスプレッション・ナンバーを出す。ただし、計算の過程でマスター・ナンバーの「11」や「22」が出たら一桁にしない。

本書を通して、トーマス・ジョン・ハンコック（Thomas John Hancock）という名前を例に説明する。

T　h　o　m　a　s
2＋8＋6＋4＋1＋1＝22

J　o　h　n
1＋6＋8＋5＝20　2＋0＝2

訳注３-４ ファースト・ネーム（下の名前）の次に来る名前を指す。日本の名前には当てはまらない。

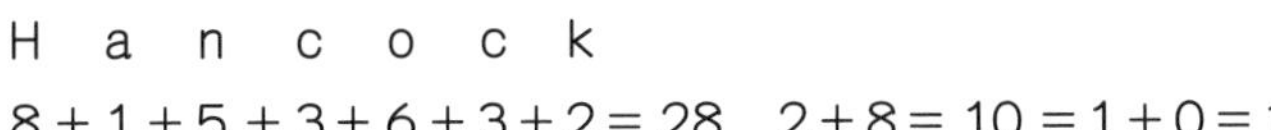

トーマス（Thomas）の数を合計すると「22」になる（マスター・ナンバーなので一桁にしない！）。

ジョン（John）の数は「２」である。

ハンコック（Hancock）は合計「１」になる。

この人の出生時のフル・ネームを合計すると「25」になる。

つまり、ジョン・ハンコックのエクスプレッション・ナンバーは、２＋５＝７である。

このように単純な足し算で、名前の文字からエクスプレッション・ナンバーを出すことができる。

エクスプレッション・ナンバーは三角形の記号で表し、三角形の中にナンバーを書き込む。

ベース・チャート

1のエクスプレッション・ナンバー

指揮官としての資質が備わっており、独立心の強い個人主義者である。極めて野心的で、独自性と勇気がある。革新的な人で、まだ確立されていない新しい手法を試す。未知の世界を切り開く人生を歩むだろう。重要でない周辺からの影響まで受け入れて、それが制約やフラストレーションになる。自立した、自信のある、エネルギッシュな人である。

統括能力があり、自営業や独立して仕事をするのが一番よい。自分のアイディアを基に、自分で判断して決められる自由を獲得しようとする。やり手の政治家といった道も開かれている。周囲を感化して人を動かす力がある。「1」という数は、先頭、先駆者、戦士、リスクを取る人、命知らずを象徴する。軍の司令官、一流の政治家、成功したビジネス・パーソン、たたき上げの億万長者、宗教指導者、発明家、活動家、前衛的な芸術家には、「1」のエクスプレッションを持つ人が多い。このナンバーの人が成功するための要は、強さと忍耐力である。自分らしい人生を生きるには、人と同じ道ではなく、新たに道を切り開きながら、最前線を歩むことを前向きにとらえることだ。生来の意志の強さを、ゴールを目指して進むことに向けるとよい。あきらめず、果敢に自分の目指すところを追求すべきである。

かなりはっきりした意見を持っている。個性が強いので、インスピレーションをくれる人と受け取られることもあれば、不快に思われることもある。集中力が非常に高く、自分のゴールをはっきり思い描けるので、目標を達成しやすい。自分の信念のために立ち上がり、守り抜く。このような能力がすべて力となり、成功を収める可能性が高い。短所としては、自己中心的なところがあり、威張り散らしたり、極端な場合は弱い者いじめをする。また非常に批判的になり、勤勉さが足りないとか、自分のような決断力がないなどと不平を漏らす。人への理解に欠けると、友人や家族と疎遠になる恐れがある。人間関係の調和を保つには、このような性向をコントロールすることが必要である。

いったん自分が正しいと思い込むと頑なで、時には意固地になって考えを変えず、周囲に自分の意見を訴え続ける。そのような強情を張らず、確執を避けて、バランス、思いやり、忍耐力を培うことが大切である。その一方で、人を守る側の立場を自然に取り、リーダーシップが求められるときに、素早く行動できる。

プライドの高さが失脚につながるかもしれない。自分の目指すゴール

と野心が一体になっているため、周到に立てたつもりの計画に見落としや弱点があっても、目をつぶることがある。あらゆる取り組みに持ち前の強さと決断力を発揮すると、大いに成功する。

2のエクスプレッション・ナンバー

人と一緒に仕事を進める才能に優れており、機転が利き、細やかに動く。研ぎ澄まされた直感を持ち、相手の人柄や状況を見抜くことができる。直感を使って如才なくふるまい、微妙なことでも説得できる。高感度のレーダーの持ち主で、踏んではいけない相手の心の地雷を避け、快諾を得る。このような能力があるので、外交官になると非の打ち所がない。

「２」のエクスプレッション・ナンバーの人は、ひとりで働くより、他の人と一緒に仕事をするほうが能力を活かすことができるだろう。同じように、指導者になるよりパートナーシップを組むほうが力を発揮できる。「２」のナンバーの人は、政治、医薬、教育機関、研究所、事務局業務、ネットワーク・ビジネス、芸能界（ただし滅多に自分がスポットライトを浴びようとしない）に多い。

気質としては、人間関係やその場の状況にバランスと平安を求める。このナンバーの人柄の鍵は感受性だが、これには表と裏がある。良い面としては、相手の考えや気持ちを察することができ、同じゴールを目指して、優しく接しながら一緒に働くことができる。集団で何かを行う上で、このような資質は大きな財産になる。

弱点として、感受性が強いため、傷つきやすいという一面がある。優しさに欠ける言葉、衝突、職場での対立などから、心のバランスを崩す恐れがある。他のナンバーと違い、「２」を持つ人はそのような状況に大いに困惑する。他の人には耐えられることでも、ちょっとした波風が立っても、まるで生死を賭けた人生の一大事かのように、大きく心を揺さぶられて苦しむ。

困難に見舞われると耐えることを選び、それがじりじりと相手の抵抗力を蝕む。岩をも穿つそよ風のような人だ。

気さくでオープンである。人を支え、それぞれの人の一番よいところを引き出す。影の実力者として活躍し、極めて重要な洞察やアドバイスを指揮官に提供する参謀役に向いている。なくてはならない存在として貴重なサポートをしているのに、その貢献に見合った評価や認識をされないことが多く、フラストレーションを感じるかもしれない。だが、元々謙虚なこともあり、大切な存在であるという喜びだけで、たいてい十分満足できる。

幸せな人生を送るためには、近しい人との人間関係がとても重要になるだろう。独身のときはソウル・メイトとの出会いを夢見る。結婚すると、配偶者のニーズ、気持ち、考えに関心を寄せる。結婚相手として素晴らしい器量を持ち、献身的で、思いやりがあり、愛する人が何を必要としているかがわかる。配偶者が仕事のキャリアを築く上で、大きな支えになる。

子育てについては、恐らく子どもをしつけようという意志が弱く、また自分にとって穏やかで繊細で調和の取れた環境が必要なため、あまり得意ではないかもしれない。

音楽の才能に優れ、リズム感とハーモニーのセンスがよい。また心理学の才能を生まれ持ち、直感も極めて鋭いので、卓越したカウンセラーになることができる。

3のエクスプレッション・ナンバー

楽観的で、その場を明るくする快活さがあり、外向的で、表情豊かである。明るく、前向きで、チャーミングで、元気いっぱいの弾けるような生気が周囲を飲み込み、皆を笑顔にする。

このような上昇エネルギーは、すべてこのナンバーの人の驚異的な創造力から発せられている。言葉による伝達能力に優れ、執筆、コメディー、演劇、音楽といった分野に自然に魅かれる。「３」は自己表現の数であり、豊かな創造力や精神性を表すが、あまり多くの分野で才能を伸ばそうとしないほうがよいだろう。自分を律せず節度を失うことが多々あり、それが致命傷になる。成り行き任せで浪費しないようにして、責任や重い約束から逃げないこと。そして集中力と何かに意識を集める能力を身につけること。これらが成功の鍵を握っている。芸術や、独創的な問題解決が求められる分野で大いに活躍する可能性がある。想像力を羽ばたかせ、まるで天から降りてきたアイディアのような、型破りの発想ができ

る。ただし、明るい未来を築くには、ひとつのことに一生懸命取り組んで基盤を得ることだ。言語能力が高いが、頭の中で考えるときは、言葉より絵でものごとをとらえる傾向がある。抽象的に考えることも不得手ではない。創造力は繊細で、子どもの頃に抑圧されることが多い。自分のアイディアを突き詰めていく自信がないと、あれこれとつまらないことに才能を無駄にするかもしれない。

この問題を乗り越えるには、自分で選ぶことである。視野を広げすぎず一定の範囲にとどめ、自分の関わる活動を制限し、エネルギーをひとつの方向にまとめるとよい。一本筋の通った人生にし、自分が一番好きなこと、真剣に取り組める分野を選ぶと、成功を収め、とても幸せになれる。

恋愛もお金も手に入れられる。自分に憧れを持つ人や友人から助けてもらえる。ここぞというときに、どこからともなく助けを差し伸べる人が現れる――ということが多々ある。一匹狼タイプではなく、取り立てて独立心が強いこともない。社交的であり、実際のところ、能力を存分に発揮するために、聴衆や人からの支援を必要とする。

好ましくない点としては、底が浅く、気分屋で、心が狭い。感情的で過敏であるため、誰もそう思っていないのに批判されたと思うことがある。また嫉妬深く噂好きである。皮肉っぽく、嫌味を口にしていないかに気をつけること。このような癖が生来の想像力にフタをしかねない。

目標志向でいることが大切である。そうすると、現実的になり、大きな志に向かって一歩一歩進むことができる。卓越の域に達するだけの才能を生まれ持っている。

4のエクスプレッション・ナンバー

社会の根幹や事業の土台を成す。組織をつくり、管理する人。自分の人生や課題に、緻密かつ体系的に考えて向き合う。形をつくって実行する人、夢を現実にする人である。

構造を考えたり構成を立てたりするセンスに優れている。管理やシステムを純粋に楽しみ、また、周到な計画を立てて実行することができる。地図も持たずに旅に出るタイプではない。

自分や家族への義務を真剣に受け止める。そのため責任感が強く、頼りになる。ものごとを最初から最後まで見守ることに喜びを感じるが、視野が狭くなることがある。また身を粉にして働き、仕事中毒になる傾向がある。不安定、不安感、予測のつかないことに価値はないと考え、それらを見下す気持ちが自分を焚きつけるエネルギーになる。慣例どおりでないものは信用せず、確実に信頼できるほうを好む。そのせいで、自分の計画がゆっくりしか進まないと、大いにフラストレーションを感じる。自分の力不足の場合は、特に不満が強まる。同時に、力量不足という思いから注意深く慎重になり、大胆な発想をする周囲の人から近道や独創的な解決方法を提案されても、耳を貸さない。

自分が何を抑え込んでいるかに気づくこと。その制約を解くことが自分に試練をもたらし、目指すべきゴールを示し、自分を導く力になると認識することが重要である。

このナンバーの人の弱点は想像力の力を信じないことである。自分に忠告や気づきを与えてくれるクリエイティブな人たちを引き寄せ、自分の人生に登場させると、先行きが明るくなる。

恋愛関係については、もう少し善意を持つ必要がある。非常に正直で誠実であり、信頼のおける高潔な人だが、頭が固く、頑固である。常識や深い思いやりの気持ちを忘れず、自分の好き嫌いの激しさに周囲を巻き込まないようにすること。人の欠点にもっと理解を示すことである。細かい点にばかり意識を向けがちなので、退屈で型にはまった、バカがつくほど真面目な人になる恐れがある。「４」のエクスプレッション・ナンバーを持って生まれる人の大半は、もっと楽にかまえて人生を楽しむ必要があるだろう。

保守的で慎重な人らしく、お金の扱いにはぬかりがない。収入と支出のバランスをはっきり意識している。貯蓄は大切だと考え、出費を抑えることができる。

驚くほど良い親になり、子どもたちの面倒を喜んでみる。なぜか、他の人よりも、純真な子ども心を自分のことのように考える。理想主義者で、子どもの単純さを大切な良いものと思っているため、子どもの姿に自分自身を見出しているのかもしれない。

会計士、簿記係、公務員、管理職、弁護士には「４」のエクスプレッションに生まれる人が多い。何らかの芸術や音楽に魅かれると、構造や秩序への熱い思いから、その芸術に見られる構造や秩序が好きになる。特にクラシック音楽やオペラに魅せられ、感動する。細かな部分に目が行き届く。大いにスタミナを発揮し、自分のゴールに向かって実直に努力を重ねることができる。それが最終的に成功をもたらし、社会的な地位を得る。

5のエクスプレッション・ナンバー

自由な精神の持ち主で、変化、冒険、ワクワクを求める。自由を愛している。鳥に翼が必要なように、自由なしでは生きていけない。自由を中心に人生が展開し、自由であることが生きることである。自由を適切に使うことで、自分のさまざまな才能の芽を探り、育てることができる。あらゆるタイプの人に出会い、遠くまで旅をする。自分の中からたくさんの才能を引き出すために、自由な雰囲気が欠かせない。

ほとんど何でもそつなくこなし、恐らく高いレベルに達することができる。保証という幻想にとらわれさえしなければ、自分の才能を引き出すことが可能だ。

飛び抜けて順応性が高い。というより変化に至福の喜びを感じ、挑戦や多様性を必要としている。決まりきったことの繰り返しが大嫌いで、身動きの取れないような状態など最悪である。引き止められたり、押さえつけられたりすると、惨めな気持ちになるかもしれない。

味わい、手触りや彩りを楽しむことに圧倒的な魅力を感じる。子どもの頃から、外国に行くこと、さまざまな感覚を味わうこと、エキゾチックな世界を体験することを夢見る。どんなことでも、人生で一度は経験してみたいと思っている。

このナンバーの人の感覚では、人生のすべてが遊び場である。しかし、それがトラブルを招く恐れがある。誰にも、生き物や社会の一員としての限界があるが、このナンバーの人は自分の限界に注意を払わない。ここまでという境界線を引くこと自体を忌み嫌い、その嫌悪感から自分の限界が目に入らず、食、甘いもの、アルコール、セックス、薬物への欲求に溺れる恐れがある。もうひとつの特徴として、生来のコミュニケーション能力があり、言葉を操る技量は果てしなく高い。セールスパーソン、政治家、弁護士、広報、祭壇に立つ聖職者になれる。また新しいアイディアを人と共有し、提案する能力がある。手先も器用である。新しいこと、誰も試したことのないことが大好きだ。最前線が活躍の場である。ギャンブラーの一面があり、非常に大きな賭けをすることが多い。これらが一体となって生まれるはつらつとした熱意が相手に伝わり、人を魅了する。

人と一緒に働くのが好きな半面、人から制約を課される仕事には向かない。賢くて頭の回転が速いが、筋道の通った思考回路ではなく、あちこちに考えが飛んでまとまらない。成功したいなら、しっかり落ち着いて、ひとつのことに集中する必要がある。若い頃は特に恋愛に明け暮れ、恋に落ちては恋に破れる。このナンバーの人は生まれながらに肉感的で、概して性欲が強い。このような特性から、ドキドキハラハラのにぎやかな恋愛生活を送る。恋愛関係においては、安易な気持ちを持たず、自分を守ること。このナンバーの課題は、長く続く成熟した関係を築くことである。自制心と健全なレベルに限界を設定することが、人生のほぼすべての面で成功を握る鍵になる。皮肉なことだが、自分の限界がきちんとわかるようになると、自分を御することができ、逆にはるかに自由になるとわかる。自分が始めたことを最後までやり遂げることに、特にこの逆説的な真理が当てはまる。このナンバーの人は、何らかの活動や仕事を始め、すべて自分がコントロールできていると思った途端に飽きてしまい、放り出す傾向がある。完了するのはずっと先なのに、別の新しいチャレンジを始めたいと夢見たり、すでに終わったようなものだと思ったりする。

「5」のエクスプレッションの人には、世界をまるごと自分のものにしたいという欲求がある。自分には大いに成功できるたくさんの才能があると自分でわかっている。だが実際に成功するかどうかは、分野を絞って努力を傾けられるか、自分の能力を完璧の域に達することができるかどうかによる。

6のエクスプレッション・ナンバー

愛と思いやりにあふれた人で、自分より人のことを優先する傾向がある。責任感が強く、信頼でき、正義と誠実さをとても大切にする。一生を通して何らかの義務を負い、それを重荷に感じるときがある。芸

術がわかる。美と調和が大切なものの上位に入る。音楽の才能があるが、自分の時間や自分の喜びを犠牲にして人に尽くすという「６」の傾向から、持ち前の創造力を眠らせたままにしたり、抑圧して開花させないことがある。人生のあらゆる分野、特に視覚に訴える分野で高い創造力を発揮する。またビジネスの才にも恵まれ、目標の実現に向かってコツコツ働くことができるだろう。花、庭、動物の世話が自然にできる。子どもが大好きで親としてこの上ない資質があるので、このナンバーの人は数秘術師から究極の理想の親と呼ばれている。「６」という数字の「愛を身ごもっている」形がそれを象徴している。

生来のカウンセラーでヒーラーだが、他人の自由に干渉しないように注意しなければならない。主に結婚、友人関係、人間全体に関して、人から理想主義者だと言われる。

「６」はすべての数の中で最もバランスが取れているが、同時に大いなる矛盾を内に抱えている。正反対の傾向を何とかギリギリ抱えているかのようである。正反対のものを調和させる天賦の才があるために、このナンバーの人だけは自分の中の矛盾を受け止め､統合できる。ヒーラーやカウンセラーの役割を担うことが多いのはそのためで、意見の対立や自分との葛藤に平穏を生み出すことができる。

とても理想主義的でありながら、美しい物を不正な手段で手に入れたいという誘惑に駆られることがある。他にも、過干渉な言動や家庭内での横暴なふるまいをしないように注意すべきである。家族で口論になったとき、自分のやり方しか認めなくなるので、気をつけること。自分以外の人が抱えるジレンマを理解し、独創的な解決方法を思いつく能力がある。安らぎやぬくもりを与えられる生来の能力が、軟膏を塗るように人の傷ついた心を穏やかにする。愛と感謝の気持ちを持って人に接しているので、当然ながら、人から愛され感謝される。

教師（特に小さな子どもや特別支援教育の生徒の指導）、ヒーラー、カウンセラー、ソーシャル･ワーカー、精神分析医、芸術家、デザイナー、園芸家･庭師、花屋、農家といった職業に向いている。また、ビジネス、特に人を相手にする商売で、成功を収めることができる。

7 のエクスプレッション・ナンバー

分析的な発想の才に恵まれ、人生の謎を解き明かしたいという欲求が非常に強い。科学的な事柄、哲学、さらに神秘主義にも高い関心がある。粘り強く真実を追求し、はっきりさせる。優れた調査研究員、教育者、哲学者になれる。

知識と真実を得たいという衝動に突き動かされる。幻想と現実を明確に区別することを学ばなければならないが、実際はその術を十分持っている。頭脳明晰で、ヴェールに包まれた人生の神秘に対する洞察が鋭い。また非常に多くの視点からものごとを見ることができる。つらいときでも、その只中で自分の中に平穏を見出せることを知っている。ひとりの時間が欠かせず、人付き合いに追われるとストレスになる。プライバシーを確保し、日々の雑多なことを遮断できる場所が不可欠である。また自分の思いを心の中に留めたまま、人に明かさない傾向がある。「７」のエクスプレッション・ナンバーには内向的なところがあり、他のナンバーの外向的な性格（たいてい「１」、「２」、「５」、「８」）をあわせ持ってバランスを取らないと、自分の世界に深く引きこもり、人との関係を断ってしまうことさえあるだろう。

表面的な、ありふれたことを忌み嫌う。大半の人は「７」のナンバーの人ほど真剣に知識を得ようとしないため、「７」の人は、自分以外の人たちの理解不足や知識の浅さに驚くことが多い。

そのため人に対して批判的になり、さらには人生全般に冷ややかな見方をしかねない。人との関わりを断てば断つほど、真意が人から理解されづらくなる。だが人間や人生についての理解を十分深めたら、周囲から英知あふれるアドバイスや相談を求められるはずだ。

自分の専門分野を確立して知識を深めたいと熱望する。完璧主義者である。成功欲にとらわれすぎず、若いうちに研究を完成させるとよい。ものごとの自然な流れに任せ、チャンスに対してオープンに考えること。自分が報われ、満足し、充足感を得られることは、高次の源から訪れることを覚えておくとよい。

「７」には、よそよそしく、人と打ち解けないところがある。「７」の特性の暗い面が優勢になると、誠実さに欠けた、非良心的で残酷な人間になり得る。宗教的な祈り、瞑想、ソフトで繊細な命のバイブレーショ

ンによって、調和の感覚を取り戻し、平安とバランスを保つことができる。また考え方が論理的で、分析能力があるので、問題に対して第三者的な立場を取り、外科手術的な対応を披露することもあるだろう。研究員、アナリスト、調査官、発明家、技能職、学者、弁護士、銀行家、時計職人、聖職者、哲学者、神学者、科学もしくは技術的な分野の管理業務といった職業に魅かれる。

8のエクスプレッション・ナンバー 

何かを成し遂げるパワーや可能性を持っている。権力を持って何かを支配することが課題であり、生まれながらの権利でもある。何を目指すにせよ、自分の選んだ分野で最も優れた人、最も成功している人になるために力を尽くす。非常に競争心が強く、敵対する相手を完全に越えたと自分が満足するまで、手をゆるめない。挑戦することや対抗することを楽しむ。

現実的かつ先を見通したプランを立てる。自らを律し――このナンバーには生まれつき自分に厳しくできる人が多い――かなりの障害に道を阻まれても耐えられれば、お金と権威が手に入る。

ダイナミックな人で、効率的に動ける。全体像を理解し、課題を広くとらえ、どのように資金や人材を集めて問題に対処すればよいかを理解している。権限の委譲がうまい。細かなことは人に任せるのが最善である。

立派なリーダーであり、相手の性格を鋭く見抜く。自分の下で働く人への要求は厳しく、自分のやり方について来るのか来ないのかと、白黒はっきりさせることが多い。同時に、自分に対して忠実で一生懸命働く人には、惜しみなく報酬を与える。必ずしも寛容なリーダーではなく、大らかすぎるのは効率に反すると考えている。勇敢に、粘り強く、ゴールに向かって直進する。

お金、権威、パワーについて自然に理解している。目指すものに向かってブレずに取り組み続け、いずれパワーを得る。自分の中で、人としての高次と低次の特性のバランスが、生まれながらに取れている。人生の課題は、自分の高い理想と、世の中の厳しい現実に対する自分の理解との間のバランスを取ることである。

自分が欲するレベルの成功に達するまで、多くの努力を重ねなければならず、浮き沈みを何度も経験するだろう。数々の試練に見舞われる人生で、乗り越えられそうもない壁にぶつかる。しかし、これらはすべて、困難に直面したときのパワーや権威の使い方を学び、自分の中にどれほどのパワーがあるかを知る好機にすぎない。

このナンバーの人が成功するには、物質と精神のバランスを取ることが不可欠である。与えることと受け取ること、報われることと罰せられること、作用と反作用のバランスが求められる人生を歩むことを、自分で決めてきた人である。行く手を阻まれるが、必ず克服する。

結果や成功だけを欲すると、心の狭い偏屈な人になりかねない。弱点として、野心を燃え上がらせて、無理な要求をしたり、真っ当な視点を失ったりする恐れがある。

このナンバーの人にとって、飲酒は危険地帯なので、酒量に注意すること。付き合い程度にしか飲めない可能性があり、仕事と娯楽のカクテルは危険な飲み物になる。

管理、組織づくり、運営に極めて長けており、起業家、企業の幹部職、銀行家、ブローカー、交渉担当者、ギャンブラー、コーチ・監督、収集家、団体の代表、建設業、美術品ディーラー、製造業、プロモーター、軍人、刑事、密輸業者、エンジニア、パイロット、艦長・船長など、さまざまな職業に向いている。

特別な才能に恵まれているが、それを適切に使うか乱用するかで、自分や周囲の人たちへの影響が変わる。適切に使わなければ、すぐに悪い作用となって現実に現れ、痛みを伴うトラブルを引き寄せるかもしれない。天から与えられた才能を、世の中のために使うこと。特別な才能を持って生まれた幸運を、感謝の念と共に受け入れるとよい。このナンバーの人の魂は、収穫期の段階まで進化している。そのため、今回はご褒美を受け取る人生にすることが可能だ。天賦の才を世の中のために使えば、自分の努力が素晴らしい成果を生み続ける生涯になるだろう。

9のエクスプレッション・ナンバー

人道主義者である。より良い世界を目指す理念や活動に魅かれる。だが極端な理想主義者で、純真すぎるときがあり、人を見る目や実

現方法に対する考えが非現実的になる。思いやりが深く、もっと血の通った世の中にしようとする。肉体的な苦しみの下や不当な状況に置かれている人に心を寄せる。間違いを正そうとする。心の底で世界を変革したいと思っている。

自分の理念を推進させるためなら喜んで犠牲を払う。実のところ、それがこのナンバーの人の人生のテーマである。自分のエゴに直接関係していることを、そのエゴを忘れ、本当に自分を後回しにして行動できるかどうかで、活動の成否が決まる。いつの間にか何かの取り組みに関わっているということが時々起こる。高い理想を掲げ、大衆への影響力を持ち、多くの人を指揮する能力があり、先見性のある発想で社会をリードする。心の奥深くで、たくさんの人から愛され認められたいと願い、名声を求める。名声を得たいという渇望の一部は、自分が正しいと確かめたいという思いと関係している。自分が自分に一番厳しいからだ。公衆の利益に直接つながる活動に関わると、それが最も満足することだと気づく。政治、法曹・司法当局、環境保護、教える仕事、人を癒す仕事に就くと成功するだろう。

人間に対する視野が広く、偏見にとらわれない。さまざまな職業、肌の色、宗教的バックグラウンドを持つ友人や仲間がいる。人に魅了され、人と交わることで心が豊かになる。多様な人々や体験が刺激となり、自分の中の潜在的な資質が引き出される。

このエクスプレッション・ナンバーの人は芸術的才能が豊かで、特に、文学、絵画、視覚芸術、身体芸術などの芸術の道に進む人が多い。

「９」という数はひとつのサイクルの完了や一連の学びを意味し、「９」のエクスプレッション・ナンバーは、飛躍的進化のポイントに到達したことを示唆する。今生では、進化の過程で今までに学んだことをすべて活かし、進化の大きな段階を完了させることができる。天才に「９」のエクスプレッション・ナンバーを持つ人が多いのはそのためである。

さまざまな知識のかけらをひとつに集めて統合する能力がある。外見を重視し、人からどう見られているかをはっきり認識している。その結果、ものごとをしっかりコントロールしている人だと思われる。またカリスマ性があり、不愛想でよそよそしい人柄を醸し出していても、多くの人を魅了する。

弱点として、愛情表現がどこか暖かみに欠ける。また自分の理念や信念に心を奪われがちで、近しい人たちが何を必要としているかを見落とすことがある。相手への愛を、もっとオープンに自分から相手に伝えなければならないのを忘れないこと。皮肉なことに、愛にあふれた誠実な人でありながら、自分の本心を伝えることをなおざりにしてしまう。それと同じように、自分に必要なことを見て見ぬふりをすることがある。自分の心の内を人と分かち合わないようにして、感情を内にため込む。もっと大事なことがあるからと、自分の個人的な満足を後回しにするきらいがある。弱い部分も含めて、本当の自分を露わにする勇気が大切である。

このナンバーの人は、基本的に人間は善良であると信じており、その信念は揺らぐことがない。そのため、相手の最もよいところを伸ばすが、利用されて傷つくこともある。あまり人を見る目がない。自分が個人として満足する最も確かな方法は、社会的な意義を支援する大きな活動に加わることである。奉仕することが性分のような人であり、自分が人類の進歩に役立っていると感じるときが最も幸せである。

11のエクスプレッション・ナンバー

すべてのエクスプレッション・ナンバーの中で、最もエネルギーに満ちたナンバーである。

避雷針がどこに落ちるかわからない稲妻を引きつけるように、力強いアイディア、直感、さらにはサイキックな情報まで引き寄せる。自分にパワーがあるという自覚がまったくないまま、強い存在感を放つ。このナンバーの人は高次のバイブレーションを感じ取るチャネルであるため、そのエネルギーの流れをコントロールする術を身につけると、感情的にも心理的にも穏やかでいられるだろう。このナンバーの人には無意識と意識の間にかかる橋がある。そこで問題になるのは、無意識が際限のない源であるのに対し、意識の領域は本質的に有限であることだ。相容れないふたつの世界が互いに調和するようにコントロールしなければならない。それができるようになるまでは、際限なく流れ込む気まぐれな存在の犠牲になっているように感じ、激しい感情の揺れや神経の緊張に振り回されるかもしれない。

自分だけ人と違うと常々感じるが、その気持ちをはっきり認識できない。幼い頃は、飛び抜けて敏感で、いろいろなことがわかってしまうため、あらゆる対立やつらい状況から傷つきやすい。小さい頃は、他の人が自分と同じように感受性が鋭いわけでも、自分と同じものの見方をするわけでもないことがわからない。そのため、自分でも自分の気持ちがはっきりせず、さまざまな感情を大量に自分の中にため込む。「11」のエクスプレッション・ナンバーの人は、たいていつらい幼少期を過ごす。感受性が極端に鋭く、内気なまま成長していくので、総じて控え目でとても傷つきやすい大人になる。自分の気持ちを人と分かち合うことや友人選びにとても慎重である。子どもの頃は、空想の世界を緻密につくり上げることで疎外感を埋め、他の子どもよりも空想にふけることが多い。想像力が旺盛で、大人になってからも現実と空想をなかなか切り離せないかもしれない。

このナンバーの人がすべきことは、自分の中の生々しく泥くさい強さを引き出すことである。避雷針の自分が引き寄せてしまう稲妻に、しっかり地に足をつけて対処すること。人としての内なる強さを呼び起こせるようになると、極度の鋭敏さを自分のために利用できる。これができるようになれば、敵だと思っていた存在が味方になる。

感情に動かされやすい人で、恋愛に依存し、恋愛運に自分の感情が振り回される。

理想主義者で、現実性がなく、めちゃくちゃな時期もある。ありえない期待をすることが多い。何かをするときの理由は、論理と感情と直感がごちゃ混ぜになっており、合理的に考える人たちがその説明を聞いて納得することはほぼない。すべてのナンバーの中で、「11」のエクスプレッション・ナンバーに向く職業は、チャート上の他のコア・ナンバーに依るところが最も大きい。「11」の人は自分の進む分野にエネルギーをもたらすが、そのエネルギーが効力を発揮するためには、本人が地に足をつけ、自制心を持つ必要がある。バランスが取れるようになると、「11」の人は最高にユニークで見事な人物になる。天性の洞察力と真理を持ち、それが人に伝わる。どんな分野に進んでも、自然に何かを教える立場に立つ。

22のエクスプレッション・ナンバー

マスター・ビルダー(訳注3－5)である。他の人にはない才能――無限に広がる神聖な元型の世界にあるものをとらえて、それをそっくり写し取ったように地上に顕現させる才能を授かっている。

夢が大きい。目指すゴールはどれも極めて規模が大きい。数百年先まで続くものを創りたいと思っている。歴史を変えたい、人類の文明史に痕跡を残したい、と思っている。このナンバーの人に不可能はなく、その夢に限界はない。すべてのナンバーの中で何かを成し遂げる潜在的な力が最も大きく、同時に、最も大きな負担を抱えている。自分の可能性を十分発揮するのに、恐らく一生かかる。

子どもの頃、すでに自分に与えられた責務を漠然と感じ、その重大さに常に怖気づく。自分が持っているパワーがぼんやりとわかるが、わかるだけに疑いの念が生まれ、逆に何もできなくなる。

そのパワーを使えるようになり、与えられた運命を全うしようと決断する頃には、いい年の大人になっているだろう。このエクスプレッション・ナンバーに約束され、このナンバーを持つことで報われることはとても大きいが、実現に必要な困難や苦労も同じように大きい。

「22」という数は、この数に秘められた可能性を存分に発揮すれば、その人に別の次元へ飛躍するチャンスをもたらす。その別の次元では、一日が拡張し、何かを創造する力、ひらめきをもたらす力が増大し、ふつうの人の限界を超え、長い間人類のためになることを実行する能力が高まる。

(「22」を一桁にすると「4」になるので、)限界や現実性を考慮する「4」のエクスプレッション・ナンバーの特性が働き、自分が直面する課題に背を向けるかもしれない。「22」のもたらす大きなリスクを取りたくないため、自分の壮大な夢は非現実的な幻想だと自分に言い聞かせ、そこそこの成功を収めて、それに甘んじようとするかもしれない。その場合、偉業を成すという天命を自分でもどこかで感じているため、多少の挫折感を味わうことになる。だが、最大限の努力をしなくても、良い人生を

訳注3-5 第2章の「22」のライフ・パスの説明の冒頭を参照(53頁)。

送る可能性は十分ある。

リーダーシップを取る能力が高い。粘り強い。困難に見舞われても絶対に引き下がらない。大企業や国をまたぐ規模の仕事を好む。国境や人種の違いにほとんど意味を見出さない。地球に生きる一市民として、この星を楽しみ、くだらない慣習に一切縛られない。

結婚相手には、かまってほしいという依存心のない人、自分の活動に参加してくれるが、その人なりの貢献を通して共にゴールを目指せる人を選ぶとよい。

遠大なビジョンを持っている。偉業を達成すること、長い年月をかけて進展させることを目指して、努力を重ねる。長い間人々に寄与する優れた組織や体系をつくりたいという思いが深く、それに必要なもの、ぴったりの手段をすべて持っている。職業を選ぶ上で何の制約もない。「22」のエクスプレッション・ナンバーの人には、可能性が大きく広がっている。

エクスプレッション・ナンバーは自分自身である。出生時のフル・ネームには、その人の人柄のあらゆる面、心の奥底の欲求、隠れた恐れが込められている。またフル・ネームは眠ったままの才能や自分でも気づいていない能力など、その人に秘められた真の可能性を示す。今世でどんな人生を歩むかは、誕生日に基づいたライフ・パス・ナンバーなど、他のナンバーに表れる。だが、人生を歩む人については、チャート上の他のどのナンバーよりもエクスプレッション・ナンバーが表し、さらにその人の職業の選択肢についても、チャート上の数の中でこのナンバーから最も多くの示唆を得られる。

マイナー・エクスプレッション・ナンバー

出生時につけられたフル・ネームと比べると、ふだん広く使う短縮形[訳注３－６]の名前による影響は小さい。短い名前から計算した数（そしてその数に関係する特性）は、フル・ネームの数に欠けているかバランスの取れていない部分を補うことが多いのは、興味深い。

たとえば、フル・ネームに欠けている数が短縮形の名前からはっきり出てきたり、フル・ネームから過剰なほど出てくる数（ひとつとは限らない）に、短縮形の名前が対応することでバランスが取れたりする。結婚や仕事上の都合など、ある程度の年齢になってから名前が変わると、その際に、ある種の資質が加わったり減ったりする。今まで持っていた特性に焦点が当てられたり、強まったり、眠っていた特性が現れたりすることもある。

原則として、衝動的な改名はお薦めしない。もちろん、結婚する場合はあまり選択肢がないが、それでも夫の姓に自分の旧姓をハイフンでつなげたり、旧姓を名乗り続けたりする女性が増えている。どうしても（たとえば仕事上の理由などで）改名しなければならないなら、自分の家系の中ですでに使われている名前、つまり祖先を通して自分に結びつきのある名前を選ぶようにする。その名前の特性はすでに家系に存在しているので、改名後の新しい名前が自分の性格と同化しやすくなる。

改名に関して最も良い指針になるのは、自分自身の直感である。改名や赤ちゃんにつける名前の候補について、数秘術師と話し合うのも役に立つかもしれない。ただし、絶対に自分以外の人に――数秘術師も含めて――自分の名前を決めてもらわないこと。

短縮形の名前について、よく聞かれる質問と、その答えを以下に挙げる。(訳注３－７)

・短縮形の名前とは、自分がくつろいでいるときや社会的な場で、自分の名前としてとてもしっくりくる名前を指す。
・短縮形の名前とは、苗字も含めて、自分が自分のことを呼ぶときに使う名前である。名前を聞かれたときに、自分が名乗る名前である。
・マイナー・エクスプレッション・ナンバーは、ミドル・ネームのイニシャル(訳注３－８)を入れずに計算する。ただし、自己紹介をするときに「私はトム・ジェイ

訳注３-６英語圏では、正式な本名よりも短縮形の名前のほうが日常的に広く使われる。本章は、エクスプレッション、ハートデザイア、パーソナリティーという３つのナンバーと、それぞれのマイナー・ナンバーについて述べているが、日本に当てはめると、名前から導き出すナンバーは出生時の名前を基にして計算し、マイナー・ナンバーは結婚や改名などで名前が変わった後の名前やふだんよく使うニックネームを基にして計算する。
訳注３-７本書全体をとおして、「短縮形の名前」を「今の名前」と読み替えて考えるとわかりやすい。
訳注３-８たとえば、ジョン・F・ケネディーのF、マイケル・J・フォックスのJがこれに当たる。

(J)・ハンコックです」と名乗るなら、ミドル・ネームのイニシャルも含めて計算する。

- **過去に使っていた名前は、その名前を使っていた期間の胸中や特性を表す。もう使っていないなら、その名前が今の自分を表すことはない。**

マイナー・エクスプレッション・ナンバーを出すには、エクスプレッション・ナンバーと同じように計算する。下の名前の数を足して、一桁にする。同じように苗字についても計算する。そのふたつの数を足して、一桁になるまで計算する。それがマイナー・エクスプレッション・ナンバーである。

たとえば、トーマス・ジョン・ハンコックは、いつも自分をトム・ハンコックと名乗っているので、以下のようになる。

Ｔ　ｏ　ｍ
２＋６＋４＝12　１＋２＝３

Ｈ　ａ　ｎ　ｃ　ｏ　ｃ　ｋ
８＋１＋５＋３＋６＋３＋２＝28　２＋８＝10　１＋０＝１

トム・ハンコックのマイナー・エクスプレッション・ナンバーは、３＋１＝「４」である。

マイナー・エクスプレッション・ナンバーは三角形の記号の中にエクスプレッション・ナンバーより少し小さく書く。

ベース・チャート

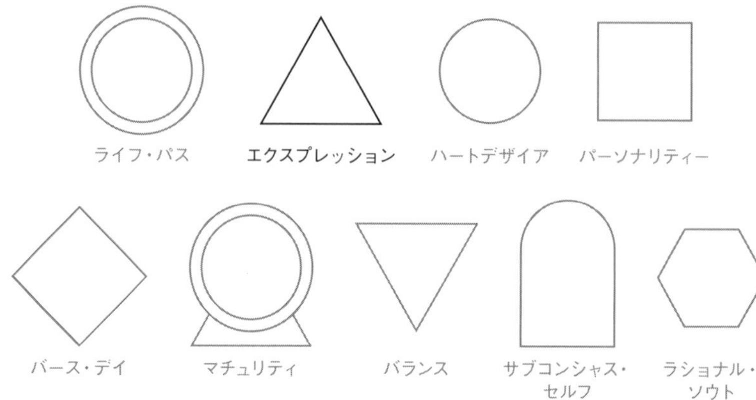

1のマイナー・エクスプレッション・ナンバー

このナンバーの人は、日々の苦労にうまく対処できる。パワフルな数で、リーダーシップ能力が高い。自立していて、個人主義で、オリジナリティーがあり、革新的である。マイナー・エクスプレッションがこのナンバーの場合、リスクを取る勇気と前向きさが加わる。決断力が高まり、目的志向になる。

2のマイナー・エクスプレッション・ナンバー

このナンバーの短縮形の名前によって、感受性の高さと他の人のニーズや気持ちに気づく資質が加わる。如才なさや折衝の上手さを活かして、人と一緒に仕事を進めやすくなる。仲裁役やカウンセラーとしての能力が高まる。感受性が強くなるので、自分の環境を――自宅も職場も――意識的に調和の取れた穏やかな場所にするとよい。この短縮形の名前によって、ぐっと正直になる。裏方の立場にとどまり、間接的に人々を指揮したり影響を及ぼすことができる。「２」は黒幕と呼ばれることが多い。

また「２」には音楽の才能がある。

3 のマイナー・エクスプレッション・ナンバー

このナンバーになる短縮形の名前は、人生を楽しむ余裕が増える。より楽観的で、ほがらかで、趣味の良い人になり、スポーツへの関心が高まる。

気軽にコミュニケーションを取るようになり、ユーモアのセンスが良くなる。仲間にインスピレーションを与え、人をやる気にさせ、元気にする。芸術的な能力、特に言葉を操る技量が上がる。のん気で楽天的であるため、「３」の負の側面として、真剣さに欠け、困難を避けようとし、課題に直面すると楽な道を見つけようとする。

4 のマイナー・エクスプレッション・ナンバー

このナンバーの短縮形の名前は、実践的で、整然とした、効率のよい、頼りになる人になる。規律正しく、誠実で、意志が強くなると感じるだろう。体系立ててものごとを考え、アイディアを実現する能力が少し高まる。

細かいことに強くなる。実直さが強化され、誠意をもって、長い間辛抱強くコツコツ働くことができるようになる。「４」は規律正しさを高める。「４」になる短縮形の名前は、社会の柱になる能力を強化し、家族や友人から頼りにされ、判断を求められるようになる。ただし、頑なで柔軟性に欠ける人になる恐れもある。

5 のマイナー・エクスプレッション・ナンバー

このナンバーになる短縮形の名前は、かなり柔軟な人柄になり、多才になる。旅行や冒険をもっと楽しむようになる。人や新しい場所への好奇心が高まり、もっとワクワクすることを求める。

ダイナミックで、生き生きとしてくる。新しい独自のアイディアがぱっと湧くようになる。創造力がぐっと豊かになる。話術に磨きがかかり、セールスパーソンやプロモーターとしての力量が上がる。

狭い空間に閉じ込められたり、厳しい規則で縛られたりすることがつらくなる。大いに自由に動いて表現することを渇望する。自分なりのアイディアや方法で、人の手を借りずにやり遂げようとする可能性が高くなる。

6 のマイナー・エクスプレッション・ナンバー

この短縮形の名前は、愛、温かさ、寛容さ、他者への純粋な気遣いをもたらす。家族や恵まれない人への関心が増す。

義務や責任への対処がうまくなり、義務や責任を負うことに、大いに満足を感じるほどである。世の中のためになることをしたいと思い、社会への意識が高まり、人が苦しんでいる状況を改善する方法を模索する。

芸術的な能力が高まる。家をきれいにすること、癒すことや教えることに関心を持つ。

7 のマイナー・エクスプレッション・ナンバー

このナンバーの短縮形の名前は、知識欲を刺激する。専門性を持つこと、特定のテーマの理解を深めることを助ける。ひとつのことに集中しやすくなる。生きることの深遠さに関する知識の蓄積を促す。分析的な思考を高める。隠れた真相を見抜けるようになる。ものごとを額面どおりに受け取らなくなる。ひとりでじっと深く考えたり、瞑想したりする時間がもっと欲しくなるかもしれない。ひとりきりで過ごす時間を求めるようになる。

8 のマイナー・エクスプレッション・ナンバー

この短縮形の名前は、リーダーシップ能力とビジネス・センスをもたらす。このナンバーの人に、恋愛関係にもっとパワーを使うよう働きかけ、さらに上の成功を目指すように後押しする。

人を見る目が磨かれる。人への評価や、その人のポテンシャルに対する評価が、より現実的になる。簡単にごまかされなくなる。

自分が取り組んでいることに前向きになり、もっと努力を傾けるようになる。自分自身への要求も厳しくなる可能性が高い。

管理職としての能力、組織し運営する能力が高まる。競争心が強くなり、決意が固くなる。壮大な理念に向けて、計画を立て始める可能性が高まる。

9 のマイナー・エクスプレッション・ナンバー

このナンバーの影響から、他者の心身の健やかさへの関心が高

まる。社会のニーズに敏感になる。人間社会にもっと直接役に立ちたいという思いに駆られる。

「９」という数によって、コミュニケーションがうまくなり、あらゆるタイプの人への理解が深まる。

自分の芸術的な才能に気づき、自己表現の必要性を感じるようになる。このナンバーになる名前によって、人生の視野が広がる。政治運動や哲学論に同調したり、精神修行をしたりする。人類の示す大きなパターンへの感度が増す。

11 のマイナー・エクスプレッション・ナンバー

この短縮形の名前は、感受性、直感、察知力を高める。生きることの神秘を深く探究するようになる。宗教、哲学、精神的な理解に魅かれる。直感力やサイキックな能力も目覚めるかもしれない。同時に自分自身の欠点にも敏感になり、自分を高める努力に励むようになる。このナンバーの影響の下では、個人の変容は避けられない。

感受性が高まるため、調和の取れた平穏な環境を求めるようになるだろう。そのような環境で、「11」の刺激によって張り詰めた神経のバランスを取ることができる。

人と一緒に仕事をする能力が向上する。より謙虚で温厚になり、対立せずに調和に満ちた関係を保つ方法を模索するようになる。鋭くなった直感力から、独創的なアイディアや、突然の洞察、悟りを得られる。

22 のマイナー・エクスプレッション・ナンバー

このナンバーになる短縮形の名前は、野心を高め、規律や秩序をより重視し、大事業を完了させる能力を著しく増大させる。人を管理する能力と、達成の難しい高い目標に向かって指揮を執る能力を大いに高める。またシステムや組織への理解も強化される。

同時に、そのような高尚な志を持っていることに負担を感じるようになる。求められることが多いため、自信が持てなくなることもある。それでも自分の理想を実現したいという渇望があるため、内なる葛藤を意識することが増えるかもしれない。

このマイナー・エクスプレッション・ナンバーを持つことで、大きな規模の、長きにわたって影響を与えるような取り組みに対して、努力を傾ける可能性が高まる。

マイナー・エクスプレッション・ナンバーは、短縮形の名前から導き出される他のマイナー・ナンバーと同じように、表向きの自分を表す。

ハートデザイア・ナンバー

ハートデザイア・ナンバー（ソウル・アージ・ナンバーとも呼ばれる）は、ハートが欲するという名前のとおり、自分の心の最も奥深くに抱えている願望、一番大切な夢を表す。そこには、自分の根底から湧き上がる動機、あるいはなぜ自分がそのような行動を取るのか、という行動の背後にある意図全般が現れる。この願望は、人生において自分が下す選択に驚くほど影響し、職業、環境、友人関係、ライフスタイルなど、あらゆる面に及ぶ。

ハートデザイア・ナンバーは、名前の母音から導き出される。「あー」、「いー」、「うー」、「えー」、「おー」と、母音はどれも息が自由に通り抜けて発音される。一方、子音は始まりや終わりがはっきりしたシャープな音で、B、D、K、P、S、T、Xといった文字で記される。

柔らかくなめらかな響きの母音と異なり、子音は鋭く明確である。母音はその人の優しい面、愛、思いやり、傷つきやすい部分などを表し、子音は傷つきやすい部分を守ろうとする特性を表す。それは公の自分であり、その人の基本的な一面だが、外に向けて見せたい自分と言える。

母音は、A、E、I、O、Uで表される。Yを除けば(訳注3－9)、他の文字はすべて子音を表す。

「Y」は、性質的にも使用上でも母音と子音の間にあり、名前を書き記す上でYがどのように使われるかによって、母音を表すときもあれば子音の場合もある。

Yが母音か子音かを判断する基本ルールは、Yを母音で発音するなら

訳注3-9 英語圏ではYが母音と子音のどちらを表すかの判断が個別に必要だが、日本語では、や行の音（や、ゆ、よ）をアルファベットで記す際にYが使われ、すべて子音を表す。

母音、Ｙを含む音節の中の唯一の母音がＹで記される場合も母音とする。たとえば、リン（Lynn）、イヴォンヌ（Yvonne）、メアリー（Mary）、ベティー（Betty）、エリー（Elly）、ブライアン（Vryan）といった名前は、この両方に当てはまる。

しかし、Ｙが単独でひとつの母音を表さず、別の母音と組み合わさっている場合は、そのＹは子音である。たとえば、マローニー（Maloney）やマーリー（Murray）の場合、マローニーのＥの音を長く伸ばす母音、マーリーのＡの音を長く伸ばす母音を表しているため、どちらの名前もＹは子音である。

一般的に、Ｙを含む音節にすでに母音がある場合、Ｙは子音である。またユランダ（Yolanda）やヨーダ（Yoda）など、ＹがソフトなＪの発音を表す名前の場合も、Ｙは子音である。

ブライアン（Bryan）やワイエット（Wyatte）の場合、Ｙは最初の音節に含まれ、唯一の母音を表しているため、どちらもＹは母音になる。Ａは２番目の音節に含まれているため、Ｙが母音を表すことに変わりはない。

ハートデザイア・ナンバーの出し方

ハートデザイア・ナンバーを出すには、名前の中の母音の文字に対応した数を足し、一桁になるまで足していく。上の名前と下の名前（ミドル・ネームがあればその名前も）を別々に計算し、それぞれ一桁にしてから、その一桁になった数同士を合計し、一桁になるまで足す。それがハートデザイア・ナンバーである。エクスプレッション・ナンバーと同じように、マスター・ナンバーは一桁にしない。

注：ハートデザイア・ナンバーを出すとき、必ず名前の上に数を書く。名前の下のスペースは、後述するパーソナリティー・ナンバーを出すときに使う。

たとえば、

母音	6＋1	6	1 ＋ 6	＝7＋6＋7
	Thomas	John	Hancock	

トーマスという名前には母音がふたつあり（Oの6とAの1）、足すと7になる。

ジョンという名前には母音のOがあり、Oは6である。

ハンコックという名前には母音がふたつあり（Aの1とOの6）、足すと7になる。

トーマス・ジョン・ハンコックのハートデザイア・ナンバーは、7＋6＋7＝20、これを一桁にして「2」となる。

ハートデザイア・ナンバーは丸の記号で表し、丸の中にナンバーを書き込む。

ベース・チャート

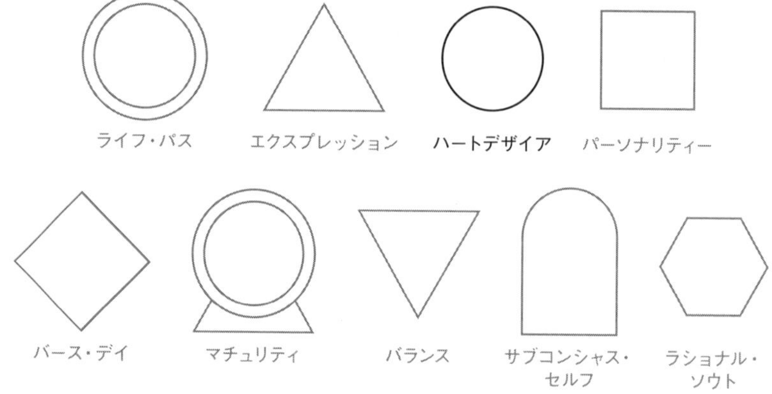

1のハートデザイア・ナンバー

自立していること、自分の信じる人生を生きることがどうしても必要だと感じる。どんな道に進むにしても、その分野のリーダーになりたいと望む。ビジネス界であれ、地域社会であれ、何らかの専門分野であれ、その世界に君臨する人物になりたいという意欲に駆られる。先

頭に立つ勇気と自信がある。人より自分の判断のほうが秀でていると確信しているため、大胆な決断をしたり、他の人の人生に大きく影響することでも実行に移す自信を持っている。一度決心したら、考え直すことはめったにない。

知的でウィットに富んでいる。洞察も鋭く、人の能力を的確に判断できる。

極めて独立心が強い。自分のユニークな人柄を、自分のふるまいや服装でも表したいと考える。物議をかもすとしてもかまわず、むしろ周囲から注目されたり、自分が周りに影響を与えたりするのが楽しい。

決まりきったことや、自分の自由や独立が制限されることは一切好きになれない。

心の底から好きなことに取り組むと決めると、どんな困難も耐え抜き、壁を乗り越えて進む圧倒的な粘り強さを見せる。責任感がとても強く、人に責任を押しつけるのが大嫌いである。意志の固さは目を見張るほどで、成功への意欲が強い。

革新的な方法をいつも探している。何でも自分が指揮を取りたいので、とかく人より優位に立とうとする。気をつけないと、特に部下や家族とのやり取りにおいて、相手の気持ちを一切考えずにものごとを決めたり、冷酷な言動をしかねない。また自信過剰になると、短気で心が狭くなる恐れがある。

先駆者であり、開拓者である。前面に立って重責を担うのが大好きである。成功を収めるための才能をすべて持っている。周囲の人が自由に発言できて、思い切り力を発揮できるようにし、バランスを保っていれば、自分の選んだ分野でトップに上りつめて、大志を実現することも容易である。

2のハートデザイア・ナンバー

人生のあらゆる面で平安と調和を求める。誰かのため、何かのために、人生を捧げたいという欲求がある。簡単に恋に落ちる。感受性が極めて強く、感情が豊かである。感傷的なところがあり、悲しい話に涙を流す。友人や社会を必要とする。洗練された上質なものの良さがわかる。安らぎと安心感を求める。味覚のセンスが鋭く、違いのわかる食通になれる。また音楽を愛し、音楽的才能も豊かである。

感受性の強さは、実は直感が高度に発達していることの表れなのだが、その直感を信じることを学ばなくてはならない。優しい魂の持ち主で、できるだけ対立を避けようとする。自分に対処できそうもない状況になると、自分の気持ちとの闘いになり、そのせいで何もできなくなってしまうことがある。

強く主張すべきときに、甘んじて引き下がるほうを好む。もっと固い意志を持つこと。相手に強く出られると、自分の力を使わないことが多い。だが自分のほうが弱い立場にあるという認識は誤っている。究極的には、喧嘩をしたくないというだけであきらめる。

その一方で、極めて交渉事に長け、機転の利く人でもある。穏やかに相手を説得して解決することを好み、強制的な力は好きではない。

確信の持てないことや疑念と戦うこと。自信を持ち、自分が正しいと信じていることに対して、立ち上がる意欲を高めることが大切である。

自分より公の場にいる人を、その人の邪魔にならないようにそっと導き、その人にとって欠かせない参謀役の役割を果たせば、最も力を発揮する。

3のハートデザイア・ナンバー 

楽しい時間を過ごしたいという願望が強い。たいていハッピーで、気さくで、外向的な人で、おしゃべりがうまい。ウィットに富み、独創的で、遊び心がある。人を元気にし、楽しませる。多くの人から一緒にいて楽しい人だと思われている。優れたコメディアンには、このハートデザイア・ナンバーの人が多い。精神的にも感情的にもバランスがよく、あまり落ち込まない。

自己表現の才に恵まれている。執筆、芝居、歌唱といった言葉を使う芸術や、陶芸に魅かれ、これらの分野の才能に優れている可能性がある。創造力を発揮することが否定されたり、抑圧されたりすると、叶わぬ夢を見たり空想にふけったりする傾向がある。想像力を建設的な形で外に出したいという欲求があり、それができないと空想が暴走して抑えられなくなる恐れがある。ただ同時に、心の奥深くに抱えている感情や自分にとって大切な思いを表現することには、とても苦労する。ウィットの

センスを生かして相手を楽しませ、表面的なところにとどまるほうを選んでしまう。

だが、内面に抱えている自分の性質に誠実に向き合わないと、強迫観念に駆られたように話し出す恐れがある。それは、ひそかに自分の中に積み上がった感情エネルギーを吐き出しているにすぎない。自分が奥深くで感じていることを避けて通ったり、抑圧したりすることはできないが、このナンバーの人には、それを非常に独創的で芸術的な形に導く才能があり、芸術や自己表現こそがそのエネルギーのはけ口になる。その際、自分の能力を存分に活かすために、自分を律することが大切である。さまざまな方向にエネルギーをばら撒いて、始めたことを最後まで終わらせないことが多いため、何ひとつ成功しない恐れもある。

納得のいく人生を送るかどうかは、ものごとに真摯に取り組み、最後までやり遂げることができるかどうかにかかっている。このナンバーの人は、豊かな創造力と、インスピレーションにあふれた上昇エネルギーに満ちているため、自分をしっかりつなぎ止める錨が何よりも必要である。一生懸命働くことと自分を律することが、その錨の役割を果たし、自分の力を最も発揮できる。陽気で華やかな人であるため、深く考えず何となく楽しく生きていけばよいという誘惑に駆られる。自分に自信があり、人から注目を浴びることが大好きだが、それでは自分で自分に酔っているだけの空っぽな人間になりかねない。芸術と自己表現の才能を活かして、極めて充実した人生になる可能性を秘めている。クリエイティブな力と自分を律することのバランスが、成功の鍵を握っている。

4 のハートデザイア・ナンバー

きちんと計画された安定した人生を求める。突然の変化を嫌う。すべてにおいて、すっきり整理されているほうを好む。考え方が体系的で、それがあらゆる行動に反映される。決まったことを繰り返す日常をつくり出し、それを保つことができる。細かな部分まで緻密に徹底的に考える人である。

問題があれば、まず注意深く分析して、それから論理的で実践的なアプローチを取ろうと考える。頼りになり、どっしりした、揺らぐことのない、自己管理のお手本のような人になりたいという願望がある。

仕事中心の人生を歩む。働きすぎの傾向があるため、気をつけないとすぐに仕事中毒になる。エネルギーにあふれていて、多くのことを達成する。

家族を持ちたいという欲求があり、よい親になる。ただし、特に家族に対して、自分ひとりでルールを決めて過剰に管理しようとする。そのため、配偶者や子どもからは、押さえつけられて自由がないと思われる。柔軟になることが、調和とバランスの取れた人生を送るための鍵である。このナンバーの人にとっては自由よりも組織化のほうが大切で、自由を混沌とみなす傾向があるが、他の人は、そこまで固定したシステムが必要だと思っていない。むしろ妨げになって窮屈だと感じるかもしれない。このナンバーの人にとって秩序正しく安心なものが、他の人にとっては牢獄になり得る。

愛されたいという強い願望があり、愛を求めているが、その思いをあまり表に出さない。少し頭が固く、頑固になることがある。

実直で、気取らない人である。嘘や見せかけをひどく嫌う。

意志がとても強く、粘り強くなれる。あらゆる活動において、根幹を支える人になる。勇気を持って問題の核心に迫り、解決策を出す。ただし本質を追究しようと深く探っていく際に、全体像を見失わないことが大切である。

5のハートデザイア・ナンバー

このナンバーの人にとっての幸せには、自由が欠かせない。変化、新しい体験、人との出会い、冒険、旅行が大好きである。異国情緒あふれる場所や遠いところに行きたいという願望がある。変化に富んでいることは、ちょっとした人生のスパイスではない――生きがいである。飛び抜けた柔軟性と順応性がある。「猫のように好奇心が強い」という言い方があるが、このナンバーの人の好奇心の強さは猫を超える。頭が切れ、生まれながらに言葉を操るのがうまい。生来のコミュニケーションの達人で、興味を持った分野について――多くの分野に興味を寄せるのだが！――明快に、流れるように、想像力たっぷりに話す。

このハートデザイア・ナンバーを持っているのは、生きていくのに必要なものを持っているに等しい。「変化」という人生で唯一変わらない

要素を、他の人のように恐れることがない。創意工夫がとてもうまい。危機の中にあっても、たいていものごとをはっきり考えられる。精神的にも肉体的にも、状況に素早く対応して行動することができる。何かにつまずいても、うまく切り抜けることが多い。意欲にあふれ、新しいアイディアや機会にすぐにワクワクする。型にはまらない性格である。どこかギャンブラーなところがあり､賭けるに見合う対価があると思えば､いつでもリスクを取る。

意識が社会に向いており、やる気が出ないとか退屈することがほとんどない。当然ながら、自分と同じような独自の発想を持った、人をワクワクさせる性格の人たちに魅かれる。

同時に複数のプロジェクトに関わることを楽しむ。新しくて魅力的な事柄から、常に刺激を受けていたいという願望がある。つまらない遊びは、すぐにやめる傾向がある。そんな自由と変化を求める思いが、さまざまな結果を招く。特に、最後までやり遂げるべき仕事に対して、無責任になることがある。自分に与えられた仕事を、がんばって完了させることがなかなかできない。また、感覚的な快楽への欲求にも注意が必要で、アルコール、食、セックス、さらには薬物に溺れないように気をつける必要がある。

ちょっとした英雄のような人で、世界を救いたいと願っている。その思いに駆られて、守れない約束をすることが多い。心の底に、すべての人を喜ばせたいという強い欲求があるが、それは達成不可能である。このハートデザイア・ナンバーの人の多くが、感情に深みのない人になり得る。情熱的に愛するが、その愛を深め、愛し続けることを約束して責任を持つことが怖い。そのため、気持ちの結びつきを深めることに抵抗を感じ、表面的で安全な付き合いにとどめる。

多くの変化と珍しい出来事を体験し、経験を通して学ぶのが最善である。つまり、このナンバーの人は充実した人生を送り、人として大いに成長するだろう。

6のハートデザイア・ナンバー

自分にとって大切な人たちを助け、世話をすることに気持ちを傾ける。極めて家庭的な人で、家と家族を愛し、居心地のよい安心できる家と家族にしようとがんばる。幸せの大部分が家族や友人への愛からもたらされるが、それが不幸の源になることもある。

人を助けたいという欲求がとても強いため、自分に必要なことを犠牲にして、誰かに譲ることが多い。度がすぎて、人の人生に深く関わりすぎる。個人的なことに干渉したり、愛情を注ぎすぎたりして、大切な人を逆に苦しめる恐れがある。特に子どもに対して過保護になると、子どもから自分の力でがんばる経験を奪うことになり、子どものたくましさが育まれない。

忠誠心が極めて高く、めったに人をがっかりさせない。相手が自分の思いやりや献身に感謝しているという実感を求める。人から必要とされていると確かめたい。

寛容で、人を許す。誰かがひどい過ちを犯しても多めに見て、その人のよいところを見つけ、関係を持ち続けることができる。

我慢強く、温かく、同情心にあふれ、その同情心は時として感傷的と言えるほどである。

天性のカウンセラーであり、ヒーラーである。とても聞き上手で、相手への思いやりと理解がある。人が抱えているジレンマに同情し、共感することができる。カウンセラーとしては、相手に同情して話を聞いたり慰めたりするだけでなく、適切な教育を受けて、それ以上のことを提供できるようになることが課題である。

あまり自信がないかもしれないが、芸術的な才能にあふれており、芸術から大いに喜びと満足を得られる。また自分の環境に対する感性が鋭く、自宅や仕事場を芸術的で、調和の取れた、癒される雰囲気にするコツをよく知っている。

周りの人たちを愛し、彼らからも愛されたいという欲求が最も深い根底にある。すべてのナンバーの中で「6」は最も愛情豊かで、特に一対一の関係において愛が深い。家族や友人を本能的に気遣う。あらゆる社会的な交流の基礎は、美しく調和の取れた愛ある人生だと思っている。人々は、このナンバーの人とその愛に感謝し、近しい関係でいるための労を惜しまないので、「6」の注ぐ愛は、さまざまな形で本人に返ってくる。

7 のハートデザイア・ナンバー

知識、勉強、洞察を愛している。自分の頭脳明晰さを大切にし、それを活かして神秘に満ちた人生の意味を深く探究する。ものごとを深く学び、研究する。表面下に何が隠れているかを探ろうとする。浅はかな判断や底の浅い意見を毛嫌いする。

分析と調査研究の才能に恵まれている。研究対象について、いったん事実をつかむと、創造力を活かし、抽象的なアプローチを取って、基礎レベルの自分の考えを飛躍的に高めて、哲学的な域にまで到達させる。考え方が理論的で、空想や雑念にふけるよりも、科学的な事実に基づいて理論を構築するほうを好む。

精神的な謎解きも物理的な謎解きも、どちらも楽しい。どんな仕組みかを考えて答えを見つけようと、バラバラにして元通りに組み立ててみる。このナンバーの人を、冷淡、よそよそしい、と感じる人もいる。本人も、人との距離を感じ、自分は人とちょっと違うと思うかもしれない。一生学び続ける隠者や僧のように、想いを巡らせ瞑想することに魅力を感じる。恋愛については、ビジネスライクで私情をはさまず、距離感のある関係になりがちである。気持ちや感じ方など雲をつかむようなものより、具体的な事象の事実を語るほうがよい。自分の気持ちであれ人の気持ちであれ、感情など当てにならないと思っている。感情という領域全体が信頼できず、要らないものだと思っている。

感情という側面を十分に理解できないことが、このナンバーの人のアキレス腱である。合理的な人であるため、気持ちという予測不能なものが怖く、驚かされる。課題は、信用することである。自分の気持ちを誰かと分かち合うことが大切だ。その一歩を踏み出すには勇気がいるが、飛躍的な成長と満足に必ずつながる。

このナンバーの人へのアドバイスは、自分以外の誰かと真のつながりを持つことである。そうしないと、便宜上結婚したり、社会的な期待に応えるために結婚する恐れがあり、そんな理由で結婚しても孤独から抜け出すことはない。人から距離を取れば取るほど孤立し、苦々しい思いをし、斜に構えて生きていくリスクが高くなる。人との結びつきを持つか持たないかの選択は、このナンバーの人の成長過程における重大な分岐点である（自分の自立やプライバシーの必要性を妥協せずに）。誰かと人生を共にすることで、自分の魅力が大いに育まれ、生きることの意味を人と分かち合うことができる。優れた教師やアドバイザーとしての生来の資質を持ち、生涯を通して培った豊かな知識もあるが、それらは人と分かち合ってこそ意味がある。

プライバシーや人生について考えるためのひとりの時間など、必要なものをあきらめなくてはいけない、という意味ではない。これらを必要とするのも、このナンバーの人柄の一面であり、成長に不可欠である。そのような個性が配偶者を不安にさせるべきではないが、自分という存在の根底をなすものであることを理解してもらう必要がある。

直感力を秘めており、ふつうに瞑想や黙想をするだけで、大きく育てることができる。このナンバーの人には、自分の「内なる声」が最も大切な導きであり、友である。

理想主義者で、自分への期待が高い。真面目な性格と、人並みに楽しむことのバランスをどう取るかを学ぶこと。知的で洗練された魅力があり、それが外見にも表れる。年を重ねて、自分の自己アイデンティティに違和感がなくなると、自然に人に好かれるようになる。人々は、このナンバーの人の英知や、人生についての深い理解、輝くような気品に魅かれる。

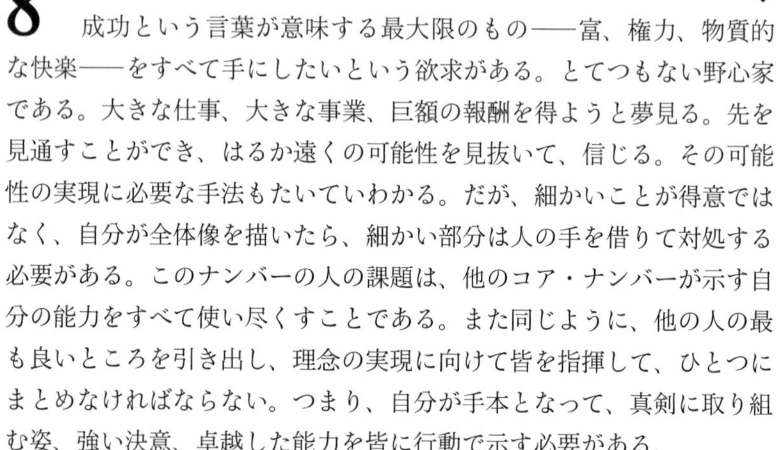

8のハートデザイア・ナンバー

成功という言葉が意味する最大限のもの――富、権力、物質的な快楽――をすべて手にしたいという欲求がある。とてつもない野心家である。大きな仕事、大きな事業、巨額の報酬を得ようと夢見る。先を見通すことができ、はるか遠くの可能性を見抜いて、信じる。その可能性の実現に必要な手法もたいていわかる。だが、細かいことが得意ではなく、自分が全体像を描いたら、細かい部分は人の手を借りて対処する必要がある。このナンバーの人の課題は、他のコア・ナンバーが示す自分の能力をすべて使い尽くすことである。また同じように、他の人の最も良いところを引き出し、理念の実現に向けて皆を指揮して、ひとつにまとめなければならない。つまり、自分が手本となって、真剣に取り組む姿、強い決意、卓越した能力を皆に行動で示す必要がある。

このすべてにおいて、自分の側に努力が求められる。行く手を壁に阻

まれ、困難に見舞われ、意志の固さや真剣さが試される。だがこのナンバーの人には、あらゆる障害を乗り越えて、自分の決めたゴールを達成するだけのパワーがある。

このナンバーの人生の責務は、洗練された高尚な形でパワーを使うこと、その術を身につけることである。パワーをどう表し、どう使うかは、その人の進化の段階と直接的な相関関係がある。暴力や略奪をちらつかせるのは、パワーの野蛮な使い方である。より次元の高い使い方になるかどうかは、周囲の人や自分の事業を大切に育もうとする器量を、パワーの使い手が持っているか、それぞれの人や仕事に、適切な時に適切なだけ必要なものを提供できるかにかかっている。

独創的な考えの持ち主で、ビジネスや問題解決に対して珍しいアプローチを取る。

人を評価する能力を磨く必要がある。また、簡単ではないががんばれば報われる可能性のあることが、このナンバーには不可欠である。やりがいのある任務に就いていなかったり、何かに真剣に取り込んでいないと、ひどく落ち込み、陰鬱とし、元気がなくなってしまう。何かに挑戦していないと人生のバランスを失い、わがままになったり、残酷になったり、自己破壊的にさえなることがある。「小人閑居して不善を為す」という古いことわざどおりの人で、暇だとついつい良からぬことを考える。

落胆すると心が粉々になり、自己イメージや自己愛に悲惨な結果をもたらす。そして、そのネガティブなパワーを周囲の人全員に向ける恐れがある。このナンバーの人にとっては、ものごとそのものではなく、ものごとをどう見るかという視点にしか意味がない。精神面と物質面のバランスを取る生来の才能があるので、あとは勇気とスタミナを育むことが大切である。勇気とは選ぶことである。恐れを前にして勇敢になると自分で決めること。そのバランスの取れた「8」は、すべてのナンバーの中で最もパワフルで、最も満足感を得られる。正に逆境に強い精神を得て、何があっても立ち直り、大いなる勝利を収めることができる。

9のハートデザイア・ナンバー

世の中のためになりたいという欲求がある。社会的大義の前進

に貢献できたと思えると、とても深く満足する。

自分の理想が何よりも大切である。完璧主義者である。ひとりひとりの暮らしを向上させ、自分自身も完璧になろうとして、この世をユートピアにするために力を尽くす。このナンバーの人の人生の課題のひとつは、自らの崇高なゴールに向かって懸命になりながら、同時に、自分が良いことをしていると認めて評価することである。

人が好きで、さまざまな職業や社会的立場の多様な人々に魅かれる。人間という生き物に魅了され、生涯を通して学び続ける。直感はとても鋭いが、あまり人を見る目がない。また純粋すぎるところがあり、誰もが自分と同じ価値観を持っているはずだと思ってしまう。経済的、物理的、心理的手段など、人の苦しみを今すぐ和らげる手段が欲しいと願う。

もともと善良な人で、極めて賢明で英知にあふれているため、天性の教師、カウンセラー、ヒーラーと言える。人に尽くしたいという欲求と同じくらい、名声を得たい、広く一般の人から認められたいという渇望がある。人生で費やすエネルギーのほとんどを人前で何かをすることに注ぐため、社会のためになる商品のセールスパーソン、慈善活動家、芸術家などになる人が多い。

職業としての芸術に魅力を感じ、俳優、写真家、作家に特に魅かれる。どんな職業に就いたとしても、芸術に関わること、特に趣味として芸術に親しむと、長い間深い満足感を得られる。世界に大きな衝撃を与えたいと秘かに願い、特に若い頃は、うぬぼれた人だと思われるかもしれない。しかし、このナンバーの人の他者への思いやりは純粋なものである。思い残すことなく自分が満足するために、その夢に向かうべきである。

非常に多くの人に向けた理念を持つため、自分にとって一番大切な人たちのニーズを見落とす可能性がある。ひとりの人として愛し愛されたいと思っているが、自分に必要なことを後回しにする傾向がある。愛にあふれた人なので、近くにいてくれる人にも愛を注ぎ、彼らを愛していることを態度で示し、そうする必要があることを忘れなければ、それで十分である。世の中全般の人のことしか考えないと、よそよそしく冷淡な人だと思われる。

感情が豊かで、繊細である。気分屋で批判的になることがある。自分にも他人にも高い期待を持ち、その期待に達しないとひどく怒ることが

ある。許すことが、このナンバーの人が人生で学ぶべき大切な教訓のひとつである。

自分は高い理想に向かって必死にがんばっているのだから、人より自分のほうが偉いと思うかもしれない。傲慢は、多くの「９」の人が陥る罠である。傲慢になると「９」の最愛の対象である人とのつながりが断ち切られる危険がある。つまり、このナンバーの人が幸せと充足感を得るには、人に尽くし、人類に影響を与えられることに対して、大仰にならず、気楽に構えられるかどうかにかかっている。

このハートデザイア・ナンバーには、与えることで受け取るという逆説が込められている。物質的な成功も、精神的な満足も、人に尽くして自分を捧げることで得られる。

11のハートデザイア・ナンバー

年齢以上の英知がある。周囲の人は恐らく気づかないが、子どもの頃からすでに人生についてかなり理解している。

生まれながらの仲裁役である。対立を解消して調和を生み出したいという欲求に突き動かされている。ヒーラーであり、先を見通す目がある。世界をより良い場所にしたいと切に願い、人生を捧げる価値のある大義を抱き、その大義に一生を捧げたときに初めて心が休まる。

このナンバーの人の領域は、思想と哲学である。機械的なことや物質的な次元より、エネルギーの世界に魅かれる。哲学、宗教、従来の枠にとらわれない癒しを得意とする。

悟りの追求に心を奪われて夢中になる。極端に感受性が高く、直感も極めて鋭い。微妙なメッセージや人の気持ちを必ず察知する。また人の考えていることや感じていることがはっきりとわかる。そのため、意識して地に足をつけていないと、自分の感情が揺さぶられ、振り回されてしまう。人を喜ばせ、自分の環境の調和を保ちたいという欲求が深いので、その才能に恵まれたとも言えるし、問題にもなる。

「11」のナンバーには、敵対的な家族関係や波乱万丈な家庭環境に生まれる人が多い。そのため、子どもの頃に心理的な苦痛を抱えたり、自信が持てなかったり、内気になることが多い。「11」のハートデザイアを持つ子どもは、家族の問題の原因をなんとなく知っている。そのため、問題を抱える両親を愛しているものの、親の問題発言や問題行動に自分では対処できないため、内面に葛藤を抱える。その結果、多くが小さな心に傷を負う。そして他者の苦しみを理解し、何らかの形で人を助けようとする。

近しい人との愛ある関係がいかに大切かを知っているので、友人や配偶者を慎重に選ぶ。ロマンチストの理想主義者で、どこか現実性に欠ける。バランスを取る特性が他にないなら（チャートに「1」、「4」、「8」が出ているなど）、自分より実用主義で現実的なパートナーと一緒になるのが賢明である。実はそれが自分を癒し、最高に満足する最も簡単な方法である。

カリスマ性があり、人を惹きつける。抽象的なことをじっくり考えるのが好きだ。このナンバーの人の知性は電気的で、アイディア、問題の解決策、発明などを突然ひらめく。ビリビリした激しいエネルギーに満ちているので、神経を張りつめる恐れがある。たっぷり休息を取り、穏やかな環境で過ごし、食べすぎず、薬物に一切手を出さず、適切な食生活を送って神経系を労わることが大切である。

個人レベルよりも世界全体の正義に関心を持つ。

「11」はマスター・ナンバーであり、その人が大きな可能性を秘めていることを意味する。持つべき人に天が託した可能性である。鍵になるのは、自分の理想を持ち続け、どのように実際に実現するかを追究することである。

このナンバーの人には、世の中で担うべき役割と、もたらすべき恩恵がある。その意味を十分に理解できるようになるまで、時間をかけ、人として成長する必要がある。だが、辛抱強く我慢すれば、なぜ自分は人と違うと思うのか、なぜ子どもの頃から自分だけ異質だと感じたのかが、いつかわかる。そのときが来たら、子どもの頃に無力さを感じたことが、成熟した大人の自分に強さと自信を与えていることに気づくだろう。

22のハートデザイア・ナンバー

心の奥底に、世の中にずっと残るものを創造したいという熱い願望がある。政治的な運動、ビジネス、哲学など、何でもよいのだが、とても重要なものを顕現させたいという内なる意欲に突き動かされる。

「11」と同じくマスター・ナンバーであり、このナンバーの人には、マスター・ナンバーのパワーを示さんばかりの知性、感受性、電気的な創造力がある。また「11」の発明の才と、「４」の地に足の着いた実践力の両方がある。このふたつが組み合わさり、大きな志を現実化する最高の力を備えた人になり得る。

このハートデザイア・ナンバーの人は、本人の潜在的可能性と同じくらい壮大なものを求める。その気高い志を果たすために、全身全霊を注いで実現に取り組むことが、このナンバーの人に求められる。

このナンバーの人が選んだ道のりは、決して楽ではない。まず自分が成長する時間が必要である。志の実現に向かって動き始めるのは、人としてある程度成熟してからになる。

自分で気づいているにせよ、気づいていないにせよ、大きなパワーを内に秘めている。生まれたときは眠っているが、どこかでそのパワーの存在に気づいており、若い頃はうまく使いこなせず心地悪く感じる。また、自己イメージがいつも極端に矛盾しており、可能性にあふれたユニークな自分と、劣等感に苛まれる不安な自分という、対極の自己像を持つ。

このパラドックスのせいで、自分への疑念と自信の欠如に飲み込まれそうになる。だが、実はこれがエネルギーを生み出す強力な装置であり、それが「22」の高次の特性と組み合わさったとき、ダイナミックな不屈の力になる。そのような大きなパワーの行き場として、崇高な目標を持つべきである。

真の志に向けて挑戦を始めるまで、恐らく、さまざまな仕事で力試しをすることになる。

高い理念と意識を持ち、人を元気にし、やる気にさせる、偉大な指導者になることができる。このナンバーの人の独創的で優れた発想に、一緒に働く若い人たちが熱意に燃え、心酔する人さえ現れる。

大規模な事業や政府機関での仕事に関わるとよい。組織をまとめる力と折衝能力があるため、慎重さの求められる難しい業務を計画どおりに進めることができる。

自分のパワーがすべて自分のものになると、今度は多くの心理的かつ精神的な落とし穴がある。傲慢になって、自分の判断に疑問の余地はなく、人からのアドバイスや支えは要らないと信じ込む恐れがある。事業をすべて自分でコントロールしようとするかもしれない。時には、家族にまでそのような危険で自己中心的な態度を取って、自分の言いなりにしようとする恐れもある。

このナンバーの人の課題は、天賦の才を活かすようになったら、自分の優れた功績に対して謙虚であり続けることである。

このナンバーの人は、家庭が安定し支えになっているとき、最も力を発揮できる。そのため、パートナーには、自分と同じ夢を見てくれて、自分の意欲の高さについてこられる強さと独立心を持った人を選ぶことが、とても重要である。

挑戦することがあると、なぜか最も力が湧いてくる。このナンバーの人の資質――創造力、謙虚さ、理解、思いやり――は、発揮している力のレベルに合わせて強くなる。そのため、絶対に最高のものにしようと真剣に取り組むことが、成功を収め内面の成長を遂げるための極意である。

数秘術では、それぞれの数の複雑な元型的パーソナリティーと、チャート上のナンバーの位置との関係に精通すると、重要な情報が読み取れるようになる。ハートデザイア・ナンバーからは、その影響によってその人がどんなものに囲まれていたいか、どんな環境で暮らしたいか、どんな人に魅力を感じるかがわかる。つまり、ハートデザイア・ナンバーの示す意味がよくわかると、より良い人生にするには実際に何を変えればよいかがわかる。

マイナー・ハートデザイア・ナンバー

マイナー・ハートデザイア・ナンバーは、短縮形の名前に含まれる母音から導き出される。短縮形の名前には、長い名前の複雑な資質が凝縮され、研ぎ澄まされて反映される。そこには、フル・ネームが示すエネルギーの、ある側面は強まり、別の側面は抑えられて現れる。そのため、人生に本当に求めていることを見通しやすくなり、今回の人生に対する願望を理解しやすくなる。マイナー・ハートデザイア・ナンバーは、その人の強い欲求と、自分の可能性に課している制限の両方を明らかにする。

マイナー・ハートデザイア・ナンバーを出すには、ハートデザイア・ナンバーの計算方法と同じように、短縮形の名前の母音に対応した数をすべて足す。その際、マスター・ナンバーは一桁にしない点に注意してほしい。
注：ハートデザイアの場合と同じように、名前の上に数を書く。

たとえば、

母音　6　　　1　+6　　=6+7=13　1+3=4
　　Tom　Hancock

トム（Ｔｏｍ）という名前には母音のｏがひとつあり､数は６である。
ハンコック（Ｈａｎｃｏｃｋ）に含まれる母音はａの１とｏの６で、合計７である。
トム・ハンコックのマイナー・ハートデザイア・ナンバーは「４」である（６＋７＝13、１＋３＝４）。
マイナー・ハートデザイアのナンバーは、丸の記号の中にハートデザイア・ナンバーより少し小さく書く。

ベース・チャート

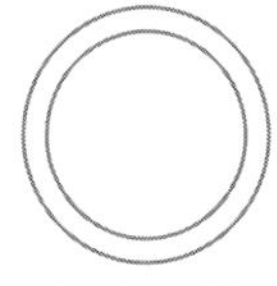
ライフ・パス

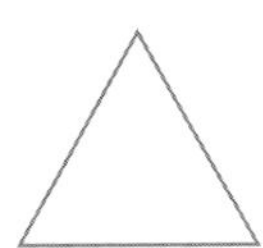
エクスプレッション

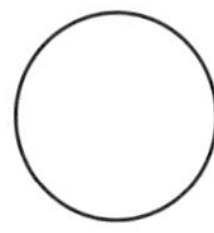
ハートデザイア

パーソナリティー

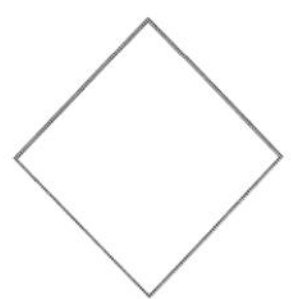
バース・デイ

マチュリティ

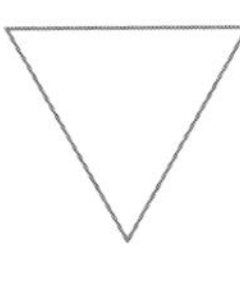
バランス

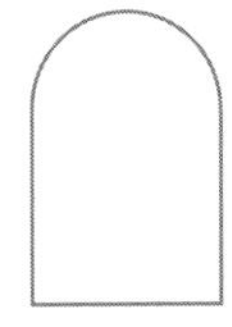
サブコンシャス・セルフ

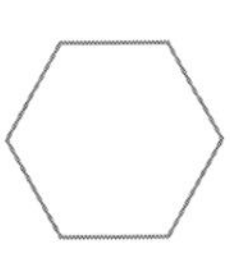
ラショナル・ソウト

1のマイナー・ハートデザイア・ナンバー

マイナー・ハートデザイア・ナンバーが「１」の場合、内面の強さや決断力が強まる。独自性が高まり、革新的で、独立した人間であろうとする。正面から逆境に立ち向かう勇気と意志に価値を置く。

先頭に立つほうがよく、誰かに従うことにはあまり気が進まない。簡単に影響を受けず、びくびくしない。人に頼らず、独立しているほうを選び、自分が正しいと思うことのために戦うほうが得意である。

第４章に説明のあるヒドゥン・パッション・ナンバーを確認し、合わせて考えてほしい。チャートに「１」が５つ以上出ている場合は、わがまま、頑固、傲慢になる恐れがある。

2のマイナー・ハートデザイア・ナンバー

このナンバーになる短縮形の名前には、心を落ち着かせる効果がある。より機転が利き、対外的な交渉の手腕が高まる。感受性が鋭くなり、もっと多くのことに気づく。音楽の才能が高まる。

もっと洗練され、優しくなる。前面に立ったり、自分だけの力で何かをしたりする気があまり起こらないかもしれない。「２」はサポートの数で、人と一緒に働くことを楽しむ。

3のマイナー・ハートデザイア・ナンバー

このナンバーになる短縮形の名前は、その人の熱意や創造力を豊かにし、生き生きした人柄を強める。言葉を扱う能力を高め、芸術への造詣を深める。執筆、歌唱、演技、舞踏の飲み込みが早くなる。これらの分野ですでに才能を発揮しているなら、楽々と才能を磨くことができる。より社交的で、柔軟で、楽しいことが大好きな人になろうという意欲が高まる。深刻になりすぎなくなる。

ウィットに富み、人をもっと元気にする。「３」は、気持ちを高めるエネルギーをもたらし、人をやる気にさせる。

4のマイナー・ハートデザイア・ナンバー

このナンバーだと、もっと整然とした、実践的な性格になる。より真面目で、責任感が強く、現実的になる。このナンバーになる短縮

形の名前は、ものごとの細かな部分まで目を配って、大事なポイントを抑えるように働きかける。決まったことの繰り返しに、あまりイライラしなくなる。もっとどっしり構えて、基本の安全性や自分にとって大切な人たちのことを考えるようになる。

完璧主義者になる可能性が高くなり、さまざまな人と交流を持つことへの関心が下がる。

また、何が正しく何が間違っているかについて、強い意見を持つようになる。

5 のマイナー・ハートデザイア・ナンバー

このナンバーになる短縮形の名前は、人生にもっと自由と冒険を求めるようになる。型にはまろうとせず、もっと個人主義になる。持ち前の聡明さと想像力が高まる。よりダイナミックで、熱く、柔軟になる。人生にワクワクすることを求める。このナンバーだと、変化に順応しやすくなる。

6 のマイナー・ハートデザイア・ナンバー

このナンバーになる短縮形の名前だと、温かさ、心遣い、親切さを持つようになる。人に対して辛抱強くなり、人の話にじっくり耳を傾ける人になる。人が抱えている重荷を自分が代わりに引き受けようという思いが強まる。

このナンバーは、独創性と家庭的な素質を高める。女性の場合は、家にいるほうが心地よくなり、男性は、夫、父親、家族を養う人という役に、居心地の良さを感じる。

調和の感覚と社会的意識が高まる。いさかいの仲裁がうまくなる。「６」はすべてのナンバーの中で最もバランスがよく、他のどの数とも調和する。主なポジションに「６」がある人に、本来の自分を見失う人はほとんどいない。

7 のマイナー・ハートデザイア・ナンバー

このナンバーになる短縮形の名前は、ある特定の分野を学び、集中し、自分の専門にしたいという欲求を強める。またプライバシー、じっくり考えること、瞑想がもっと必要になる。自分の内面、内心を見つめるようになり、人生について深く考え、問うようになる。

このナンバーは、知性や抽象的な情報を扱う能力を高める。またひと味違ったユーモアのセンスを発揮するかもしれない。「7」は、とても洗練された、直感的な人たちである。ものごとを額面どおりに受け取らず、深く理解しようとする。

8のマイナー・ハートデザイア・ナンバー

このナンバーは志と内面の強さを高める。ビジネス、管理、組織的な事柄を扱う能力が高くなる。自分の目指すゴールに集中して、達成に必要な決断と努力を重ねることができる。

このナンバーになる短縮形の名前は、指導力と個人のパワーを高める。物質的な豊かさをもっと意識するようになる。さらに仕事に励んで、自分の地位を高めたり、財政状況を良くしたくなる。

このナンバーになる名前だと、人を見る目への意識を高めて判断力を磨きたくなる。その結果、相手を鋭く見抜いて、交渉事に強くなる。

9のマイナー・ハートデザイア・ナンバー

このナンバーになる短縮形の名前は、人生の視野を広げる。深い思いやりを持つようになり、社会への意識や人類全体の幸福に対する関心を高める。このマイナー・ハートデザイア・ナンバーは、その人が理想を抱き、より高次の目的に向けて、犠牲を払う器を持った人であることを示している。人々のいのちや暮らしに影響を与えたいと願うようになる。

人と距離を置くようになり、そのせいで、愛する人に出会いたくても、なかなか巡り合わないかもしれない。また芸術への造詣が深まり、芸術的才能が高まる。職業としては、教師になりたいという欲求が強まり、その志を叶えるための知識に魅かれるようになる。

11のマイナー・ハートデザイア・ナンバー

このナンバーになる短縮形の名前は、感受性、直感、感覚的に察する力を高める。人生の謎や神秘をもっと深く探求したいと思う。

宗教、哲学、精神的な理解に魅かれるようになり、直感力や、サイキックな能力も目覚めるかもしれない。
同時に、自分の短所にも敏感になり、自分を磨こうという意欲が高まる。
感受性が高まるために、調和の取れた穏やかな環境を求めるようになる。環境を整えると、「11」の刺激による神経の緊張のバランスを取ることができる。
人と一緒に働きたいという欲求が強まる。謙虚で控え目になり、対立を避けて調和した関係を保とうと模索する。直感力が高まるため、とても独創的なアイディア、突然のひらめきによる洞察、気づきがもたらされる。

22のマイナー・ハートデザイア・ナンバー

このナンバーになる短縮形の名前は、野心、秩序正しさ、大規模なことをやり遂げる能力を著しく高める。管理能力を伸ばして、野心的な事業で人々を指揮しようする。組織的な手段の研究に魅かれるようになる。自分の仲間にもっと関心を持ち、また他者の健康や幸福の向上につながることを生み出したいと思う。実用を重んじる性質に、理想主義的な精神的価値観が合わさる。
同時に、高尚な大志を新たに抱くようになり、重荷に感じるかもしれない。
求めるものが高いため、自分を疑うことがある。内面の葛藤が増えたことに気づくかもしれない。理想を現実にしたいという欲求が沸き起こるため、そのような葛藤も生まれる。
このナンバーだと、極めて大規模で影響が長く続くような試みに、力を尽くす可能性が高くなる。

マイナー・ハートデザイア・ナンバーの意味は、単純ではない。十分理解するには、ある程度自分に正直になる必要がある。またハートデザイア・ナンバーの分析は、マイナー・ハートデザイア・ナンバーの次に難しい。どちらも、自分に甘くならず、自分が隠そうとしていること、避けようとしていることを認めようとすることが大切である。

パーソナリティー・ナンバー

パーソナリティー・ナンバーは、フル・ネームの子音から導き出される。たとえば自分の本質が居間だとしたら、パーソナリティー・ナンバーは居間に続く細い廊下のようなものである。つまりパーソナリティー・ナンバーは、人と知り合って、これから関係を築き始める段階で、相手に見せてもかまわない部分を示す。その後、時間をかけて相手との信頼が築かれてから、その人を廊下の奥にある居間に通す――つまり本当の自分を相手に見せる。本当の自分は、ハートデザイア・ナンバーや、エクスプレッション・ナンバーなどで示される。

パーソナリティー・ナンバーは、自分が外に向けて打ち出すものと、外から自分へ接触することを許すものの両方に対して、検閲装置として働くことが多い。自分が受け入れてもよいタイプの人や情報を、パーソナリティー・ナンバーという装置でふるいにかける。そのため、原則として、このナンバーが示すパーソナリティーは、本当の自分よりもずっと狭く防御的である。自分が対処したくないもの――人や状況――を排除し、自分の内面の性質が共感できるものは、歓迎する。

幸か不幸か、この狭い入口が人に与える第一印象になる。相手に温かくオープンな印象を与え、相手からも興味を持たれるか、それとも興味を持たれないかが決まる。

パーソナリティー・ナンバーの出し方

パーソナリティー・ナンバーを出すには、前述のエクスプレッション・ナンバーやハートデザイア・ナンバーと同じように、名前の中の子音の文字に対応した数を足す。ただし、パーソナリティー・ナンバーの場合も、マスター・ナンバーが出たら一桁にしない点に注意する。

たとえば、Thomas John Hancock であれば

	T	h	o	m	a	s		
子音	2+8	+	4	+	1		＝15	1＋5＝6
	J	o	h	n				
子音	1	+	8+5				＝14	1＋4＝5
	H	a	n	c	o	c	k	
子音	8	+	5+3	+	3+2		＝21	2＋1＝3

トーマス（Thomas）という名前には子音が4つ（2、8、4、1）があり、すべて足すと6になる。

ジョン（John）という名前には子音が3つあり、足すと5になる。

ハンコック（Hancock）という名前には子音が5つあり、すべて足すと3になる。

従って、トーマス・ジョン・ハンコック（Thomas John Hancock）のパーソナリティー・ナンバーは、6＋5＋3＝14、これを一桁にして「5」になる。

パーソナリティー・ナンバーは四角形の記号で表し、四角形の中にナンバーを書き込む。

ベース・チャート

ライフ・パス

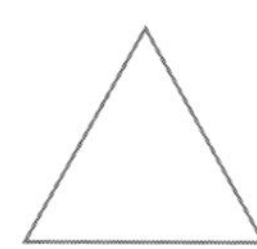
エクスプレッション

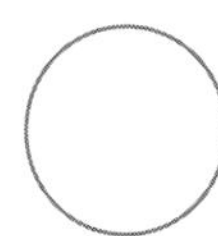
ハートデザイア

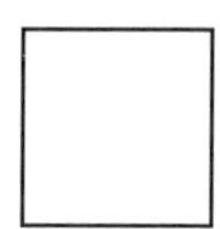
パーソナリティー

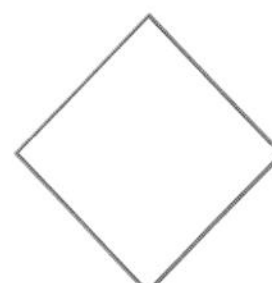
バース・デイ

マチュリティ

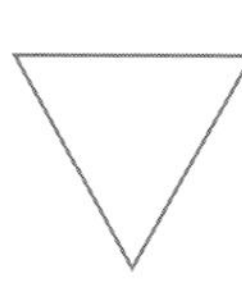
バランス

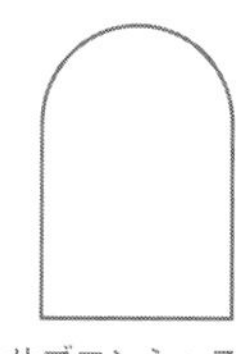
サブコンシャス・セルフ

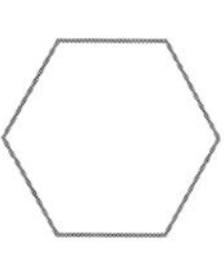
ラショナル・ソウト

マイナー・パーソナリティー・ナンバー

マイナー・パーソナリティー・ナンバーは、短縮形の名前の子音に基づいている。外の世界に向けて自分をどのように見せるかについて、このナンバーからさらに知ることができる。特に、自分の性格の中で自分自身が心地よく感じる面、しっくりくると感じるようになった面を表す。

たとえば結婚や職業上の理由など、ある程度の年齢になってから名前が変わると、それが自分の人への接し方や対応に大きな影響を及ぼすことがあるが、それはマイナー・パーソナリティー・ナンバーに映し出される。影響が大きいため、名前を変えることはお勧めしない。変えるときは十分注意すべきで、数秘術師から助言を得てもよいかもしれない。結婚に関しては、両家の苗字をハイフンでつなぐことを提案したい。周囲への自分の接し方を全面的に変えるのではなく、結婚のもたらす属性を新たに加えることができる。

マイナー・パーソナリティー・ナンバーを出すには、短縮形の名前の子音に対応した数を一桁になるまで足す。ただしマスター・ナンバーは一桁にしない。

たとえば、

	T	o	m					
子音	2	+	4	＝6				
	H	a	n	c	o	c	k	
子音	8	+	5+3	+	3+2		＝21	2＋1＝3

トム・ハンコック（Tom Hancock）のマイナー・パーソナリティー・ナンバーは、6＋3＝9になり、「9」である。

マイナー・パーソナリティー・ナンバーは四角形の記号の中にパーソナリティー・ナンバーより少し小さく書く。

ベース・チャート

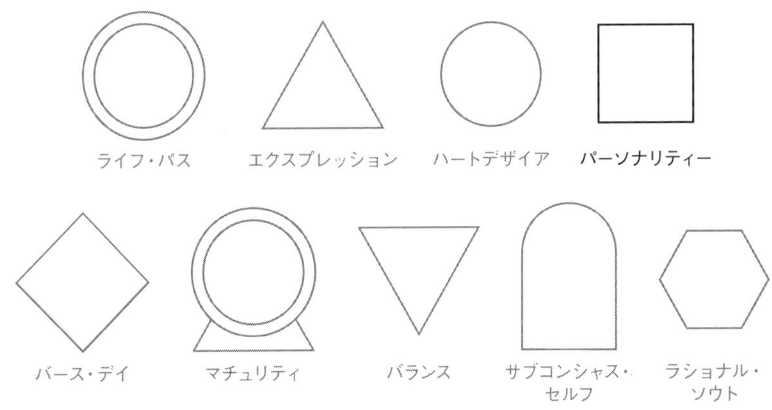

以下に、パーソナリティー・ナンバーにもマイナー・パーソナリティー・ナンバーにもあてはまる説明を述べる。ただし、パーソナリティー・ナンバーは出生時のフル・ネームに基づくため、その影響のほうがマイナー・パーソナリティー・ナンバーよりもはるかに大きいという点に留意してほしい。

1 のパーソナリティー及び マイナー・パーソナリティー・ナンバー

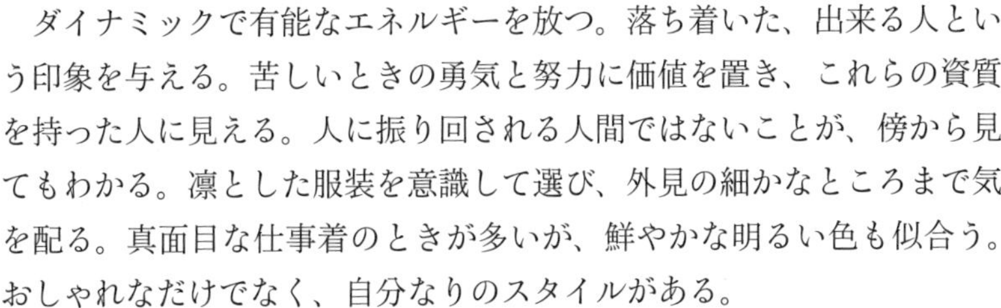

ダイナミックで有能なエネルギーを放つ。落ち着いた、出来る人という印象を与える。苦しいときの勇気と努力に価値を置き、これらの資質を持った人に見える。人に振り回される人間ではないことが、傍から見てもわかる。凛とした服装を意識して選び、外見の細かなところまで気を配る。真面目な仕事着のときが多いが、鮮やかな明るい色も似合う。おしゃれなだけでなく、自分なりのスタイルがある。

たいていの人と比べて、体重が増えたときの外見へのダメージが大きい。こういう性格だと思われたいというイメージが自分の頭の中にあり、太りすぎるとそのイメージからはかけ離れていく。しっかりした体格をしており、直線や直角がよいアクセントになって、リーダーとしての外見の印象がさらにアップする。

先駆者だと思われる。ものごとの扱い方や進め方に対して、自分なりのアイディアがある。リスクを取り、独自性があり、非常に独創的である。

けんか腰の人、もしくは物分かりの悪い人という印象を与えないように注意すべきである。穏やかそうな印象にしないと、相手から怖がられる恐れがある。その点に気をつければ、自分にあまり自信のない人たちから魅力的な人だと思われ、彼らから意見や提案を持ちかけられる。

2 のパーソナリティー及び マイナー・パーソナリティー・ナンバー

気さくで、気取らない人という印象を与える。穏やかで、温かそうな外見である。安心して打ち解けられる、優しい人だと思われている。何よりも、相手を怖がらせず、心の温かい人に見える点が魅力である。

こざっぱりした､清潔感のある服装をする。柔らかくて着心地のよい､ゆるやかな服を選ぶ。無地で装飾のない地味な服は､避けたほうがよい。少しだけ斬新で、刺激的な外見にするように、がんばってみること。そのほうが、察しがよくてオープンな人柄と、うまくバランスが取れる。異性は、このナンバーの人の優しくて気が利くところに魅かれ、また表に出さない秘めた情熱も感じ取る。性的な魅力がある。

外見のためにも、自分の強さを外に示すためにも、運動が大切である。また、とても我慢強く、理解があり、じっくり相手の話に耳を傾けることができるので、大切にされ、愛されているという印象を相手に与える。

調和の欠けた雰囲気の中にいると、神経がたかぶり緊張する。子どもの頃は非常にネガティブな批判をされる経験をするため、用心深く、臆病な子どもになる。遠慮がちなところは影を潜めるかもしれないが、成長してからも傷つきやすい面が残り、人にも気づかれる。

調停役である。論争に疲れてしまう。調和を求めていることが人に伝わる。人の考えをひたすら受け止めるだけにならないようにすること。このナンバーの人の強さを見くびる人がいるかもしれないが、それは間違いである。しなるが折れない強さがある。

優れた美的感覚と味覚の持ち主である。調和と洗練に対する感覚が鋭く、それがこのナンバーの人の優雅な身のこなしに表れる。

3 のパーソナリティー及び マイナー・パーソナリティー・ナンバー

人を惹きつけるオーラを発している人である。男性ならハンサムな人が多く、女性にはハッとするほど美しい人が多い。

生き生きとした波動をしている。はつらつと元気いっぱいで、チャーミングである。一緒にいて楽しい人で、ウィットに富み、華やかで、パーティーの盛り上げ役である。外向的で、楽天的である。上質な服や宝石を好み、着飾るのが好きだ。人に魅力を振りまき、異性にモテる。ロマンチックで、恋愛に関しては熱しやすく冷めやすい。愛情豊かで、尽くすタイプである。

自分に魅力があることを利用して、遊びすぎないこと。長続きする深い関係を持つ努力をすることが大切である。人気者になろうとして、あちこちで気のある素振りをするのはやめたほうがよい。責任を持って約束したことに真剣に取り組まないところがある。また芝居がかった対応をしたり、大げさにふるまうことも、あるかもしれない。ウィットのセンスがあるために、底の浅い、ふざけた会話ばかりしようとする。

独特の強運の持ち主で、生涯を通して多くの好機を引き寄せる。また自分を売り込むコツや相手をその気にさせるポイントを心得ている。一生懸命働き、自分を律することができれば、これらの資質を活かして、ほぼ間違いなく成功を収める。

4 のパーソナリティー及び マイナー・パーソナリティー・ナンバー

いつも変わらない安定感と、信頼感を放っている。人から信用され、安心して判断を任される。ビジネスを支える要とみなされ、てきぱきと手慣れた様子で職務をこなし、頼りにされる。

強さと、社会的地位がある。服装に関しては実用を重視する傾向があり、常識的で、実務的で、長持ちし、納得のいく価格かどうかを中心に考える。自分の価値観の反映として、間違っていない、コントロールできている、そして精確さを大切にする人としてふるまう。なぜなら、自分の仕事ぶりを最も重視し、外見ではなく、仕事ぶりをベースに自分のことを判断してほしいからだ。お金を大切にし、倹約が習慣になっている。自分の将来や大切な人たちを守ることに関心があるが、人から見るとお金に少し厳しすぎる。

アース・カラーの服や、しきたりに従った服装を選ぶ傾向がある。もう少しだけおしゃれな服を選ぶとよい。もっと元気な色や、少しゆとりのあるラインの服を着ること。茶系のスーツのときは、鮮やかな色のネクタイを合わせるか、宝石を少しつけるようにする。

家庭的な人である。家族という親密で、いつも変わらず、安心できる存在を大切にする。きちんと家族を養って守る人だが、家族からは当たり前だと思われ、特に感謝されていないかもしれない。

真の愛国者である。自分の国を愛しており、地域の一員として欠かせない存在である。周到に計画を立て、ブレることなく着実に実行する。たいていその努力が報われ、後は伸び伸びと安心して過ごすことができる。

5 のパーソナリティー及び マイナー・パーソナリティー・ナンバー

刺激的な印象を与える人である。独自の新鮮な発想が、人の集まる場を明るく盛り上げる。斬新でウィットにあふれた会話をすることが多い。弁が立ち、カリスマ性がある。恐らくセールスが非常にうまい。実はネガティブなエネルギーを大量に内に抱えていて、はけ口を求めている。

自由を愛し、人生は日々冒険だと思っている。陽気で楽天的で、その明るさが出会う人々に伝染し、人を元気にする。

たくましく魅力的な肉体の持ち主で、引き締まった筋肉をしている。動きがしなやかで、優雅で、運動選手のようである。飲んだり食べたりが好きで、体重が増えやすいのが悩みの種である。セックス、食、アルコール、薬物など、感覚を刺激するもの全般への欲求が強いため、自制が欠かせない。性格的に中毒になりやすい。またおしゃれに着飾るのが好きで、もっとカラフルな色の服も着こなせる。ただし、質を重視すべきことと、控え目なファッションが貫禄や気品を生むことも認識したほうがよい。

無責任なところがあり、自分の性的欲求を満足させたいという衝動にすぐに負ける。本人の魅力と生来の売り込み上手とが組み合わさり、ワ

クワクする新しい恋愛相手を見つけ、かんたんに欲求を満たすことができる。

虚勢を張りたがる性格である。冒険家であり、人にもそういう印象を与える。予想外のことをする人だと期待され、期待されていないと、よく人を驚かせる。

頭の回転が速く、興味の幅が広い。あらゆる角度から情報を集めるが、少し表面的で、どの分野も表面をなぞっているにすぎない。シロウト愛好家としてやり過ごせる場面が多いかもしれないが、自分の成功や幸せのためには、知識を根づかせて理解を深める努力をしたほうがよい。

多芸多才で、順応性があるため、人生で訪れるチャンスをほぼ最大限に活かすことができる。自分がどうしたいかをすばやく判断し、タイミングを選ぶのもうまい。成功の可能性に満ちているため、その道のりを共に歩み、背中を押してくれる人々を引き寄せることができる。

6 のパーソナリティー及び マイナー・パーソナリティー・ナンバー

理解と深い思いやりがにじみ出ている人である。温かく公平な人柄が伝わってくる。そのため、不利な立場にいる人や、安らぎを必要とする多くの人に魅力的に映る。人が心の重荷を下ろしにやって来る。このナンバーの人は、相手に自信を持たせることができる。

正義に関する感覚が鋭い。調和を保つために力の限りを尽くし、人のために自分の個人的な望みを喜んで犠牲にする。

だが、それが行きすぎて、損な役回りを引き受けることがある。人に利用されないように自分を守ることが大切である。人を見る目があるとは言えず、相手の良いところばかりに目を向けがちである。

また自分に害が及ぶほど、他人の生活に介入することもある（チャート上の他のナンバーによってはバランスが取れ、防げる場合もある）。家庭的で、人を温かくもてなす。子どもが大好きで、良い親になる。ロマンチックで、パートナーを裏切らず、守る。

芸術的な人で、音楽、花、ガーデニングが大好きである。生来のインテリア・デザイナーの才能がある。色と味覚のセンスに優れている。

外見よりも中身の性格に関心があるため、服装はあまり意識しない。

自己表現の手段というより、着心地や実用性に興味を持つ。

このナンバーの人は、群を抜いて寛大である。お金のことになると、あまり論理的でない。褒め言葉にも批判にもとても敏感である。心配症で胃を痛めやすい。

人から親のような存在として見られる。一緒にいてくつろぎたい、重荷に感じていることを打ち明けたいと思われる。雑踏の中でほっと安心できるような、港のような人である。

7 のパーソナリティー及び マイナー・パーソナリティー・ナンバー

ミステリアスで、他の人と違うという印象を与える人である。真面目で勉強熱心な人だと思われている。独立心が強く、自分のことは自分でする。明らかにとても知的で聡明なので、多くの人から尊敬される。温かく深い思いやりがあるが、このナンバーの人が人を惹きつけるのは、人生の意味について、深くはっきりとした見識を持っているからである。

このナンバーの人と打ち解けるのはむずかしい。引きこもりがちである。誰かと会話をしている最中にも、自分の世界に意識が向いていることがたいていわかる。

知的で高貴な人としての素養があるが、傲慢になったり、「自分にわからないことなどない」といった態度を取らないように用心しなくてはならない。服装やおしゃれにほとんど関心のない時期もあるが、とても意識する時期もあり、そのときは服装による印象づくりをする。何を着ても凛として見えるが、ちょっとスタイルのある整った身なりのほうが、明らかに印象がよくなる。きちんとした服装をすると自信が高まる 。

人生の目的や神について自分なりの考えを持っており、精神性を重んじる宗教的な人と思われている。

自分の興味のあるテーマであれば、人を惹きつける話ができる。そうでなければ、雑談相手にもならない。

知識や英知を愛する思いが見て取れる。

8 のパーソナリティー及び マイナー・パーソナリティー・ナンバー

強くてパワフルな人に見える。印象的な性格で、人に影響力をふるい、力ずくで相手を脅すことさえある。何もしなくても権力者の威厳がある。有能で強い熱意があるため、資産家が集まってくる。自信にあふれている。確信と実現力があり、それを人が感じ取って、言うことを聞いてくれる。また押しつけでない善意がにじみ出ている。何らかの主張や志について、その意義に納得できると否定しないことから、度量の広さが人々に伝わる。

きちんとした身なりを重視する。強さや能力の高さが荒々しい印象につながるため、服装で洗練された感じにするとよい。少し派手に着飾ってもマイナスにならない。何事も質の高さが最も重要だと考えているので、上質な服を選ぶ。体格のよい人が多いが、習慣的な暴飲暴食のせいで、消化不良、潰瘍、心臓病になりやすい。また仕事中毒の傾向もある。

このナンバーの人のアキレス腱は、自己中心的にふるまう可能性である。性格として、冷酷、強欲、非常に寂しがり屋というネガティブな面がある。自発的で、活気にあふれている面もあり、本質的には温かく陽気な人である。心の奥の奥で、皆が自分と同じくらいワクワクしていて幸せであってほしいと願っている。周りの人にも、それが伝わることが多い。たいてい同僚や部下から好かれる。

9 のパーソナリティー及び マイナー・パーソナリティー・ナンバー

貴族のような物腰の、印象的な人である。背の高さとは無関係に、気高く、まっすぐな、すらっとした人に見える。人に与えるイメージを自分でしっかりコントロールしている。

俳優や舞踏家など、演技や演奏をする人にこのナンバーを持つ人が多い。優雅で、上品で、カリスマ性がある。多くの人に憧れられる。

このナンバーの人に引き寄せられる人もいれば、決して寄りつかない人もおり、評価が分かれる。一部の人々から嫉妬され、その人たちがこのナンバーの人の地位や評価を下げようとする恐れがある。

自分の側にも奢りがあるため、その度合いに応じて、自分から彼らの嫉妬をたきつけるかもしれない。ここが「９」のパーソナリティー・ナンバーの注意点で、人と打ち解けず、すべてを見下すことがある。

課題は、仲間と同じ土俵に立つことである。本当は人に対して深い思いやりがあり、多くの人たちのために奉仕したいという思いを持っているはずだ。

個人レベルの問題より、多くの人を苦しめていることに取り組むほうが力を発揮できる。一対一より、社会全体のニーズに対応するスケールの大きな仕事に向いている。

親切で、相手の思いに共感し、助けの手を差し伸べ、愛にあふれている。自分を抑えていて、落ちついた印象を与えるが、実は敏感で傷つきやすく、感情豊かな人である。

味覚のセンスに優れている。芸術的な才能も豊かで、自宅のインテリアや服装に表れる。

自分は社会を守る人間だと思っており、善意を持って地域社会に関わり、リーダーとして、より良い方向へ導く。

11 のパーソナリティー及び マイナー・パーソナリティー・ナンバー

このナンバーは「２」に似ているが、「２」よりもさらに繊細で、神経質なエネルギーである。あまりに傷つきやすく、少し批判されただけで打ちのめされる。「11」のパーソナリティーもしくはマイナー・パーソナリティー・ナンバーの人は、自分の根源的な強さを意識的に伸ばして、表に出す必要がある。

人の心や魂への理解に傑出した、天性のカウンセラーである。しかし、自分の人生がなかなか安定せず、自信をなくすことが多い。海千山千のセールスの餌食になりやすく、どうしてもノーと言えずに苦労する。また特に若い頃は、間違った恋愛関係に陥る傾向がある。

人生の半ばを過ぎると、「11」というパーソナリティーが大きな財産になる可能性がある。さまざまなことを察して機転を利かせることができ、他の人にないカリスマ性を持っているため、人を感化し、操ることさえできる。

22 のパーソナリティー及び マイナー・パーソナリティー・ナンバー

このナンバーは「４」に似ているが、「４」よりも高い目標を達成する能力がある。独特の印象を与えるため、相手がファンになるか、寄せつけないか、ふたつに分かれる。部屋に静かに入っていっても必ず気づかれるタイプの人である。

「11」のパーソナリティー・ナンバーのように、人を感化する力があるが、使い方は大きく異なる。「22」は非常に強く、自分に自信があり、人とのやり取りでこの力を使おうとする。それが威圧的になるときもあり、「22」ほど強くない人は、自分を守るためにその力から逃れようとする。「22」の人の課題は、相手がその気になる理由にもっと意識を向け、相手の気持ちを尊重することである。

このナンバーの男性は、パワフルで印象的な人である。他の人と比べて、ローンの申し込み、契約交渉、昇進の要求などを気兼ねなくできる。女性も同じようにパワフルだが、今の世の中には女性が担うべき役割という社会の期待があるため、その壁を乗り越えなければならないことが多い。男性から怖がられたり、男性に自信を失わせたりすることがあるため、男性から憎まれる可能性がある。そのため、このナンバーの女性は一層敏感でいることが大切かもしれない。

パーソナリティー・ナンバーやマイナー・パーソナリティー・ナンバーは、人が自分をどう思っているかを表す。それはつまり、人に見せてもよい自分の性格、外に向かって自分をこう見せたいという自分の一面である。

それらを他のコア・ナンバーとの関係の中で考えるとよい。自分をどこまで人に見せているか、自分のどんな面を隠そうとしているか、など、自分自身について学べることが多い。

出生時につけられたフル・ネームは、自分の本当の性格、つまり、なり得る自分を表す。誕生日は今世で歩むことに決めてきた道のりと、その道のりで遭遇するあらゆる機会や障壁を表す。出生時の名前と誕生日は、どちらも変えたり消したりすることができない。良くも悪くも、この世を去る日まで、このふたつからの影響を受け続ける。

自己紹介に使う短縮形の名前は、なり得る自分のうち、自分が認識している部分、自分が重視している部分、自分が気持ちよく受け入れている部分を表す。短縮形の名前は、自分の性格の中で最も前面に表れている面、強化されている面、時によっては和らげられている面を表す。短縮形の名前は変わる可能性があり、一度ならず変わる場合が多い。また自分で選ぶことができる。名前が変わることになったら、そのときの自然な流れに任せて信じるのがよいとわたしは思う。

改名については、名前や名前に関連した数を細かく分析するより、本人の直感やその人と関わりのある人々の感性を組み合わせたほうが、はるかに好ましい場合が大半である。

結婚して名前が変わり、その良さがじわじわと時間をかけて証明された例はたくさんある。また、短い間しか使われなくても、ニックネームがその人のポジティブな資質を強化し、欠点をなくしたケースもある。本人が絶対に改名したいと譲らず、誰も納得しなかったが、当人には理屈を超えてどうしても大切だったので名前を変えた場合、やはり良い結果になった。逆に、気まぐれで衝動的に名前を変えたり、本来の自分ではない自分を表す名前に変えたりした場合は、その人にとってほとんどポジティブな効果がなく、困惑や不安定を生じることのほうが多い。

そのような結果になる理由、その人らしさやひとりひとりの人生を創り出す複雑なプロセスを、わたしが理解しているなどと言うつもりはない。それほどのことを頭で理解できるとは思えない。だが、人生はその人を支える秩序正しいシステムであり、自分に与えられた名前と誕生日は決して偶然ではない、と考えている。誰もが生まれるべき瞬間に生まれ、完璧な名前をつけられ、さらなる自己実現と成就に向かって、それぞれ進化し続ける。

第4章

さらに名前について

汝自身を知れ。
——デルポイの神殿に刻まれた神託

ここまでの章では、その人の個性の最も強い部分、はっきりわかることの多い面について説明してきた。ここからは、あまり見えない領域に踏み込み、本人も気づいていない欲求や野心に迫る。人が自由になるには、無意識に持っているちょっとした考え方の癖に気づく必要がある。人生の主導権を自分が握るために、自分の内面の最も奥深くに何があるかを認識しなければならない。それに気づかないと、無意識の欲求にとらわれたままになる。本章では、まだ明らかになっていない隠れた特性に光を当てる。

カルミック・レッスンのチャート

数秘術は、誰もが何らかの強みや弱点を持って生まれてくるという解釈に基づいている。カルミック・レッスンとは、その人の弱点である分野、今回の人生で向き合い、学ばなければいけない分野、カルマによる学びを指す。学びはひとつとは限らない。今まで説明してきたように、名前を構成する文字には、それぞれ対応する数があり、名前の中に何度も登場する数もあれば、まったく出てこない数もある。そして、1から9までの一桁の数の中で名前に欠けている数が、カルミック・レッスンを示す。ちなみに、2回以上出てくる数は、カルマによる強みを示す（本

章で後述するヒドゥン・パッションの項目を参照してほしい)。

名前の文字と数は、その人が持っている才能や能力を示す。たとえるなら、それは作業場に置いてある道具のようなものだ。名前に欠けている数、名前を記す文字に対応した数として登場しない数は、その作業場に存在しない道具、そこにないために使えない道具であり、その人が今世で学ぶべきこと、身につけるべき特性を表す。

一般的に、長い名前——18文字以上——で９つの数のうち８つか９つすべてが出てくる場合は、どんな状況にも対応できる有能な人物であることを示す。バランスの取れた性格で、興味の幅も広く、さまざまな壁を乗り越える高い能力がある。

短い名前——15文字以下——で一桁の数のうち８つから９つが含まれる場合は、人の先頭に立つべき人、集団の中で一段と輝いて見えるパワフルな人である。多才で、逆境に強い人であることが多い。打たれ強く、他の人よりも先に、余裕を持って困難を跳ね返す。

長い名前でも登場する数字が少なく、６つ以下のような人は、強烈な二面性を抱えた人生を歩む。プライベートで多くの困難に見舞われ、嵐のような波乱に満ちた恋愛をする。そして、不死鳥のように逆境から蘇る強さに欠けることが多い。

だがその一方で、ひとつのことに抜きん出た才能と、その才能に自分のすべてを注いで大成功を収める能力とを持っていることが多々ある(長い名前なのに出てくる数の種類が６つ以下なら、何度も登場する数が複数あることになる)。

優れた俳優、歌手、科学者、軍略家、テレビ番組の司会者、職人、芸術家には、複数の数が欠けた名前の人が多く、何かに極めて秀でていることが名前に表れている。

欠けている数が３つ以上ある人は、自分の職業や活動の場について悩んだとき、特定の分野に絞って努力を重ね、困難や壁にぶつかっても、それに耐えてがんばり抜くことが極めて重要である。欠けた数の多い名前には、ある種の鍵穴のようなエネルギーがあり、そのような名前の持ち主には何かひとつのことで大成功する能力がある。ただし、成功に至るのはあくまで逆境を乗り越えた後なので、がんばり抜けるかどうかが幸せの鍵を握る。

出てくる数が６つという名前は普通で、５つしかない名前は珍しく、平均的な長さの名前で４つの数しか登場しなければ、非常に稀と言える。ある女性は、16 文字の名前で、数が３つしか出てこなかった（「５」が 10 回、「４」が２回、「３」が４回出てくる、つまり他の６つの数がない）。本書で彼女の名前を明かすつもりはないが、その人は数々のつらい時期を過ごし、普通では考えられないような困難に見舞われ、それでも耐え抜いて、今では極めて才能豊かな歌手でありダンサーになっている。

カルミック・レッスン・ナンバーの出し方

再びトーマス・ジョン・ハンコックという名前を使って、カルミック・レッスン・ナンバーの出し方を説明する。

Thomas John Hancock
286411 1685 8153632

トーマス・ジョン・ハンコックという名前には、「１」が４回、「２」が２回、「３」も２回、「４」が１回、「５」が２回、「６」は３回、「７」がなく、「８」は３回登場し、「９」は出てこない。

トーマス・ジョン・ハンコックという名前は 17 文字の平均的な長さで、「７」と「９」の数が出てこない。つまり、彼には学ぶべきカルミック・レッスンがふたつある。このふたつのレッスンの意味については、後述の「７」と「９」の項目を読んでほしい。

また図 4.1 として、カルミック・レッスンのチャートを次頁に示した。わたしのシステムではこのチャートを使っている。

4 (1)	2 (2)	2 (3)
1 (4)	2 (5)	3 (6)
0 (7)	3 (8)	0 (9)

図4.1　カルミック・レッスンとヒドゥン・パッションのチャート

これがカルミック・レッスンとヒドゥン・パッションのチャートで、トーマス・ジョン・ハンコックという名前の例を示している。

この名前には「7」と「9」が欠けているため、「7」と「9」が彼の学ぶべきカルミック・レッスンである。

最も多く登場している数は「1」で、それが後述する彼のヒドゥン・パッションである。

1のカルミック・レッスン・ナンバー

このナンバーの人は、もっと積極的になり、自分で自分の人生を切り開くことがカルマによる学びとなる。決断力を身につけ、意志を強く持つこと。自分が正しいと思うことのために、立ち上がらざるを得ない状況に置かれる。自分がどうしたいかを自分で決めなければならないし、自立しなければならない。断固として自分を主張する人たちがたくさん現れて、苦労するはずだ。こちらからも自分の考えをはっきり伝えないと、彼らのような強引な人たちに抑えこまれてしまう。

このナンバーの人にはそのようなことが起こり、もっと強く、生き生きと、ダイナミックになることを学ぶ。人にどう思われるかなど、あまり気にしなくてよい。弱気で、おとなしすぎる面がある。自分を売り込み、自分に自信を持ち、自分の判断や能力を信じることが大切である。ぐずぐず先延ばしにしがちなところも克服すること。

コア・ナンバーの中にひとつでも「1」があると、このカルミック・レッスンの影響は弱まる。

2のカルミック・レッスン・ナンバー 

このナンバーの人は、駆け引きや、そつなくこなすことがカルマによる学びとなる。背後にとどまることが必要なときは表に出ず、誰にも褒められず、何も報われなくても、ものごとを最後までやり遂げること。チームの一員とは何かを学ぶ人生である。他の人たちが何を必要とし、どう感じているかに、もっと敏感になること。辛抱強く注意を払い続けることが唯一の成功手段という状況が定期的に訪れ、人と密接にやり取りしてものごとを進めなくてはならない。

コア・ナンバーの中にひとつでも「2」があると、このカルミック・レッスンの影響は弱まる。

3のカルミック・レッスン・ナンバー

このナンバーの人は、自分にとても批判的である。自分が注目の的になると、何か至らない部分や誇れない点を必ず見つけ出して、自分への評価を下げようとする。完璧という達成不可能な目標を掲げ、それを自分の行動に対する唯一の評価基準にしている。

もっと明るい人になること。自分が行きすぎた批判精神を持っていると認めることだ。うまくコントロールしないと、心から人生を楽しめないかもしれない。

真面目すぎるのが弱点である。もっと楽天的に、陽気になることがカルマによる学びとなる。人生は、楽しむもの、人と喜びを分かち合うものだ。またこのナンバーの人は、想像力とコミュニケーションが求められる状況に立たされる。このふたつを学ぶ以外に選択肢がない状況に置かれ、試される。

「3」のない人には芸術家が多いが、成功するには相当の努力と忍耐が求められる。コア・ナンバーの中にひとつでも「3」があると、このカルミック・レッスンの影響は弱まる。

4のカルミック・レッスン・ナンバー

このナンバーの人は、自分の人生がどこに向かっているのかがわからず困惑する。そのため、丁寧に細かく、筋の通った方針を自分で立てなければならない。それがこのナンバーの人に必要なカルマの学びである。自分の人生の基盤を固める必要があり、それができないと途方に暮れ、偶然に振り回されているように感じる。自分の力を発揮できる

仕事を見つけるのに苦労するかもしれない。考え方や行動がどこか非現実的であったり、整理されていないことも多い。困ったことがあると、自分の中ではなく自分の外に答えを求める。その結果、たとえば自分が変わるのではなく転職し最初はワクワクするが長続きしない。職を変えても、努力や忍耐が必要であることは今までと同じである。自分が期待していたようなことはないとすぐにわかり、あっという間に放り出したくなる。それがこのナンバーの人の弱点であり、集中力と応用力を高める必要がある。

コア・ナンバーの中にひとつでも「4」があると、このカルミック・レッスンの影響は弱まる。

5 のカルミック・レッスン・ナンバー

このナンバーの人は、人生でもっと冒険することがカルマによる学びとなる。生きることへの恐れを克服すること。あらゆる機会をとらえて、人生経験を積むことである。旅に出て、見慣れぬ異国の地に行き、会ったことのない人たちに出会い、新しい経験をたくさんするとよい。視野を広げ、より社交的になるよう励む。変化を受け入れ、新しい環境に適応することが求められる。頑なになり、柔軟に対応できなくなるという弱点があるので、それを克服すること。今回の人生では、信じることを学ぶ。流れに任せ、変化に対応し、そして成長すること。体験を通してひと回り大きくなることができる。

コア・ナンバーの中にひとつでも「5」があると、このカルミック・レッスンの影響は弱まる。

6 のカルミック・レッスン・ナンバー

人と真剣な約束を交わし、相手に対して責任を持つことがカルマによる学びとなる。このナンバーの人はこれらに大きな課題を抱えており、結婚といった重要な人間関係を結ぶことに苦労する。また本当の気持ちを表すことも学ばなければならない。

孤立している、自分はひとりぼっちだと感じても、このナンバーの人はなぜ自分がそう感じるかかがわからない。それは、いつまでもガードが固く、相手への愛情や思いやりを心から伝えず、うわべを装うことが多いからである。それでは人との絆は深まらない。誠実な人間関係を築くことに励まなければならない。

近しい友人を持ったり人間関係を長く続けることの大切さも学ぶ。与えること、必要なときは自分が犠牲を払うことを学ぶだろう。なぜならそれが真の友情や永遠の愛だからだ。

コア・ナンバーの中にひとつでも「6」があると、このカルミック・レッスンの影響は弱まる。

7のカルミック・レッスン・ナンバー

このナンバーの人は、分野を特定して知識を深めたり能力を高めることがカルマによる学びとなる。自分自身を磨いたり、自分の技量を鍛え上げようという意志や決意に欠けるのが、このナンバーの人の弱点である。自分の能力を思いきり伸ばすためには、非難ではなく、批判的な視点から自分を見つめることが大切である。その視点を身につければ、額面どおりにものごとを受け止めなくなる。重要な事柄についての理解が浅いと、自分が潜在的に持っている力を十分に開花させる経験ができない。

コア・ナンバーの中にひとつでも「7」があると、このカルミック・レッスンの影響は弱まる。

8のカルミック・レッスン・ナンバー

このナンバーの人は、相当な額の資金やビジネスに強い優れた人材を集めることができる。だが、たいてい資金の扱いに対する自分の不注意が原因で、財政面での大きな浮き沈みを経験する。それがこのナンバーの人の弱点であり、カルマによる学びになる。

独立心が強く、人に指図されるのが好きではない。権威のある人が非常に苦手である。その苦手意識は、自分は何でも知っていると思い、自分の限界を認めない頑固さに端を発している。

お金の扱い方を学ぶための経験をするだろう。恐らく資金集めには困らないが、砂をつかむようにお金が出ていく傾向がある。このナンバーのカルミック・レッスンは、自分の限界を知ること、自分の手元にある資金や資材の限界を知ることである。効率について考えることを学ぶ。

コア・ナンバーの中にひとつでも「８」があると、このカルミック・レッスンの影響は弱まる。

9のカルミック・レッスン・ナンバー

このナンバーの人は、慈しみの心を持ち、寛容で、理解のある人間になることがカルマによる学びとなる。人の苦労を自分のことのように思えるようになることだ。何らかのプロジェクトや大きな志を達成するために、自己中心的な野心を捨てなければならなくなる。

人生の視野を広げることを学ぶ必要がある。もっと大きな規模でものごとをとらえなくてはならない。自分に、自分自身や他の人の運命に影響を及ぼす可能性が大いにあることに、自分で気がついていない。そのため、人の役に立つための努力をせず、社会的に大きな意義のあることも行おうとしない。コミュニティーや人間社会に深く関わることができないのが、このナンバーの人の弱点である。

コア・ナンバーの中にひとつでも「９」があると、このカルミック・レッスンの影響は弱まる。

西洋社会では、最も一般的なカルミック・レッスン・ナンバーは「７」である。西洋では宗教団体の力が強いのに（もしくは力が強いために)、ひとりになる時間を持ったり瞑想を行うことで、個人レベルで精神的な悟りを得ようという呼びかけがなされない。興味深いことに、特に中国や日本などの東洋や、東欧社会では、ほとんどの名前に「７」が含まれている。

ヒドゥン・パッション・ナンバー

カルミック・レッスンの説明の中ですでに触れたが、名前に対応した数の中に２回もしくは３回以上出てくる数は、その人特有の強みや能力を表す。中でも、最も登場回数の多い数は、その人の専門分野や特に優れた才能を表している。

ヒドゥン・パッション・ナンバーの表す才能は、その才能自体に意志とパワーがあるかのように、その人の人生を形づくる。その人を突き動かし、その才能を伸ばしたい、表現したいという強い欲求を生み出す。そして、その才能を持っているために、それを表現したくなり、才能を活かす体験をしたくなり、そのような自然な欲求に従って生きていこうとする。そうして、ヒドゥン・パッションはその人の性格を形成し、その人の人生を導く。

ヒドゥン・パッション・ナンバーの出し方

名前に最も多く出てくる数を調べる。トーマス・ジョン・ハンコックという名前のヒドゥン・パッションは「1」で、4回登場し、他のどの数よりも回数が多い（カルミック・レッスン・ナンバーの出し方の説明を参照してほしい）。

ちなみに、アメリカ社会では北欧系（英語などのゲルマン系の言語）の名前が最も一般的で、「5」に対応する文字（E、N、W）が最もよく使われる。そのため「5」のヒドゥン・パッション・ナンバーを持つ人がとても多い。アメリカ人（そして北欧の人たち）にとって、自由が何よりも大切だという事実が映し出されており、とても興味深い（合衆国（U.S.A.）やアメリカ（America）という国名もエクスプレッション・ナンバーが「5」である）。

一方、ラテン系言語がベースの南欧の名前では「1」に対応した文字が最もよく使われ、特にAとSが多い。彼らの個人主義や慣習にこだわらない寛容さが見て取れる。

ヒドゥン・パッションはひとつとは限らない（159頁の図4.1を参照してほしい。このチャートはヒドゥン・パッションも示している）。

ヒドゥン・パッションは名前の文字に対応した数に基づき、1から9までの数であるため、ヒドゥン・パッションに「11」や「22」はない。

1のヒドゥン・パッション・ナンバー

このナンバーの人の長所は、人より抜きん出るのを厭わないことで、目立ちたいという強い欲求をあわせ持つ。大きな野心があり、達成したいという欲も生まれる。極めて競争心が強く、何をするにも自分が最高で一番になりたい。非常にエネルギッシュで独創的である。人に影響を及ぼすことができ、相手より優位に立って支配する能力がある。政治的な手腕にもとても長けている。高い理想がないと、相手を操作しようという誘惑に屈することがある。逆に、若い頃は特に自信をなくすときがあるが、その壁を乗り越えるだけの強さも持ち合わせている。

逆境を生きのびる人、戦士、リーダーである。偉大なスポーツ選手や政治家に、このヒドゥン・パッション・ナンバーの人が多い。「1」が多すぎると（平均的な長さの名前で6回以上）、強情、攻撃的、暴力的、さらには専制君主のような人間になる恐れがある。

2のヒドゥン・パッション・ナンバー 

このナンバーの人の強みは、とても思いやりがあり、感受性が高く、直感が鋭いことである。穏やかで心地の良い環境を求め、仲間や同僚の間に調和を生み出そうと、懸命に働く。集団で働くことが得意で、仲裁役になることが多い。内気で気弱そうな印象を与え、人は好きだが、同時に人が怖いという思いもある。騒音や粗っぽい感じが苦手である。

自分の仕事に真剣に取り組み、とても有能で、我慢強く、粘り強い。磁石のように情報を集める能力がある。組織の柱のような存在で、自然と人から頼りにされるのも、このナンバーの人の長所である。

細かな部分を心配しすぎ、ささいなことに時間を無駄にすることがある。感受性があまりに鋭く、簡単に傷つく。自分の感情に飲まれて判断力が鈍ることがある。

さらにこのナンバーの強みとして、音楽とリズムに対する感性が高く、芸術に対する審美眼がある。自分の環境に美しさを求め、大切にする。味覚も鋭く繊細である。

3のヒドゥン・パッション・ナンバー 

このナンバーの人の長所は、社交性の高さと自己表現能力である。そのため、人を楽しませたい、パーティーに行きたい、という欲求が生まれる。

とても人気者で、良き友人であるのも、このナンバーの人の強みである。さらに執筆、演技、音楽、絵画など、何らかの芸術的な才能がある。ワクワクすることが欠かせない。退屈すると空想にふけり、時には言動が大げさになる。人に大いにインスピレーションをもたらし、やる気にさせることができる。生まれながらに、魅力とカリスマ性にとても恵まれている。ただし、非常に楽天的であるため、いわゆる苔も生えない「転がる石」(訳注4－1)になる恐れがある。隣の芝生のほうが青いと人をうらやむ。

自制心を持って、自分の才能を最大限に伸ばすことが大切である。せっかくのエネルギーを四方八方にばらまいて無駄にしかねない。自分本位になり、肉体的な快楽に溺れないように用心すると、このナンバーの長所を活かすことができる。

4のヒドゥン・パッション・ナンバー

このナンバーの人の強みは、体系的に考えられること、考えが整理されていることで、達成できない目標はほとんどない。長所として、決意が固く、辛抱強く、自分を律することができる。

岩のようにしっかりとした、頼りになる人だと思われている。家族や友人から、自分を思いやり面倒を見てくれる人として、厚い信頼を寄せられる。

仕事がすべての人なので、好きでない仕事に就くと非常に不幸になり得る。細かな部分を見落とすことがない。スケジュールが守られ、決まっているのを好む。想定外が好きではない。

実践的で現実的という長所もある。また自分のコミュニティーの安全や繁栄を気にかける。

自然や、自然の法則の特徴である美しさと無駄のなさを愛している。

計画の価値や事業の実行可能性を正しく評価し、高い判断力と理解力がある。

集中力が高い。

このナンバーの人は家族と家庭をとても大切にし、それが強みになる。自分の家族を深く愛しており、彼らへの忠誠心が高く、守りたいという思いが強い。自分の名前に「４」が多い人――４回以上――や、チャート上の重要なポジションに「４」がある人は、細かな部分にこだわりす

訳注４-１　88頁の訳注2-5を参照。

ぎず、頑固、狭量、退屈な人にならないように、注意が必要である。

5のヒドゥン・パッション・ナンバー

このナンバーの人の長所は、順応性がとても高く、融通が利くことである。その能力を磨くために、旅行、変化、新しいチャレンへの欲求が生まれる。また言語能力に長けており、全般的に言葉の扱いがうまい。執筆、プロモーション、広報の仕事にぴったりの人である。自由を愛し、少し衝動的な行動を取ることができる。色気があり、感覚的な快楽を肯定できる（ただし、そのせいでトラブルに巻き込まれることがある）。

「５」が多すぎると（６回以上）、「５」の長所が強まりすぎるので、飲食、セックス、薬物に溺れないように注意するとよい。

創意工夫に秀でていて、独自性がある。ユーモアのセンスがあり、早口である。自由を求める思いがとても強く、次々と新しいことを始めることができる（ただし始めたことを続けるのは得意ではなく、早々に投げ出してしまう）。

型にはまらず伸び伸びしており、ものごとに幅広く興味を持つ。多くのことに手を出さなければ、ひとつの分野で優れた結果を出せる。

恋愛関係でも、仕事でも、真剣に取り組むとそれが自分の幸せの基盤になる。人から人へ、職から職へ転々としなければ、人との関係を深め、専門分野の知見を積むことができる。

6のヒドゥン・パッション・ナンバー

このナンバーの人には、自分にとって大切な人やコミュニティーのために尽くしたいという夢がある。ヒーラー、カウンセラー、教師としての能力に長けている。

長所として、責任感が強く、快く多くの犠牲を払う。そのありがたみがわからない人がいるため、彼らにとって都合のよい人間にならないように注意すべきである。長所を逆手に取られないように気をつけること。

理想主義者で、意見がはっきりしている。それは強みでもあるが、独善的になりがちなので注意すること。寛容で、人道主義者である。

別の強みとして、非常に良い親、配偶者になる。人に助けの手を差し伸べ、誰かが問題を抱えていれば、いくらでも話を聞く。相手に干渉しすぎないように注意すると、その強みが活きる。

7のヒドゥン・パッション・ナンバー

精神性がとても高く、直感に優れているのがこのナンバーの人の長所である。知的な人で、抽象的な概念の扱いに長けている。その長所を伸ばすために、ひとりでじっと考えたり、瞑想したり、研究したいという欲求を持つ。

同じ理由から、哲学的なことや形而上学的なことに魅かれる。とは言え、懐疑的に思う部分もあり、証明できないことにはうがった見方をすることもある。そうすることで精神性を高め、直感を磨こうとする。

ものごとを深く考え、普通とは違った理解力や洞察力を持っている。どうでもよいささいなことに時間を無駄にするのが好きではない。専門性を持とうとし、完璧主義者である。ユニークな問題解決策を思いつく。自分に興味のある分野であれば、とても説得力のある話ができる。

長所を伸ばそうとする働きが強まりすぎると、自己中心的、メランコリック、陰鬱とした人になり得る。孤独感はこのナンバーの人によく見られる課題で、「ひとりきり」と「ひとりぼっち」の違いを学ぶことがポイントになる。自然の秩序とバランスを信じること。周囲からは、人と違う人、変わった人、親しみにくい人と思われるが、いったんどんな人物かをわかってもらうと、人から愛され、尊敬される。実は愛にあふれた寛容な人で、そのような長所をあまり態度に出さないが、周りの人が幸せであるように純粋に気にかけている。

8のヒドゥン・パッション・ナンバー 

このナンバーの人が長所を伸ばそうと行動するとき、成功や唯物的な報酬を得ることが重要な動機づけになる。努力を信じており、目標志向が強い。力のある理念とビジネス上の判断力の高さで、相手を圧倒し強い印象を与えることができる。組織をまとめ統率する天性の才能があり、たいてい部下に好かれる。圧倒的な指導力と権威があるため、相手に何かを強制したり、厳しい要求をしたり、優位に立とうとしないほうが得策である。

人を見る目があり、相手の強みと弱点を不思議と感じ取る能力がある。この強みを乱用する傾向があるかもしれない。長所が行きすぎたときの自分の強欲さや冷酷さに注意する必要がある。また相手の言動や発想の背景にあるものを見抜く能力が高い。この力は、持ち前のカウンセラー的な本能と合わせて活かすと最善である。

「８」の多い名前はビジネスに向いており、実業界で成功を目指すとたくさんの支援を得られる。しかし「８」の多さが困難をもたらすこともあり、数々の試練と挫折を乗り越えなければならない。「８」が多い場合は、精神と物質の適切なバランスを取り、正しく見定めることがとても大切になる。

長所を伸ばすために、人に誇れる家族が欲しい、努力が報われた証拠のような社会的な地位を得たいという欲求を持つ。自分が手にした富と成功を自慢する傾向がある。

9のヒドゥン・パッション・ナンバー

このナンバーの人の長所は、温かく、大らかで、思いやりが深いことである。その長所を伸ばそうとする欲求から、自分が満足に暮らすためではなく、他の人のためにもなる活動を行う。そのような活動を進める能力があり、また活動を行うことに大いに幸せを感じる。

芸術的な能力にも優れている。創造性豊かな天才にはこのナンバーの人が多い。だが、その才能が抑圧されることが多く、人生の中盤や晩年になってから開花する場合もある。

洞察力を得たい、博識になりたいという欲求が強い。

感情が豊かである。筋の通ったものばかりではないため、芸術的な才能と同じように、そのような気持ちを表に出せず抑え込むことが多い。

長所を伸ばそうとする欲求が行きすぎると、夢や理想に夢中になり、現実的になれないことがある。ただし炎のような熱い思いや意欲が支援を集める。弁が立つため、その能力に救われることが多々ある。

自分のしたいことをしたいという思いに駆られて行動する。非常に独立心が強い。

西洋系の名前のヒドゥン・パッション・ナンバーは、「５」、「１」、「３」、

「９」の順で多い。この４つが最も一般的であるのは、現実的というより理想主義であることを示していて、興味深い。

サブコンシャス・セルフ・ナンバー

サブコンシャス・セルフ・ナンバーは、自分の力や能力に対する信頼感を示す。自分が持っているパワー、有能さ、突然の出来事や状況に対処する能力への自信や自信のなさを表す。また状況を的確に把握し、的確に対応する力量や、どういう行動を取りやすいかについても明らかにする。

サブコンシャス・セルフ・ナンバーは、カルミック・レッスンのチャートを見て調べる。名前には、９つの数すべてが出ていることもあれば、数がいくつか欠けていることもある。９つのうち５つしか登場しなければ少ないし、８つ出ていれば多いと言える。たとえば、自分の名前に「６」もしくは「７」が欠けているとしたら、それは「６」もしくは「７」の特性が求められる状況に直面したとき、自分には何かが欠けていると感じたり、その状況にどう的確に対処すればよいかわからない、と不安になるかもしれない。

その一方で、欠けている数以外の数は自分の名前に登場しているので、それらの数の特性が求められる状況に対しては、対処能力が十分あるはずだ。状況がよくわかると感じ、一定の自信や確信を持って対応できる。つまり、９つの数のうち８つが出ている名前の人は、５つしか出ていない人と比べて、さまざまな状況に自信を持って対応できる可能性が高いことになる。

一般的に、数が８つ出ている名前の人は、大半の状況に対応できる高い能力を持っていると言える。

ただし、９つの数すべてが出ている人が突然の出来事に遭遇すると、逆に他人事のように対応したり、極端に無頓着になる傾向がある。

サブコンシャス・セルフ・ナンバーの出し方

サブコンシャス・セルフ・ナンバーを出すには、カルミック・レッス

ンのチャートを見て、９つの数のうち、名前に表れている数が何個あるかを確認する。もしくは、９からカルミック・レッスン・ナンバーの個数を引く。それがサブコンシャス・セルフ・ナンバーである。

たとえば、トーマス・ジョン・ハンコックのカルミック・レッスンのチャートを見ると（159頁の図4.1）、彼の名前には「７」と「９」のふたつが欠けている。よって、彼のサブコンシャス・セルフ・ナンバーは、９－２＝７である。もしくは、彼の名前には７種類の数が出てくるので、この人のサブコンシャス・セルフ・ナンバーは「７」である。

サブコンシャス・セルフ・ナンバーは上部が半円を描いているドアの形で表し、ドアの中にナンバーを書き込む。

ベース・チャート

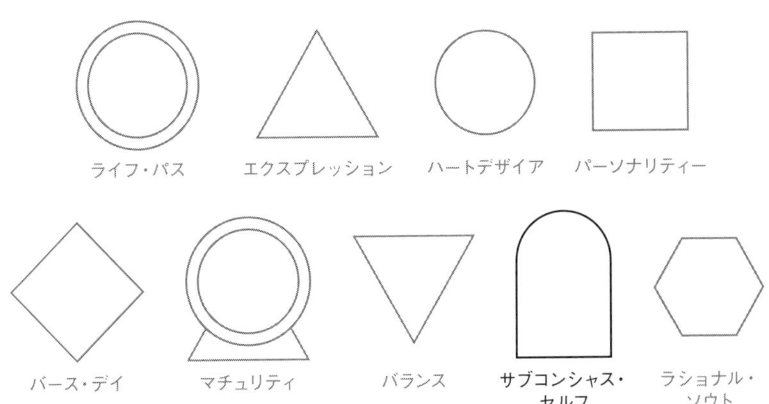

1のサブコンシャス・セルフ・ナンバー(訳注4－2)

課題や予期せぬ変化に対し、人に支援を頼むことができるとわかっていても、自分の力で立ち向かおうとする。それは、どこか「自分のやり方でやる」という頑なところがあり、自尊心の意味を誤解しているからだ。人から助けてもらっても自立した自分が損なわれることはな

訳注4-2 サブコンシャス・セルフ・ナンバーの「１」と「２」の説明は日本語版のために新たに執筆された。

い、と学ぶことが大切である。

ただ同時に、その頑なさが、ほぼ見込みのない中で大きな代償を払ってでも前進するという力にもなっている。簡単にはあきらめない、本当の意味で逆境に強い人である。

2のサブ・コンシャス・セルフ・ナンバー

予期せぬ出来事や緊急事態に対応するのに、時間をかけすぎる面がある。さまざまな意見を量って、安全でリスクのない解決法がないか探そうとするが、それでうまくいくことはほとんどない。むしろもっと不安になり、自分への疑念が高まるだけで、逆に足踏みしてしまう。

何かあったとき、もっとすばやく直感的に対応したほうがよい——状況を把握して課題を乗り越える力が自分にあると、信じることが大切である。

3のサブ・コンシャス・セルフ・ナンバー

このナンバーの人は、緊急事態に直面すると、友人や家族から助けてもらおうとする。そして自力で対処することを学ぶまで同じ目に遭う。若い頃は、自分が依存できる相手を恋人やパートナーに選ぶ。結婚相手にも、安心や保証を与えてくれる年上の人を選ぶかもしれない。自分への信頼感を育むには、ひどい鬱にならないように気をつけ、感情を揺さぶられた経験を自分の中で実体以上に膨らませないことが大切である。友人は慎重に選ぶこと。成功の鍵は、目標をはっきりさせて集中することである。そうすると自分のエネルギーをひとつの方向に絞って、素晴らしい成果を出すことができ、それが自信につながる。

4のサブ・コンシャス・セルフ・ナンバー

このナンバーの人は、些細なことにとらわれる傾向があるようだ。そのために混乱したり、優柔不断になったり、断固とした行動をすぐに取れないこともある。

自分への信頼感を育むには、自分の勘を信じ、素早く行動できるようになる必要がある。むやみに躊躇したり、先延ばしにしないこと。自分の人生にしっかりとした土台を築くと自信につながる。守るべき家族を

持ち、責任のある仕事をして収入を得る環境に身を置くとよい。

5のサブ・コンシャス・セルフ・ナンバー

このナンバーの人は、自分のエネルギーを広く分散させる傾向があり、そのせいで、自分のプロジェクトや任務をなかなか最後までやり遂げられない。そんな自分への信頼感を育むには、自制心を持ち、考えを整理して対応することだ。困った状況になると、解決しようとせず何とかして逃げようとするが、変化への対応能力が高いため、すべてを投げ出してまったく新しいことを始めても何とかなってしまう。とは言え、本当に充実した人生にできるかどうかは、地に足をつけ、責任を受け入れられるかどうかで決まる。それには家族や仕事が大いに支えになり、自信につながる。

6のサブ・コンシャス・セルフ・ナンバー

自分のことを構わなくなるほど人助けが好きで、突然の出来事があってもその姿勢は変わらない。基本的には自分の家と家族を第一に考え、それ以外はすべて二の次である。予期せぬ事態に遭遇しても、愛と他者への純粋な思いやりにあふれている。自分が悩みを抱えて苦しいときは、家族や友人を頼る。責任感が強く、人のために快く自分を後回しにする。

7のサブ・コンシャス・セルフ・ナンバー

このナンバーの人は、周囲のことに無関心で動じないように見え、どこか超然としている。実際、どんなときもバランスが取れる人で、数々の波乱を生き抜くことができ、さまざまな状況に的確に対応する能力を持っている。試練に見舞われると自分の中に閉じこもり、そこに安堵と、独創的で分析的な発想の答えを見出し、自分への信頼感を確かめる。孤高の人で、自分の気持ちをあまり人に打ち明けない。

8のサブ・コンシャス・セルフ・ナンバー

このナンバーの人は自信も能力もある。想定外の状況にてきぱき対応し、何とかして最善の結果を導くことが多い。飲み込みが早く、同じ失敗を繰り返すことがほぼない。自分が払った努力に対して見返りを求め、成功を物質的なものに結びつけたがる。いつでも頼りになる人で、ほとんどの場面で安定して力を発揮する。よほどのことがなければ、パニックになったり何かを恐れたりしない。ビジネスライクに問題に対応し、何をする必要があるかがすぐに判断できる。お金と物質的な世界への優れた理解がある。逆境を生き延びる人である。指導力と組織力がある。肉体的な苦痛にも勇気があり、頑強で、体力がある。

9のサブ・コンシャス・セルフ・ナンバー

このナンバーの人は、自意識が判断能力に大きな影響を及ぼす恐れがある。名前に９つの数がすべて出ており、あらゆるタイプの状況に対処できる能力を持っている。それなのに、状況を他人事のようにとらえ、場合によっては関心すら持たず、高慢にふるまうことがある。自分では自分のことを思いやりのある人と思っている――極めて思いやりが深いとすら思っている――かもしれないが、実際は、人から言われたことを過大解釈しているだけかもしれない。

状況を判断する能力や相手の心を読む力を活かすには、自意識過剰にならないこと、自意識に邪魔をさせないことが重要である。またこのナンバーの人は、落とし穴に警戒すべき状況で注意を怠ることがある。恋愛では、相手の思いを読み違えて、関係がうまくいかなくなる不安がある。状況の判断においても、人との関係においても、自分のことばかり考えている可能性がある。

サブコンシャス・セルフ・ナンバーの解釈には、注意が必要な面がある。原則として、サブコンシャス・セルフ・ナンバーが小さければ、厳しい人生になることを意味する。だが、その際に名前の長さを考慮する必要がある。短い名前でサブコンシャス・セルフ・ナンバーが小さい場合は、自分のエネルギーを何かひとつの能力に集めているとも解釈できる。その能力を活かすと成功する可能性が高い。長い名前でサブコンシャス・セルフ・ナンバーの数が小さい場合は、仕事に限らず人生のさまざまな面で苦しむ可能性が読み取れる。だが、そう結論づける前に必ずチャートに十分な注意を払い、他に考慮すべき点についてよく考える。

サブコンシャス・セルフ・ナンバーは間違った解釈をしやすいので、数秘術が四面四角の科学ではないことを忘れないでほしい。誤って出した結論がネガティブな内容だと、大きなダメージになる恐れがある。

バランス・ナンバー

人生で難題を突きつけられたとき、内心どのように反応するかは人それぞれである。厳しい状況から一歩引いて、じっくり考える人もいれば、心を閉ざして何も感じないようにする人もいる。感情を爆発させて、すぐにやり過ごせる人もいれば、いつまでもウジウジ考え、いい加減手放してもよいはずなのに引きずり続ける人もいる。

なぜかいつも決まった反応をしたり、同じ気持ちになったりするのは、実はとてもよくあることだ。反応に型があるのは、頭で考えたり分析した結果ではなく、今までに自分が受けてきた影響のせいである。周囲への対応や問題への対処方法として、自分を不幸にする型を壊し、より効果的な手段を新しく身につけるには、人として成熟し成長する必要がある。バランス・ナンバーは、厳しい状況や脅威を感じる状況への最善の対処法、崩れたバランスの立て直し方を示し、成長を後押ししてくれる。

バランス・ナンバーの出し方

バランス・ナンバーを出すには、フル・ネームのイニシャルに対応した数を足し、一桁になるまで計算する。バランス・ナンバーの計算では、マスター・ナンバーが出ても一桁にする。バランス・ナンバーは才能や特別な能力を示す数ではなく、ものごとに対するアプローチや姿勢を示す数なので、マスター・ナンバーは当てはまらないからだ。

トーマス・ジョン・ハンコックという名前の場合、イニシャルはＴ、Ｊ、Ｈなので、Ｔの「２」、Ｊの「１」、Ｈの「８」を足し、合計の11をさらに一桁にする。彼のバランス・ナンバーは「２」である。

ハンコック氏にとっては、以下の「２」のバランス・ナンバーの説明が、バランスが崩れた状況での最善の対処法になる。

バランス・ナンバーは逆三角形の記号で表し、逆三角形の中にナンバーを書き込む。

ベース・チャート

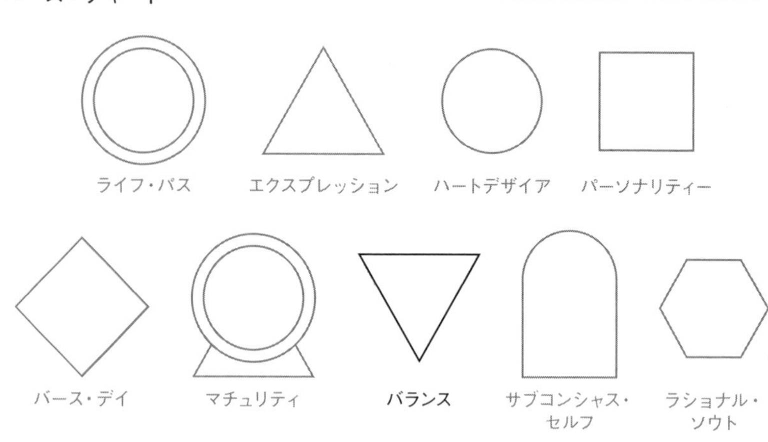

1 のバランス・ナンバー

自分自身の力を引き出しつつも、自分が抱えているトラブルをもっと積極的に家族や友人と共有するとよい。このナンバーの人は、問題に直面すると一匹狼のように自分だけで立ち向かおうとしてバランスを立て直せず、苦しい時期に孤立してしまう。人からのアドバイスに普段から心を開くこと。そうすると状況を見る視野が広がり、新しい情報を得られ、それに基づいて対処することができる。このナンバーの人には、強さとクリエイティビティーと勇気が困難に打ち勝つための武器になる。

2 のバランス・ナンバー

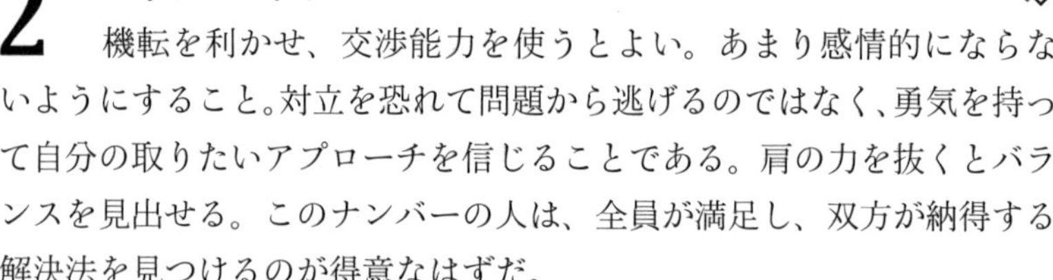

機転を利かせ、交渉能力を使うとよい。あまり感情的にならないようにすること。対立を恐れて問題から逃げるのではなく、勇気を持って自分の取りたいアプローチを信じることである。肩の力を抜くとバランスを見出せる。このナンバーの人は、全員が満足し、双方が納得する解決法を見つけるのが得意なはずだ。

またこのナンバーの人は妥協がうまい。その特徴を生かし、楽観的に、

気楽に構えること。実体以上に問題を大きくしないことである。感覚が極端に鋭いので、自分の中でバランスを取ることが大切になる。

どんな問題でも、このナンバーの人が関わった途端、偏りがなくなり、調和がもたらされる。仲裁役になるのが最善の対処法である。

3のバランス・ナンバー 

このナンバーの人は、もっと気軽に、楽観的に考えて問題に対処するとよい。双方が満足できる解決を目指して、人と力を合わせるのが最善の対処法である。とても魅力的な人なので、自分の魅力を活かして、目の前の状況に明るい雰囲気をつくること。

問題に直面すると極端に感情的になる恐れがあるので、そのような傾向を抑え、ある程度客観的になるとバランスを保てる。解決方法に対して個人的な思いを持ちすぎないようにすると、関係者全員にとって良い結果になる。

4のバランス・ナンバー 

感情的な対立に対して、冷静な視点を持ち、ゆったり構えて状況を観察するとよい。怒りをコントロールすること。自制心という自分の強みを活かすのが最善の策になる。また、視野を広げて全体を見すえ、妥協の必要性について考えるとよい。これらの視点を持つことは、相手を許し、慈しみ、深く理解するという美徳を身につけることを意味する。そのような美徳は、進むべき道を照らし、今より一段高いレベルの正義感に到達させてくれる。具体的には、対立している相手の立場に立ってみるとよい。今までの自分にはなかった視点に気づかされ、問題を新たな角度からとらえることができる。

5のバランス・ナンバー 

このナンバーの人は、問題を避けるのではなく、自分の問題に意識を集中するとよい。もめごとの辛さから逃れるために肉体的な快楽を求め、問題に向き合おうとしないところがある。食、アルコール、薬物に気をつけ、バランスを崩さないようにすること。

真剣に向き合えば、その瞬間に非常に独創的な解決策を思いつくことができる。その能力を活かすことが、このナンバーの人の最善策である。答えは十分手の届くところにあるはずだ。

6のバランス・ナンバー

このナンバーの人は、人のことを理解でき、また対立状態の根底に何があるかがわかるという強みを持っている。その長所を活かすことが、このナンバーの人の最善策である。ただし、自分が責任を持って直接問題に対処しようとせず、自分を慰めてくれる家族や友人に依存する傾向がある。問題と関係のない人のところに逃げ込んで、ほっとしたくなるが、それではバランスを立て直すことにならない。

このナンバーの人の課題は責任感である。そもそも、問題の状況を招いた原因は自分にもあるはずだ。つまり、問題の解決には自分自身も重要な役の一端を担っている。当事者のひとりという自分の立場を受け入れること。

7のバランス・ナンバー

安心できる自分だけの世界に逃げ込み、目の前の問題に対処しなくて済んでほしい、と願うところがある。だが、本来このナンバーの人は頭脳明晰で、分析能力が高い。その力を活かせば、問題の本質を見抜き、解決に向けた道のりを明確にできるはずだ。

問題が抱える感情的な面に飲み込まれると、バランスを崩し、判断が鈍ることがある。このナンバーの人の最善策は、そのような自分から目をそらさず、感情を抜きにして、落ち着いて状況に対峙することである。気持ちの壁を乗り越えたところに、自ずと答えが見つかる。

8のバランス・ナンバー

バランスの取れた形で、自分が持っている壮大なパワーを使うとよい。ただし、同じ土台に立って向き合うことが大切で、相手を操作するようなパワーの使い方をしないように注意する。このナンバーの人は、問題とその解決法に対して、自分が負うべき責任を受け入れる形でパワーを使うとよい。驚くほどの創造力を持っているので、リーダーシップを発揮して、ほとんどの問題に答えを見つけることができる。

その際、自分の考えた解決案を相手や自分が率いているグループに押しつけなければ、バランスが取れる。発想を広げて、相手の懸念や周囲からの提案をアイディアに含め、その拡大案を自分がリードして前に進めるとよい。すべての人に利益をもたらすようなパワーの使い方を学ぶことが最善策につながる。

9のバランス・ナンバー

人が抱えている心配に共感することで、自分なりの解決策を見つけることができる。このナンバーの人には、さまざまなタイプの人を理解し、非常に広い視野で状況をとらえる天賦の才がある。その才能を活かすことが最善策になる。ただし、人から距離を置いて、まるで貴族のような浮世離れした立場を取りがちな面もある。バランスを取り戻すには、人々のふつうの暮らしに触れ、現実的な解決法を見つけるとよい。与えるとは受け取ること――それを忘れないこと。

バランス・ナンバーはコア・ナンバーではないが、嵐のように感情が激しく揺れている時期には極めて重要なナンバーになる。動揺が収まらず、気持ちに飲み込まれてしまうときは、短い間ではあるが、バランス・ナンバーの影響がコア・ナンバーを凌駕するときがある。

名前のスペシャル・レター

名前の文字（レター）は、その人がこの世に生まれた日から、その人の一部を成してきた長所や短所を示す。チャートを注意深く分析し、特に名前の文字と文字が登場する順序に注目すると、どのように自分の弱点を認めて克服し、強みを存分に活かせばよいかがわかる。

名前に使われている文字は、ひとつひとつがその人の特性を表しており、そのポジションによって影響力が決まる。名前の文字の中には、特別な意味を持つスペシャル・レターがある。

たとえば、名前（出生時につけられた下の名前）の１文字目は、コーナーストーンと呼ばれる。この文字はその人の個性、特に好機や障壁への対応の仕方を表す。

下の名前の最後の文字は、自分が始めたことを最後まで終わらせるときの、その人の能力や姿勢を表す。この文字はキャップストーンという。コーナーストーンとキャップストーンの２文字から、その人がものごとをどのように始めて、どのように成功裏に完了させるかがよくわかる。

また下の名前の最初の母音を表す文字は、その人の深い内面を表す。第３章で述べたハートデザイア・ナンバーも、表に表れない部分をあらわにする。チャート上のコア・ナンバーのひとつとして、その人の重要な一面でありながら、簡単にはわからず、偶然表に表れることもない部分を示し、ふつうその部分は近しい家族や友人にしかわからない。だが名前の最初の母音からは、小さなのぞき窓のように、近しい人でなくても、その人の深い一面を垣間見ることができる。

ちなみに、出生時の名前と普段使っている名前が異なり、それぞれの名前の最初の母音も異なる場合、その人は自分の深い一面を知られたくないという思いを抱えている。

たとえば、トーマス（Thomas）という名前の最初の母音の文字はｏである。ふだん使っている名前はトム（Tom）で、どちらも最初の母音が同じｏであるため、初めて彼に会う人でも、ｏという小さな窓から彼の深い一面をのぞき見ることができる。

一方、アルバート（Albert、最初の母音はＡ）は、いつもバート（Bert、最初の母音はｅ）と名乗っているので、相手には彼の本当の最初の母音がわからない。彼のハートデザイアを調べると繊細な人であることがわかるのだが、そのハートデザイアが示す傷つきやすさ以上に、最初の母音が異なることから、彼が自分を守ろうとする人であることがわかる。彼の出生時の名前がアルバートだと知っている人だけが、「A」という小さな窓からバートの心の中を覗き知ることができる。

以下に、アルファベットの各文字の一般的な意味を説明する。ただし、189 頁の図 4.2 に示したエクスプレッションの４つの面のチャートを見て、その文字がどこにあるかを考え合わせて、解釈してほしい。エクスプレッションの４つの面のチャートについては、本章の後半で詳しく述べる。

Aのスペシャル・レター

大志があり、独立心があり、意欲にあふれている。簡単に影響されない。率直で、意見をはっきり言うことが多い。自分が指揮を執っていたい。意志が強く、決意も固く、目的がはっきりしている。勇敢で大胆だが、頑固で強情なところもある。もう少し柔軟になり、人の話を前向きに聞くとよい。

Bのスペシャル・レター

感情が豊かで、繊細で、少し内気である。親しみやすく、相手への理解を示す。平穏と調和をとても大切にする。自分の信念を曲げず、役に立たない古い考えに固執することがよくある。時代の流れと共に変わることを学び、自立して自分なりの考えを持つことが大切である。

Cのスペシャル・レター

直感的で、また自分の感情を表に出す。自己表現がうまく、ユーモアのセンスが鋭い。人を元気にし、陽気で、大げさなところがあり、時に奔放である。話し好きで、伸び伸びしていて、快活で、楽天的である。ただし、取り散らかっていて、意識が散漫であることも多い。

Dのスペシャル・レター

堅実で、実践的で、効率的で、整然と、体系的にものごとをとらえる。抜け目がなく、決意が固い。集中力があるので、さまざまな困難を克服できる。生来の威厳がある人だが、頑固で柔軟性に欠けることがある。

Eのスペシャル・レター

大いに自由を求めている。色を好み、情熱的であるため、恐らく結婚は一度ではない。人づき合いや娯楽を大いに楽しむ。鋭いところがあり、簡単には騙されない。独自性があり、多才な人である。また、さまざまな視点から状況をとらえることができる。自制心を身につけることが大切である。

Fのスペシャル・レター

責任感が強く、自分を後回しにするところがある。愛ともてなしの心にあふれ、気さくである。心の温かい、とても情熱的な人である。人の痛みがわかり、深い思いやりがある。人助けを惜しまないが、他人の人生に干渉しすぎないよう注意が必要である。物思いに沈むと鬱状態のまま何もしない傾向があるので、気をつけること。

Gのスペシャル・レター

ものごとをじっくり考え、意志が強く、決断力がある。理念や想像力は富を生む可能性を秘めている。几帳面で、自制心があり、ものごとを整理して考える人だが、チャンスと見れば素早く行動する。透視能力があるのではと思うほどである。

Hのスペシャル・レター

独創的で独自性がある。たくさん稼いでたくさん使い、長い目で見れば経済的に豊かになれる。独立心があり、自分の判断でものごとを決めるので、一匹狼になることが時々ある。最大の敵は、猜疑心や自分を疑うことである。自然の中で過ごす時間が欠かせない。そうすることで本来の自分を取り戻し、改めて方向性を確かめ、ものごとをクリアに考えられるようになる。

Iのスペシャル・レター

思いやりと理解がある。芸術的で、味覚が鋭い。バランスを崩したり安定した土台がないと、神経が張りつめたり、事故に遭いやすくなる。極端から極端に走らないように気をつけ、バランスを心がけるとよい。

Jのスペシャル・レター

ジャスティス（justice）、正義の「J」である。正直で、律儀で、信頼でき、誠実である。人々の暮らしをもっと良くしたいと思っている。皆を喜ばせようとしてがんばりすぎるかもしれない。聡明で才気がある。ただし、才能を活かすために自分のやる気を保つ努力が必要となる。

Kのスペシャル・レター

アルファベットの11番目の文字である。「K」の人のキーワードは、啓示、直感、悟りである。感情が豊かで、創造性にあふれ、成功したいという強い意欲がある。抗いがたい力を発揮することがあり、多面性がある。「K」は理想的な文字だが、ひどく神経質な文字でもある。神経不安、恐れ、ためらいといったネガティブな側面がある。

Lのスペシャル・レター

体験したことを理詰めで分析しようとして、対応に時間がかかったり決断できないことがある。正直で、誠実な人である。与えることを厭わず、基本的に善意にあふれている。頻繁に引っ越しをし、よく旅に出る。気持ちのストレスを抱えていると、ちょっとした事故に遭いやすい。人生のあらゆる面の均衡を保つことが非常に大切である。

Mのスペシャル・レター

エネルギッシュで、よく働き、少し仕事中毒のところがある。てきぱきしていて、疲れを知らない。体力のある人が多い。家庭的で、経済的な保証が欲しいと思っている。我慢強く、つらいことにも耐えられる。人に対しても寛容になり、我慢できるようになるとさらによい。

Nのスペシャル・レター

直感的で、独創的で、独特で、型にはまらない。自分の意見がしっかりあり、かなり議論を重ねてからでないと、考えを変えない。日記をつけるなど、何があったかを書き残しておくのが好きだ。性欲が強く、生涯を通して多くの恋愛をする。

Oのスペシャル・レター

意志の力、宗教的な信念、そして高い倫理観がベースとしてある。新しいことに取り組むときは、辛抱強く、徹底的に準備する。規則や規制を尊重する。感情的な人なので、嫉妬に苛まれないように注意が必要である。またいつまでも落ち込んだり空想にふけったりする傾向がある。

Pのスペシャル・レター

賢く、幅広い知識を持っている。第一印象が強く、相手の心に残る。相手とあまり仲良くならず、極端なほどの秘密主義を取り、人と距離を置きたいと思っている。常識も分別もあるが、我慢が足りないことが多い。物に執着しすぎるところがある。また自分の時間をあまり人のために使わない。

Qのスペシャル・レター

お金を引き寄せる文字だが、一貫性がなく、不安定で、突然お金がなくなることもある。天性の威厳があり、人への影響力を持っている。だが、なかなか人に理解されず、謎に満ちた人という印象を与えるため、噂話の的になりやすい。人前で話すのがうまく、話してみればストレートで遠慮がない。ただしネガティブな面として、話が退屈だったり、相手のことを考えずに話し続けることがある。

Rのスペシャル・レター

優しく、親切で、快く人に助けを差し伸べる。だがとても感情的で、強烈なパワーを内に秘めている。いつも生き生きとしていて、よく働く。バランスを保ち、穏やかな心でいるようにするとよい。あまり批判的にならず、鷹揚に構えることが大切である。また大義のために尽くし、自分の時間とエネルギーを捧げたいと思っている。よく物をなくす。あまり記憶力がよくない。

Sのスペシャル・レター

チャーミングで、カリスマ性があり、温かく、献身的である。気分屋なところがあるが、悲しい子ども時代を過ごしたせいかもしれない。激しい人で、極端な反応をする可能性がある。衝動的になる瞬間も多いので、ゆっくり考えて決めること、自分の気持ちをていねいに整理することが大切である。たくさんの情熱と愛情を秘めており、感情の起伏が激しい。

Tのスペシャル・レター

ダイナミックで、いつもせわしなく多忙な日々を送る。時々ペースを落として、ゆったりすべきである。自分の世界をどこまでも大きく広げたいと思っている。極端に過保護になって人を守ろうとする。また自分が真剣に取り組んでいることや、恋人のことになると、けんか腰になることがある。普段は妥当な判断能力や倫理観があるが、敏感すぎたり、あっさり傷つくことも少なからずあり、そのせいで判断が鈍る恐れがある。

Uのスペシャル・レター

特にお金に関して積み上げたものを失う経験をする。原因の根幹は、優柔不断やわがままである。もっとすばやく状況を判断し、その状況にエネルギーを注ぎ、真剣に向き合うこと。豊かな想像力と直感力があり、頭が切れる。鋭い勘を使って、ちょうど良いタイミングでぴったりの場に登場する。運の良い人！　人を惹きつけるチャーミングな人で、艶やかさもある。

Vのスペシャル・レター 

直感が鋭く、洞察に優れている。預言者のようにたくさんのインスピレーションを受けるが、想像力も同じように高いため、客観性を保てない可能性がある。発想が大きく、大きな計画を立て、それを顕現させる能力もある。効率を重視しており、結果を出したいと思っている。エキセントリックになりすぎると、良いほうに向かわない。誠実で、忠実で、頼りになるが、何をするかわからないところもある。恋愛関係や異性のことになると、特に所有欲が強い。

Wのスペシャル・レター 

直感、決断、強い目的意識がトレードマークのような人である。さまざまな活動に関わっていたい。変化が不可欠で、人と知り合うのが好きである。カリスマ性があり、一緒にいると刺激になる人である。自己表現に優れ、とても独創的である。だが、先延ばしにしたり、手を抜いたりする傾向がある。底の浅いところがある。

Xのスペシャル・レター

とてもセクシーで、芸術的で、反応が早く、察しがよい。飲み込みが早い。ワクワクすることが大好きなので、性行為に溺れすぎないように注意したほうがよい。また、気むずかしく、中毒になりやすい性格である。

Yのスペシャル・レター

自由を愛している。制限や制約を非常に嫌う。大志を抱いており、勇敢で、自立している。上品で、粋な人柄である。しかし、二の足を踏むことが多く、なかなか決められずにいる。直感力があり、知覚がとても鋭い。

Zのスペシャル・レター

楽観的でダイナミックである。ものごとの明るい面に目を向ける傾向がある。期待値が高いが、常識もある。理解があり、慈しみの心があり、親切である。頭が切れ、必要なときは素早く反応する。身体的にも精神的にも反射神経が良い。知恵があり、対立関係にある人たちの仲裁役になれる。衝動的な行動や、我慢の足りない行動を取らないように自分を律すること。頑固になることがある。

文字についての説明をよく読んだら、紙に大きな字で名前を書き、ひとつひとつの文字と文字のポジションについて考察するとよい。この方法で、驚くほど多くの洞察が得られるだろう。

エクスプレッションの4つの面

人の経験には４つの面がある。肉体で経験する物質面、知的能力によって経験する思考面、さまざまな気持ちを味わう感情面、そして直感を使う直感面である。それぞれの面にそれぞれの手段があり、人は異なる手段を使って情報をキャッチする。肉体を通して、触り、味わい、心地よさや痛みを感じて、物質の世界を経験する。思考体を通して、感情や直感と同じように見えない世界を知覚し、思考の世界を経験する。

心は、感情の世界にひたって、感情を存分に経験する。人の気持ちは、その人自身や他者について多くのことを教えてくれる。そして最後に、人には直感という高次の領域と直接つながる力がある。直感による洞察はひらめきとして訪れる。ひらめきに合理性はなく――合理的な考えは思考面に属す――まるで心の扉の足元にそっと置かれたかのように、ひらめきがそこにあるのを人は経験する。直感は何かを知覚しようとがんばる過程をすべて飛び越えて訪れる。

誰にも必ず、この４つの面の能力があり、４つの面で自己のエクスプレッション、つまり自己の表現をしている。だが、たいていの場合、各面の知識に偏りがあり、４つのうちのひとつかふたつに依存していることが多い。体感の鋭い人もいれば、あらゆることで気持ちを大切にする人、ほとんどすべて頭で考える人もいるだろう。数秘術を使うと、その人その人の４つの面の働きについて示唆が得られる。

アルファベットの文字も、この物質、思考、感情、直感という４つに分類される。名前を記す文字をこの４つに分けて、どのような比率になっているかを見ると、その人がどの面の自己表現に強く、どの面が弱いかがよくわかる。４つの面の分布を見ると、その人の才能や能力を理解する上で非常に役に立つ。

アルファベットの文字には、さらに創造、変動（揺れ）、着地（実践）[訳注４－３]という別のフェーズ分けもある。

アルファベットの各文字がどの面のどのフェーズに属すかを次頁の表に示した。

訳注４-３ 各フェーズについて著者に説明を求めたところ、以下の回答を得た。
「創造」フェーズの文字は、柔軟な心でアイディアを思いついたり、ものを生み出す能力を示し、遊び心のある考え方をして、ルールにあまり縛られず、型にはまらない。「変動」は「創造」から「着地」への移行で、両者の資質を持ち合わせている。「着地」は従来型の実践的な発想を示し、確立されたルールや期待をしっかり守る。それほど柔軟ではなく遊び心もないが、信頼でき頼りになる。

	創造フェーズ	変動フェーズ	着地フェーズ
物質面	E	W	D M
思考面	A	H J N P	G L
感情面	I O R Z	B S T X	
直感面	K	F Q U Y	C V

注：感情面の着地フェーズに属す文字がひとつもない点に注目してほしい。(訳注4－4)

エクスプレッションの４面チャートは、数秘術において最も複雑なシステムのひとつだが、このシステムをよく理解すると洞察がさらに深まり、とても有益である。

エクスプレッションの４つの面の調べ方

エクスプレッションの４つの面を調べるには、まず図 4.2 の枠だけを書き写し、名前を構成する文字をそれぞれの文字の属す欄に書き込む。そして、横の列ごとに文字が何個あるかを数え、どの列の文字が多いか、すなわち、どの面が強いかを確認する。

次に、それぞれの文字に対応する数を欄ごとに足し算し、一桁になるまで計算する。次にその一桁の数を横の列ごと、縦の列ごとに合計し、一桁になるまで計算する。

マスター・ナンバーの「11」は一桁にしない。だが、「22」のマスター・ナンバーは非常に稀であることと、「22」の属性がエクスプレッションの４つの面の概念になじまないことから、合計の数価では一桁にして「４」にする。ここでも参考までに、トーマス・ジョン・ハンコック（Thomas John Hancock）を例に説明する。

訳注４-４ 理由について著者に説明を求めたところ、以下の回答を得た。
地に足がついていながら、同時に感情的である、という状態はありえない。互いに逆の意味を持ち、互いに打ち消し合うものだからだ。そのため、地に足がついていながら感情的、という文字もない。

	創造フェーズ		変動フェーズ		着地フェーズ		合計
	文字 対応する数	個数 数価	文字 対応する数	個数 数価	文字 対応する数	個数 数価	個数 数価
物質面					M 4	1個 「4」	1個 「4」
思考面	A A 1 1	2個 「2」	H J H N H N 8 1 8 5 8 5	6個 「8」			8個 「1」
感情面	O O O 6 6 6	3個 「9」	T S 2 1	2個 「3」			5個 「3」
直感面	K 2	1個 「2」			C C 3 3	2個 「6」	3個 「8」
合計 個数 数価		6個 「4」		8個 「11」		3個 「1」	17個 (訳注4－5)「7」

図 4.2　エクスプレッションの４面チャート

トーマス・ジョン・ハンコックのエクスプレッションの４つの面を詳しく見ていこう。彼のチャートを考察すると、次のような結論になる。

まず創造フェーズから見ていこう。トムは現実的というより創造性の豊かな人だが、実用性のある創造力を持っている。余計な飾りのない、機能的な創造力である（創造フェーズ全体で数価が「４」）。

自分で実際に手を動かすことが好きで、音楽や執筆のようなものより、目に見えるものに創造力を発揮する（創造フェーズに文字が６個）。

次に、変動フェーズに全部で文字が８個あり、自分の行動の財政面を気にかけることを示している。衝動的にならず、時間をかけてものごとを決める。彼はもっと自分を信じて直感で状況を理解し（変動フェーズ全体の数価が「11」）、もう少し大胆になるとうまくいく。いつまでも待って機会を逃すより、訪れたチャンスをつかむほうがよい。

舌先三寸の販売員に利用されがちだが（変動フェーズに文字が８個）、

訳注４-５第３章で説明したエクスプレッション・ナンバーである。

そのような場面では自分の感覚を信じるべきである。何か変だと感じたら、恐らくその感覚は正しい（「11」は大きな財産である）。

最後に着地フェーズを見ると、物質面の「M」と直感面のふたつの「C」が組み合わされており、変化や出来事に冷静かつ現実的に対応する人だと考えられる。普通の人よりも直感を使って状況を正確かつ深く理解する。その直感的理解を信じると、何が起こっても自分に有利になるように対応できる。(訳注4－6)

次に４つの面をひとつひとつ考察する。直感面については、ここに文字が３個あることから、直感が強く（彼の名前くらいの長さなら平均ひとつかふたつ）、癒しやカウンセリングの分野の才能があり、実践的で結果志向のアプローチを取ることを示している（「K」の数価の「２」とふたつの「C」の数価の合計「６」を足して「８」）。

感情面では、トムが想像を膨らませて時々動揺するかもしれないが（この面の創造フェーズに文字が３個）、身内や友人（「６」に対応する「O」が３個）、そして広く一般の人々（３つの「O」の数価の合計が「９」）が健やかで幸福であるかに高い関心がある。だが深刻に考えて心配しているのではなく、楽天的で、自分に何かできることがあったら嬉しいという前向きな思いがある（この面の変動フェーズの文字の数価の合計が「３」）。人を守りたいという気持ちがあり（「T」）、柔軟に考えている（「S」）(訳注4－7)

感情面の文字が５個なのに対し、思考面には文字が８個あり、トムは、自分の体験を頭で考える傾向がとても強いことを示している。ただしアドバイスや慰めを求められれば、相手のことを思って自分の考えを伝えたいと思う人である（感情面に全部で文字が５個、数価の合計が「３」）。そのような場面では、ウィットを交えて、相手の問題をうまく解決するような、独創的なアプローチを提案する。と同時に、自分にあまり関心

訳注４-６着地フェーズの解釈は日本語版のために新たに書き下ろされた。

訳注４-７「S」の解釈について著者に説明を求めたところ、以下の回答を得た。

「S」が対応する「１」は意志の強さや意欲を意味し、原則として人からの要求や期待に屈することを好まない。だが文字にはそれぞれ多少の個性があり、感情面の変動フェーズの「S」は柔軟性を示す。ただし、そのフレキシビリティーは「１」が表す意志の強さや野心を弱めるものではない。しなやかなカーブを描く「S」の形にも、その柔軟性が表れている。

のないことだと、心から関わることはない（５個と「３」の組み合わせであるため）。

思考面については、トムの文字の多くがこの面にあることから、基本的に知的思考の強い人だと言える。ただし周囲に遠慮するあまり、それほど決断力がない（この面の変動フェーズに文字が６個）。彼の能力は思考力に大きく偏っており、常にどんな成果が得られるかを意識している（思考面に文字が全部で８個）。

頑固な人で、あまり人にアドバイスを求めない。議論の場では強い存在感を放ち、その場を仕切ってしまうこともある。独創的なアイディアを却下するときがあるが（この面の創造フェーズに「A」が２個）、それは彼自身がアイディアの現実性に確信を持てないためで、そのせいで創造力や独自性を十分に活かせなくなる。本当は独創的な変わったアイディアを発表したいと思っているが、ふざけた発想だと思われることを恐れ、その欲求を抑え込んでしまう（この面の創造フェーズの数価が「２」）

最後に物質面を見ると、この面の活動に関心がないことがわかる。トムは特にスポーツ好きでもアウトドア派でもない。だががっしりした体型で、肉体的には下半身が強い（この面に「M」があり、数価は「４」）

文字通り地に足がついていると安心し、それ以外はほぼ信用していない。空を飛ぶのは性に合わず、水泳や舟遊びは楽しいと思わない（同じく「４」）。ひとり歩きを楽しむ（この面に文字が１個）。体力任せにする傾向があり、体調が悪くてもなかなか医者に行かないかもしれない（同じく１個）。

エクスプレッションの４面チャートは情報の宝庫である。上述の分析は一例にすぎない。個々の文字の性格については、第６章のトランジットの項目を読んで、さらに理解を深めてほしい。また文字の個数だけでなく、個数に対応した数価も忘れずに考慮する。

以下に、エクスプレッションの４つの面について、それぞれの合計の数価の意味を説明する。

物質面の意味

物質面に文字が多い場合、出来事や状況に対して、実践的で唯物的なアプローチを取る人であること、また直接、物理的な形で、積極的に関わりたい、自分も「何かしたい」と思う人であることを示す。

スポーツが好きで、体つきから運動が得意な人だとわかる。体を動かすことが好きである。触覚が鋭く、触ることで物を理解する。料理、園芸、建設関係の才能があり、体をたくさん動かすことが必要な職業に向いている。

物質面の文字の数価の合計について、以下にひとつずつ説明する。

1の物質面

周りを元気にするような活動的な人で、ビジネスの場でも、それ以外の分野でも、大胆ではっきりしている。好き嫌いが明確で、自分の考えに従って生きる。

ウィットに富んだ魅力的な人だが、飽きっぽい。よく働き、意志が固く、目標志向である。意欲と挑戦心を両輪にして生きており、どちらが欠けても退屈し、興味を失う。炎のような人で、しばらく明るく燃え上がると、ワクワクし続けるために別のことを始める。

2の物質面

とても繊細な人で、一生を通して、気弱さや自信のなさに悩む時期がある。自分ではあまり体が丈夫でないと思うかもしれないが、極めて強靭である。長所は持続力で、粛々と努力を重ねることができる。

心配性気味で、発作的に恐れに苛まれる。原因は、自分自身のパワーへの自信が足りないことである。

情報集めがうまく、細かな部分まで見逃さない。

ある程度自分に自信が持てるようになると、身のこなしに自然な上品さとリズム感が生まれる。

3の物質面

自分でも認めるかどうかはともかく、とても魅力的な人である。

輝くような何かを持っているので、その魅力を育むべきである。カリスマ性を秘めている。

チャーミングでウィットのセンスがある。自分の気持ちをうまく表現できる。感情的な人だが、あくまで相手が快く思う言い方で自分の気持ちを表すことが多い。そういう意味では、自分の本当の気持ちを抑え込む傾向がある。

とても芸術的で、想像力に富み、大げさである。自己表現に華がある。一生懸命働くのは嫌いで、自制心を身につける必要がある。楽しいことが好きで、人の集まる場では、盛り上げ役の楽しい存在である。

4の物質面

エネルギーに満ちあふれた、決断力のある人。飛び抜けて実践的かつ組織的である。細かな部分にも手間を惜しまず、決まった仕事をひたすら繰り返すこともできる。

抜群の集中力があり、とても真面目である。行く手を遮られたり対立が起こったりしても、粘り強く対応できる。

忠誠心が高く、誠実で、温かく、寛容である。変化が嫌いで、頑なになり、柔軟になれないことがある。ディベートに強い。人より優位に立ちたい、自分がその場を仕切りたいという欲求をコントロールすることが必要である。

伝統や決まったやり方を大切にする。

5の物質面

生まれながらに強健である。多才で、創意工夫がうまい。体が柔らかく、反応が早い。変化、旅行、初めての人に会うのが楽しい。アイディアを売り込む才能がある。

新しいこと、ワクワクすることに魅かれる。自分で体験することで知識や理解を得ようとする。

ユニークで革新的な人生を歩もうとし、従来のやり方や伝統的な方法を取らないようにする。

話題が豊富である。話し上手で、良い商品だと思えるものなら優れたセールスパーソンになる。

6の物質面

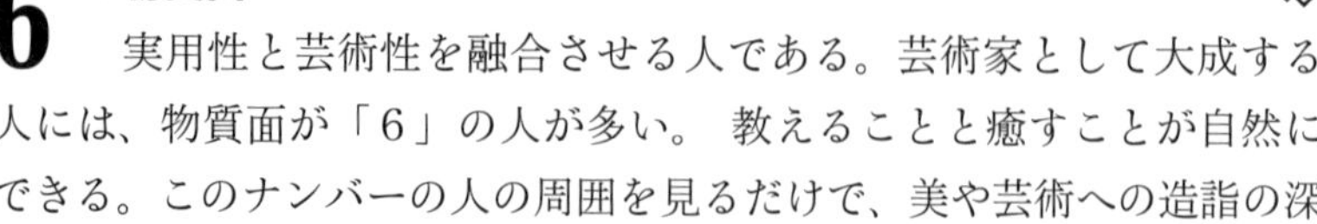

実用性と芸術性を融合させる人である。芸術家として大成する人には、物質面が「6」の人が多い。教えることと癒すことが自然にできる。このナンバーの人の周囲を見るだけで、美や芸術への造詣の深さがわかる。

素晴らしい結婚相手である。子育てから大いに充実感を得る。同じように、出会う人すべてに優しく接し、そうすることで自分が満たされる。

愛にあふれ、感情の豊かな人。人の生活に強い好奇心を持つため、どこまでが親切でどこからが干渉かの線引きを誤ると、トラブルになる恐れがある。

理想主義者で、想像力が豊かである。

7の物質面

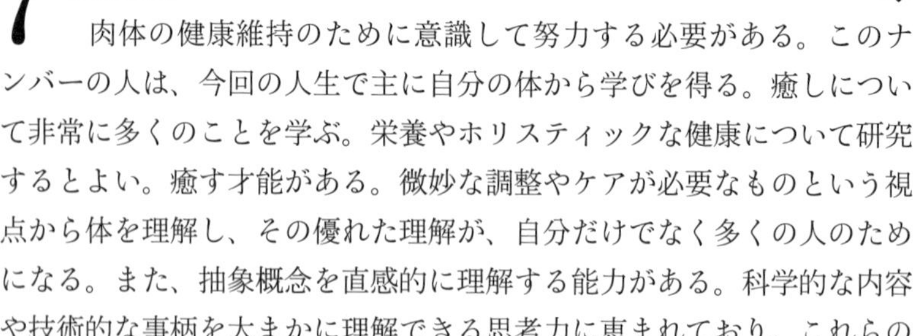

肉体の健康維持のために意識して努力する必要がある。このナンバーの人は、今回の人生で主に自分の体から学びを得る。癒しについて非常に多くのことを学ぶ。栄養やホリスティックな健康について研究するとよい。癒す才能がある。微妙な調整やケアが必要なものという視点から体を理解し、その優れた理解が、自分だけでなく多くの人のためになる。また、抽象概念を直感的に理解する能力がある。科学的な内容や技術的な事柄を大まかに理解できる思考力に恵まれており、これらの分野で傑出した成果を出せるかもしれない。

静かな場所だと最も実力を発揮できる。心を落ち着け、深く静かに考える時間を必要とする。何かひとつの分野を極めるとよい。完璧主義者で、すべてにおいて表面的な受け取り方をしない。掘り下げ、調べ上げ、人生の疑問に、より深い答えを見出そうとする。

自己コントロールができ、凛とした品格がある。引きこもりすぎないように注意すること。

8の物質面

非常に野心的で、リーダーや管理職としての優れた才能がある。負けん気が強く、何でも一番にならなければ気が済まない。正義感が強く、自分が手にして当然だと思うものを手に入れるために、猛然と戦う。

物質面がこのナンバーの人のほとんどは、強健でパワフルな体をしており、印象的でしっかりした声の人が多い。

ビジョンを持ち、進みたい方向性があり、夢を実現するために懸命に働く。自分にも傷つきやすい一面があることに、無理矢理見せられるまで自分では気づかない。

このナンバーの人にとって、お金と権力は人生に欠かすことのできない重要なものである。

物質的な価値と精神的な価値のバランスを見出すことが課題になる。

自分の地位を意識しており、その意識が時々過剰になって、自分の功績を誇示せずにはいられなくなる。

多くの人から、尽力、実績、ビジョン、成功に対する敬意を集め、賞賛される。経済的に成功し、安定した晩年を送る可能性が高い。

9の物質面 

存在感がある。カリスマ的で、強烈な華やかさを持った人なので、演劇の世界に進むかもしれない。

また政治、出版、販促、公共サービスなど、大勢の人を相手にする仕事に魅かれる。大きな規模で行うものに魅力を感じる。

人道主義者である。世の中が健やかで幸せであるかに関心がある。深い慈しみの心を持ち、懐が極めて深く、惜しみない寛容さがある。

非常に理想主義的で、夢見がちなところもあり、現実的とは言えない。往々にして人に理解されず、こちらに無関心な人、よそよそしい人と思われることもある。

ある意味、すべての人を喜ばせたいと思っており、守れる保証のない約束をしようとする。自分の能力を伸ばすことができれば、有名になる可能性が大きい。

11の物質面 

ピリピリとしたエネルギーに満ちた、カリスマ的な人である。独自の発想や鋭い洞察が、多くの人にインスピレーションを与える。このような長所を持ちながら、実は神経系や体質が繊細である。

さまざまな学びを得る中で、自分の肉体から多くのことを学ぶ。どうしたら強くたくましくなれるか、どうしたらその強さを維持できるかを考えながら、自分の体を大切にすること。繊細な体であるため、適切な食事を摂り、適度に運動し、自分に合うストレス対処法を見つける必要がある。

直感が鋭く、突然何かをひらめく。自分の信念を信じて、創意に富んだ考え方を自らの指針として進めばよい。

22の物質面

「４」に似ているが、自分がどこまでできるかを、ただ自分に証明したいという欲求が強い。偉業を達成する大きな可能性を秘めているが、その力を発揮しようとして、自分の力の大きさの前で逆に何もできなくなり、失敗するかもしれないという恐れを持つ。またこのナンバーの人は、誰かの背中をそっと押し、その人に脚光が当たるよう支えることができる。

思考面の意味

思考面に文字が多い場合、出来事や状況に対して、頭で考えて取り組む人であることを示す。考え、分析し、自分の取る立場を決め、何が最善かを考えて、対応する。

探求心が強く、ものごとの意味を深く掘り下げて考える。紙に書かずに、アイディアをビジュアルとして具体的に思い浮かべ、現実的な問題解決策を考え出す。

思考面の文字の数価の合計について、以下にひとつずつ説明する。

1の思考面

頭の回転が速く、発想が鋭く、革新的で優れたアイディアをぱっとひらめく。瞬間的に情報を記憶して、すばやく処理することができるが、その情報をいつまでも覚えているわけではない。具体的な目標に対してすばやく情報を使い、自分に必要なこととの関連がなくなると、すぐに消去する。

人に知れ渡るほど飲み込みが早い。まるで掃除機のように情報を吸収する。言語能力にも長けている可能性がある。

極めて独自性に富んだ人である。最前線に立って、革新的な方法でものごとを進めるのが大好きで、まったく新しい世界を開拓する。

ウィットに富んだ魅力的な人だが、飽きっぽい。

2の思考面

記憶力が良く、たくさんの情報や知識を蓄積できる。人が考えていることや自分の気持ちにとても敏感なため、ものごとをクリアに考えようとすると、その敏感さが影響を及ぼす。感受性の強さから、直接的な対立を避けようとし、相手の求めることを必死に推しはかって合わせようとする。その飛び抜けた柔軟性は天性の才能ではあるが、政治や社会情勢に対しては勢いのあるほうになびき、カメレオンのように変わり続ける。

3の思考面

飛び抜けて芸術的、独創的、そして派手である。ファッション、インテリア、建築デザインの分野に適性がある。オフィスの空間デザインや景観設計の才能がある。

思考の働きにまとまりがなく、バラバラな考えが浮かんでは消える。自制心と集中力を発達させる必要がある。

4の思考面

細かな部分に目を行き届かせ、しっかり計画を立てる。良心的で、現実的である。細かな部分に気を取られて、ものごとの全体像を見失うことがある。

もっと人に対して気を配り、それぞれの人が自分の基準で生きる自由を認める――特に家族に対して認めること。相手の幸せを願う気持ちからではあるが、その人のことを心配しているときは特に高圧的になり得る。

5の思考面

俊敏で、とても融通の利く思考力を持つ。大量の情報をあっという間に吸収し、大事なポイントは忘れない。

決まりきったやり方の繰り返しが耐えられず、延々と特定のパターンに合わせることを強制されると反抗する。同時に複数のことに関わることを好む。ダイナミックで創意工夫に富む。

6の思考面 

詩人、作家、もしくは役者的な思考をし、芸術的な視点で人生をとらえる。教えることや癒すことに長け、自然にできる。

多くの責任を担い、実際とても頼りになる。自分の義務を果たす。この人の周りを見ただけで、美と芸術への造詣の深さがわかる。

責任感を持って現実的な行動を取るため、ビジネスで成功する可能性が極めて高い。

7の思考面 

勉強熱心な、学者肌の人である。特定の分野を極める天才タイプと言えるかもしれない。自分が重要だと思うことに、表面的な理解しかないことが耐えられず、ひとつのテーマを深く研究する。

徹底的にどこまでも細かく分析する。ものごとの仕組み、内側の働きを知りたいという欲求に動かされる。自分が考えていることに気を取られ、気持ちが荒れているときは特に自分の世界にひきこもりがちである。

自分にも人にも極めて批判的になり得る。秘密や欠点をはっきりさせようという視点から、相手の性格を分析する。暗い部分が人間の根本だと言わんばかりで、闇の側面に目を向けすぎる。もっと思考力を建設的に使い、信頼を得ることが課題になる。

極めて直感が鋭く、それがとても役に立つ。

8の思考面 

ビジネスの才能に優れる。大企業のような大きな組織を率いることができる。大きな共通の目標に向かって、人をどう組織し指揮すればよいかを心得ている。

大きな野心を持ち、競争心が強い。自分のアイデンティティと自尊心にとって、お金と権力が不可欠である。

高慢になったり、行きすぎた優越感を抱かないように注意すること。横柄になる恐れがある。

自分にも人にも要求が厳しい。あらゆることに最上を求め、最高でなければ認めない。

9の思考面

自然にスケールの大きな取り組みに思考が向かう。社会全体の幸福に関心があり、視点が長期的である。

深い思いやりの心を持っているが、人との関係においては、どこか客観的で冷めたところがある。親しくなるのに時間がかかりそうな人だと思われる。ただ同時に、大義には私心を捨ててエネルギーを注ぎ、その真摯な姿勢に多くの人々から尊敬を集める。

ロマンチックで、少しだけ大げさなところもある。公共サービスに魅力を感じ、また後援者、役者もしくは作家として演劇に関わることに魅かれる可能性が高い。

広い視野で人間をとらえ、さまざまな職業の人とうまく付き合える。先入観がほとんどない。

11の思考面

ビリビリとしたエネルギーに満ちている。独創的で、直感的で、極めてインスピレーション豊かである。必ずしも合理的、論理的な思考ではない。長所は、新しいアイディア、新鮮な視点で何かを見抜くこと、型にはまらない問題解決法など、まったく新しいものを考え出す力である。

極めて感受性が強く、批判への対応が苦手である。自分が脅威を感じない言い方であれば、誰からの発言にもオープンになれる。また自分がつらく感じるとしても、あらゆる状況において真実を求める。

カリスマ性があり、あらゆる分野で面白いアイディアを思いつく。そのため異性からモテる。自分なりのスタイルがあり、人への接し方に一定の品格がある。

22 の思考面

前述の「４」の側面をすべて持っている。加えて、輝くような理念を掲げ、計画を立て、実行する能力がある。だがマスター・ナンバーのひとつであるため、まずは周囲の期待や承認によって生じる恐怖心に打ち勝つ必要があり、潜在的な力を引き出すことがとても難しい。可能性を存分に活かすには、勇気と自信が必要である。

感情面の意味

感情面に文字が多い場合、出来事や状況に対して、まず感情的に反応することを示している。最初に感情が生まれ、気持ちがさっと動いて、ある方向に向かい、反応を見せる人である。このタイプの人は、たいてい頭で考えることより気持ちで感じたことに従う。人の感情的な問題にも弱く、すぐに相手を慰めたり同情したりする。ほんのささいなことに大騒ぎする傾向がある。簡単に人を好きになり、その相手が必ずしも真っ当ではない。

感情面の文字の数価の合計について、以下にひとつずつ説明する。

1 の感情面

とても感情的で、しかも気まぐれである。神経が張りつめることが多く、神経過敏になるときもある。愛や怒りにすぐに反応して、気持ちが昂る。頑固で、プライドが高くなることがある。何らかの活動や人に対して強い愛着や所有欲を抱き、その活動や人と自分を一体化させてしまうため、自分や自分の気持ちと切り離して考えられなくなる場合がある。

相手に親しさを要求し、恋愛や結婚では特にその傾向が強まる。すぐに相手を支配しようとするので、気をつけること。配偶者との関係では、意志を強く持ちつつ柔軟になることが大切である。

2 の感情面

とても敏感で傷つきやすい。傷つかないように細心の注意を払って自分を守り、人を信用するまで時間がかかる。音楽の才能がある可能

性がある。機転が利き、交渉能力に優れている。対立を嫌う。粘り強く、穏やかに人を説得できるという長所がある。

心配症で、人から十分に愛され、理解される必要がある。自信を持てるように努力すること。

完璧主義者で、自分のあらゆる行動に美を加える。仲間がいて、交流を持つことを好む。ひとりで仕事をするのが好きではない。

3の感情面

とてもロマンチックで、豊かな独創性と想像力がある。

白馬に乗った王子様や美しいお姫様のような「完璧な誰か」を夢に描く。特に子どもの頃は、つらいことがあると空想の世界に逃げ込む。だが現実には、自分の空想の世界のようなロマンスやワクワク感がない。そのため、おとなになってからも自分に害が及ぶほど逃避を続ける恐れがある。

順序立てて考えたり行動するのが苦手で、気分がコロコロ変わる。

芸術的な才能、特に執筆、演技、歌唱の才能に恵まれる人が多い。

4の感情面

感情を信用しておらず、自分の感情をコントロールしたいと思っている。秩序を大切にするため、感情的な状況や浮き沈みを嫌う。そうして気持ちを抑え込もうとするため、かえって怒りが激しくなり、神経が極度に張りつめる恐れがある。

自分にとって好ましくない状況や好ましくない人間関係を、必要もないのに受け入れることがある。そういう関係からは初めから距離を置いたほうがよい。

管理や組織化が得意で、細かいことにも強い。

5の感情面

たくさんの人に強い好奇心を抱く。人との出会いや旅が大好きで、恋愛経験も豊富である。ただしあまり深い感情を抱かず、関係を長く維持することができない。

気分にムラがあり、口数が少なくなることがある。生粋の傍観者で、あまり恋しいとか寂しいと感じない。

6 の感情面

感情がとても豊かだが、類まれなバランス感覚で均衡を保つことができる。家族や近しい友人を深く愛している。このナンバーの人ほど人を深く愛せる人は、ほとんどいない。心配性で、人の取った行動にまで責任を感じてしまう。

正義や誠実さを極端なほど重視する。厳しく考えすぎるかもしれない。

芸術的な才能がある。人助けが何よりも好きで、自分に必要なことを快く後回しにする。

教えること、癒すことができる。たくさんの愛を受け取る必要がある人だが、その分、たくさんの愛を捧げる人である。非常に理想主義的で、いったんソウル・メイトだと心に決めたら、相手との関係を固く守り抜く。

7 の感情面

感情が豊かで、愛されたいと思っているが、自分の気持ちを表すのが苦手である。傷つくことが怖くて、本心を伝えないところがある。そのせいで、少し冷淡もしくは引っ込み思案だと思われる。だが恐らく実際は、自分の中でパワフルな感情を体験し続けている。自分の気持ちを抑えていて、それが爆発すると傷つく。自分が感じていることを自然に表に出すようにすること。そのためには、まず自分が周囲に大きな信頼と勇気を持つことである。

頭が切れ、判断が極めて正確である。静かな場所だと最も力を発揮できる。自制心と品格がある。自分のことに気を取られて、気持ちが揺らいでいるときは特に、自分の世界に閉じこもる傾向がある。

8 の感情面

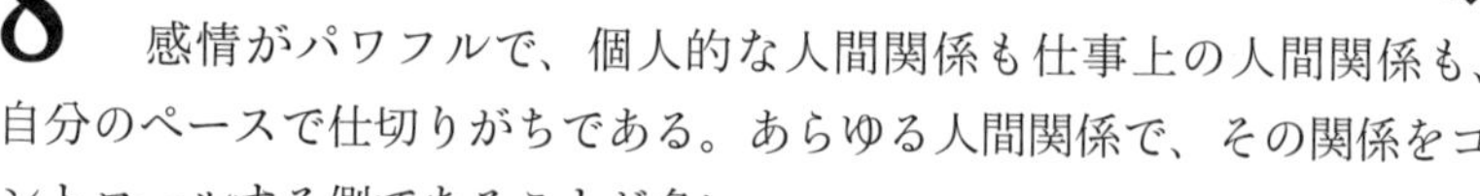

感情がパワフルで、個人的な人間関係も仕事上の人間関係も、自分のペースで仕切りがちである。あらゆる人間関係で、その関係をコントロールする側であることが多い。

非常に強い野心がある。生来の負けず嫌いで、その思いに駆り立てら

れる。社会的地位を強く意識し、自分の成功を世の中に知らしめたいと思っている。

自分の人生にとってお金と権力が欠かせない。会社のトップになる、一大事業を築き上げる、たくさんの部下を持つなど、大きなことを成し遂げたいという夢を持つ。

9の感情面

市井の人を愛し、恵まれない人々のために力を尽くしたいと思っている。大義のために自ら多大な犠牲を払い、人のためになったと思えると深く満足する。逆に一対一の関係が苦手で、特に異性関係に苦労する。人からは、よそよそしい、距離を感じる人、と思われる。近づきがたい面があるかもしれない。

自分の夢で頭がいっぱいで、その夢と深い関わりのない人たちとの関係に苦労する。

誰もが人から必要とされたいと思っているが、このナンバーの人は自己完結しているように見える。そのため人と近しい関係を築くのが難しい。

芸術的な才能が非常に豊かで、特にインテリア・デザイン、写真、演技、執筆など、さまざまな才能がある。

深い慈しみの心と理想を持っている。実際、とても理想的なことを思い描き、現実味に欠け、どこにも着地しないことがある。実践的で、しっかり地に足の着いた人間になると、結果につながりやすい。

11の感情面

とても感情的で、直感的で、自分の環境に関して極度に過敏である。周囲のあらゆる強い刺激に負けて、感情の起伏が激しくなる傾向がある。

人の意見を気にしすぎる。人が何を考えているかがとてもよくわかる。相手の動機や、隠している気持ちを感じ取る。

自分を囲んでいる美と調和を楽しみ、また美と調和に囲まれる必要がある。機転が利き、駆け引きがうまい。言うべきタイミングで言うべきことを言う天性の才能がある。

ストレスに非常に弱い。神経が張り詰めることが多く、きちんとケアをしないと神経系の不全に悩まされる恐れがある。

ヒーラーやカウンセラーとしての才能があり、微妙な心の機微を感知できる。

22の感情面

「22」という数そのものに感情的な事象との関わりがないので、感情面のナンバーが「22」になった場合は一桁の「４」にして、感情面「４」を参照する。

このナンバーの人には、明らかにマスター・ナンバー「22」のものと言えるパワーと意欲がある。このナンバーならではの、実践的で目的的で先見性のあるアプローチを取る。また個人レベルで感情を体験することより、計画や活動に力を尽くすことを重視する。だが、これらはすべて感情を超えたもので、感情面の働きではない。

直感面の意味

直感面に文字が多い場合は極めて稀で、ほぼサイキックと言えるほど直感的であることを示す。出来事や状況を直感的に体験し、直感的に反応する。考える前に行動し、それでも問題ない。直感面に文字の多い人は、考えずにとった行動がやはり正しかったということが多い。

生涯を通して何かの前兆を察知することが多々ある。直感の鋭い人が皆そうであるように、妄想、想像、直感を区別する方法を身につけなくてはならない。

以下に直感面の数についてひとつずつ説明する。

1の直感面

並外れて直感が鋭く、突然ひらめく。恐らく自分では思考能力を使ってひらめきを得ていると思っているだろうが、実際はそうではなく、より高次の源から洞察を得ている。

2の直感面

直感が洗練されている。極めて敏感で、霊的な事柄や形而上学的な内容に結びつけて考える傾向がある。結びつけることで、直感的な洞察を引き寄せる。

3の直感面

とても独特で、想像力の豊かな人で、霊的な事柄について最高に素晴らしいアイディアを時折思いつく。芸術的なインスピレーションにあふれている。言葉を操る才能があるため、演台に立って話をする聖職者に魅かれるかもしれない。

平均以上の直感力があるが、自分の得た洞察に色をつけて誇張するきらいがある。

4の直感面

昔ながらの考えの人で、確立された手順を好む。抽象的な概念や証明されていないアイディアには安心できない。実践的で実際に使えるアイディアのほうがよいと思っている。長い間広く受け入れてきた宗教的信条を持つ傾向がある。

5の直感面

勘がよく当たり、自分の洞察力に大きく依存している。自分が勉強したことに限らず、幅広いテーマの知識と理解がある。さまざまなことを直感的に感じて理解しているが、節度と努力と集中力を持って理解を深める必要がある。バラバラに考えていることをきちんと勉強して、理解を根づかせるとよい。

6の直感面

非常に直感的で、精神性を極めて重視する。スピリチュアルな考えや体験を自分の中で大切にする。自分の考えにこだわりすぎて、思い込みや勘違いをする危険がある。

教師や聖職者の才能がある。友人や家族、親戚に関するサイキックな体験をひんぱんにする。その体験が伝えるメッセージは真剣に受け止めるべきである。

7の直感面

抽象的なことや形而上学的なことへの優れた直感と洞察力がある。あらゆる直感的な事柄に対して、広い視野を持とうとする。自分の洞察に、すべて科学的で合理的な根拠を合わせて提示したいと思っている。

発明家マインドがある。著述家や作曲家の才能を持っている可能性が高い。

8の直感面

パワフルな直感があり、サイキック能力が豊かである。その直感のパワーは、ビジネスや組織的なことに向けられる。人をすばやく的確に評価することができ、人を見る目に極めて優れている。

9の直感面

抽象的なものが大好きで、精神世界に関して誇大妄想を抱く。多くの人の集団に対して影響を及ぼすことができる。

理想を求め、夢を追う人で、必ずしも現実的でない。かなり影響されやすく、信用すべきでない相手を信じてしまうことがあり、太刀打ちできず、相手から悪用される恐れがある。

どう相手を見極めるかをもっと学ばなければならない。

11の直感面

高度に直感が強く、サイキックな人かもしれない。これから起こる出来事、人の気分の変化、時流など、この先に起こることを事前に察知する。自分の想像や直感に振り回されないように、自分を律し、現実にしっかりと根づいた日々を送る努力がとても重要である。

22の直感面

「22」という数は、現実として認知すること――実際の物理的な世界や、計画と発想の世界――にしか関わらない。直感の領域になじまないため、直感面のナンバーが「22」になった場合は一桁の「４」にして、直感面「４」を参照する。

マスター・ナンバーである「22」は、現実に根を下ろしつつ、先見の明を持つことを示す。アイディアを現実にすること、素晴らしいものを生み出すこと、このナンバーのパワーを使って人々をやる気にし、進むべき道を示すことへの意欲を示す。つまり直感を越えた現実化を意味し、直感面の働きを示す数ではない。

エクスプレッションの４面チャートは、数秘術の中で最も複雑なチャートかもしれない。だが、いったんアルファベットの各文字の性格を理解すれば、名前からエクスプレッションの４つの面を調べ、その人をとても深く知ることができる。

ヒドゥン・パッション・ナンバー、カルミック・レッスン・ナンバー、サブコンシャス・セルフ・ハンバー、バランス・ナンバー、そしてエクスプレッションの４つの面のナンバーは、それぞれ異なる特性を示す。

ヒドゥン・パッション・ナンバーは、その人の欲求や適性を示し、ハートデザイア・ナンバー・ナンバーと密接な結びつきがある。どちらのナンバーも、具体的な才能やもっと幸せになる方法を示すので、職業やライフスタイルを通して適性を活かしたり、欲求に従って自分を幸せにすることができる。

カルミック・レッスン・ナンバーは、その人が向き合わなければならない分野を示し、その点ではチャレンジ・ナンバーと同じである。カルミック・レッスン・ナンバーの示す学びを修めて自分のものにすると、壁を乗り超える力が磨かれ、つまりは人生の質が高まる。

サブコンシャス・セルフ・ナンバーは、自己評価を最もはっきり示す数と考えることができる。さまざまな状況で、どのくらい自分に自信を持てるか、決断できるかを表す。カルミック・レッスン・ナンバーの示す側面を学べば、自分の能力に対する信頼も高まるため、カルミック・レッスン・ナンバーと関連があると言える。

バランス・ナンバーは、激しく感情が揺れ動くときに重要になる。バランス・ナンバーは、能力や才能ではなく、アプローチの仕方や適性を示す。気持ちが混乱している中で問題に向き合うために、最も摩擦の少ない形で自分の長所や才能を活かす方法を示す。

エクスプレッションの４つの面は、物質、思考、感情、直感という４つに、その人のエネルギーがどのように配分されているかを示す。これらを深く考察すると、職業、ライフスタイル、環境を選ぶときの参考になる。たとえば、物質面の文字が多いなら、実際に手を動かしたり、体を使ったりする活動を選ぶと幸せになり、うまくいく。思考面にたくさん文字があるなら、勉強や研究、知的なやり取りをしたくなる環境に身を置くとよい。

数秘術のチャートでは、これらはコア・ナンバーほど重要ではなく、わかりにくいが、よく理解しておくと極めて有用である。

人は当たり前のように日々自分を高めている。人にはそれぞれ特性があり、そのすべてを活かす上で、数秘術の示す指針が役に立つ。人は皆、自分の川を泳ぎ、自分と競争している。流れに逆らって進むより、流れに乗って泳ぐほうが楽で、速い。

第5章

名前と誕生日の結びつき

世の中でもっとも柔らかいものが、
世の中でもっとも堅いものを突き動かす。(訳注5-1)
——老子

数秘術では、名前が内なる自己を表し、誕生日が時空との関係を表すと考える。前章までは名前と誕生日を個々に考察してきたが、ここからは、このふたつの情報源を合わせると何がわかるかを見ていこう。このふたつを合わせたものが、ブリッジ・ナンバー、マチュリティー・ナンバー、ラショナル・ソウト・ナンバーである。

ブリッジ・ナンバー

ブリッジ・ナンバーは、チャート上のコア・ナンバー同士の関係をわかりやすく、つなげやすくする。このナンバーが示すのは、その人の短所ではなく、改善すると自分を無理に抑えたり、気にしなくて済む分野を示す。

コア・ナンバーは、各々がその人の性格の一面を明らかにするが、本来の自分に近づくとは、それらコア・ナンバーの間に橋を架ける、つまりその人が持つさまざまな面をひとつに統合していくことだと言える。

人生の主な学びを通して、また予想される成長の方向性（ライフ・パ

訳注 5-1 老子著、蜂屋邦夫訳、『老子』（岩波書店、ワイド版岩波文庫 349、2008 年、p.206）

ス・ナンバー）に向かう中で、その人が自分の才能や能力（エクスプレッション・ナンバー）をより発揮できるようにするには、このふたつの間の溝が縮まるとよいはずだ。

また、自分が外に向けて表している性格（パーソナリティー・ナンバー）と、内面に抱えているニーズや欲求（ハートデザイア・ナンバー）がひとつになるほうが、自分が心地よくいられる。つまりコア・ナンバーをひとつに統合するとは、人として完成することを意味する。

ブリッジ・ナンバーの出し方

ブリッジ・ナンバーは、コア・ナンバーの間の数の差である。ブリッジ・ナンバーを出すには、５つのコア・ナンバーのうちのふたつを比べ、大きいほうの数から小さいほうの数を引く。エクスプレッション・ナンバーが「７」でライフ・パス・ナンバーが「１」の人のブリッジ・ナンバーは「６」である。その人のパーソナリティー・ナンバーが「８」なら、（そこからエクスプレッション・ナンバーの「７」を引いた）「１」と、（パーソナリティー・ナンバーの「８」からライフ・パス・ナンバーの「１」を引いた）「７」のふたつも、その人のブリッジ・ナンバーである。

ブリッジ・ナンバーを出すときは、コア・ナンバー同士の組み合わせをすべて計算する（コア・ナンバーにマスター・ナンバーがある場合は、マスター・ナンバーを一桁にしてから計算する）。結果として１から９までの数がほとんど登場するかもしれない。

たとえばライフ・パス・ナンバーが「１」で、バース・デイ・ナンバーが「６」、エクスプレッション・ナンバーが「７」、ハートデザイア・ナンバーが「４」、パーソナリティー・ナンバーが「８」の場合、その人のブリッジ・ナンバーは以下になる。

１：（７－６と８－７）‥‥「エクスプレッション」－「バース・デイ」と
「パーソナリティー」－「エクスプレッション」
２：（６－４と８－６）‥‥「バース・デイ」－「ハートデザイア」と
「パーソナリティー」－「バース・デイ」
３：（４－１と７－４）‥‥「ハートデザイア」－「ライフ・パス」と

「エクスプレッション」－「ハートデザイア」
4：(8－4)…………「パーソナリティー」－「ハートデザイア」
5：(6－1)…………「バース・デイ」－「ライフ・パス」
6：(7－1)…………「エクスプレッション」－「ライフ・パス」
7：(8－1)…………「パーソナリティー」－「ライフ・パス」

ブリッジ・ナンバー算出表

	ライフ・パス（　1　）	バース・デイ（　6　）	エクスプレッション（　7　）	ハートデザイア（　4　）	パーソナリティ（　8　）
ライフ・パス（　1　）		5	6	3	7
バース・デイ（　6　）			1	2	2
エクスプレッション（　7　）				3	1
ハートデザイア（　4　）					4
パーソナリティ（　8　）					

人として完成するには、１から９までのそれぞれの数のポジティブな特性をすべて持っているべきなので、ブリッジ・ナンバーにほぼすべての数が登場するのは自然である。

だがブリッジ・ナンバーの中で特に大切なのは、ライフ・パスとエクスプレッション、ハートデザイアとパーソナリティー、そしてエクスプレッションとハートデザイアの差のナンバーである。ここで挙げた例では、ライフ・パス「7」とエクスプレッション「1」の差である「6」、ハートデザイア「8」とパーソナリティー「4」の差である「4」、そしてエクスプレッション「7」とハートデザイア「4」の差である「3」の３つになる。

ブリッジ・ナンバーはチャート上で「0」が登場する数少ない例である。またふたつのナンバーの差は最大「8」なので（9－1＝8）、ブリッジ・ナンバーに「9」は存在しない。

以下に、ブリッジ・ナンバーについて説明する。

0のブリッジ・ナンバー

「０」のブリッジ・ナンバーは、コア・ナンバーのうち、少なくともふたつが同じであることを示す。同じ数が繰り返し登場しているので、その数が表す分野で確かな前進を遂げる機会があることを意味する。それは幸運なことである。たとえばライフ・パス・ナンバーとエクスプレッション・ナンバーの両方が「７」なら、知的で精神的な成長の可能性がチャートに強く表れていることになる。

ただしコア・ナンバーに同じ数が３つ以上あると、バランスを失う恐れがある。たとえば「７」が３つあるとしたら、その人は引きこもりがちで、孤独で、自分の気持ちも人の気持ちもうまく受け入れられないかもしれない。

そのような場合、どうバランスを見出すかが課題になる。３つ以上のコア・ナンバーが同じ数なら、その数の意味をよく考え、その数が示す特性を自分が過剰に持っていないか、もしくは――実は非常によくあるのだが――その特性に完全に背を向けていないかを自問するとよい。

最悪なのは、チャート上の数がすべて同じになる場合である（たとえば名前の文字の４割以上が同じ数に対応している）。そのような人は、その数のネガティブな側面をすべて抱えている。自分が軽視している特性を受け入れる努力をするか、究極的には改名も考慮することをお勧めする。

この説明はブリッジ・ナンバーが「０」になるすべての組み合わせに当てはまる。

1のブリッジ・ナンバー
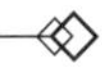

自分の長所や能力をもっと信じてよい。決断すること、遠回しに言わないこと、自分の意見や気持ちをストレートに伝えることが大切である。自分が主導権を取る場面を増やす必要がある。今までどおりの方法ではなく、独自のやり方を見つける。型にはまろうとしたり、人の期待に添うためにがんばりすぎないこと。

この説明はブリッジ・ナンバーが「１」になるすべての組み合わせに

当てはまる。

2 のブリッジ・ナンバー

もっと人が求めているニーズや期待に敏感になること。いちいち事を荒立てず、ものごとがスムーズに進むように、落ち着くとよい。対立せず、穏やかに相手と交渉して、うまく感化する。協力的になること。

この説明はブリッジ・ナンバーが「2」になるすべての組み合わせに当てはまる。

3 のブリッジ・ナンバー

少し肩の力を抜くとよい。楽しむこと。充電すること。自分にもっと寛大になること。近しい人には、心の底の気持ちを恐れずに伝えるとよい。特に舞踊、演技、詩歌の分野で、創造力をもっと発揮することが大切である。自分を信じる気持ちを育む。

この説明はブリッジ・ナンバーが「3」になるすべての組み合わせに当てはまる。

4 のブリッジ・ナンバー

だらだら先延ばしにしない。信頼される人になり、時間を守るようにすること。ものごとには、実践的で、几帳面で、システマチックに取り組むこと。細かいことを記録に残し、あとで混乱しないようにする。暮らしの基本をしっかり押さえる努力をすること。自然の中で体を動かすと本来の自分になれるので、ガーデニングや家の修繕など、屋外で過ごすとよい。

この説明はブリッジ・ナンバーが「4」になるすべての組み合わせに当てはまる。

5 のブリッジ・ナンバー

チャート上にこのブリッジ・ナンバーが出るのは、〈6－1〉、〈7－2〉、〈8－3〉、〈9－4〉という組み合わせに限られる。これらすべての場合で、柔軟性と適応力が求められる。前向きな気持ちで、あえて

危ない橋を渡り、冒険心を持ち、型を破ることが大切である。さらに、組み合わせによって求められるものが異なるので、以下に説明する。[(訳注５－２)]

〈６－１〉の場合

極端な自己犠牲と極端な自己中心的行動との間のバランスを取るようにすること。自分の義務や責任を深刻に考えすぎることもあれば、放り出すこともある。問題は共依存かもしれない。自立すること。

〈７－２〉の場合

不協和を抱えつつ天賦の才を秘めているという、逆説的な組み合わせである。感受性が鋭く、愛され注目されることを求めながら、とても内向きで自分を明かさない。そのため、ある程度の矛盾が自分の中に生まれることを認識しておくとよい。なぜ自分だけこんな目に遭うのかと考え、人間関係に波乱の兆しが現れても、自分の殻に閉じこもらずに済むだろう。批判されると、自分の人間性まで否定されたと受け止める傾向がある。「７」の分析力と「２」の直感が組み合わさると、この傾向が生じやすいので、その点に気づいていることが助けになる。

〈８－３〉の場合

ビジネス思考、結果志向、決断力、先見性を表す「８」と、遊び心、創造性、外向性、気楽で陽気な「３」は、不安定な組み合わせである。

強みを活かすには、自分の独創性をビジネスのために使うとよい。弱みは、職業上の進路や仕事を優先して自分のクリエイティビティーにフタをしがちなことである。そうすると、何かを決めるのに極端に用心深くなり、時間がかかる恐れがある。

訳注５-２　なぜ「５」以上のブリッジ・ナンバーには場合ごとの説明があるのかを著者に質問したところ、以下の回答を得た。
ブリッジ・ナンバーが大きいほど元の組み合わせによる違いも大きくなる。「０」から「４」までのブリッジ・ナンバーの場合は、違いがほぼない。たとえば同じブリッジ・ナンバー「６」でも、< ７ － 1> と < ８ － ２ > と < ９ － ３ > では大きく異なるが、ブリッジ・ナンバー「１」では < ８ － ７ > でも < ７ － ６ > でもほぼ同じである。

〈9－4〉の場合

些細なことにあまり時間を費やさなくてよい。それよりも広く世の中に目を向けて、世界情勢、人道的な問題、大規模事業、政治問題、環境問題への意識を高めること。時間を無駄にしたり、自分の可能性を活かさずにいる傾向が見られる。もっと人に任せることを学ぶ。

寛容で柔軟になること。変化を受け入れること。固い発想や独断的な考えをしていると、自分の夢から遠ざかり、実現できなくなる恐れがある。自由を優先し大切にする人生を送るとよい。

6 のブリッジ・ナンバー

このブリッジ・ナンバーが示す溝を唯一埋めることができるのは、奉仕、家族や共同体にもっと関わること、そして今以上に責任感を持つことである。また自分の創造力を抑制せず、もっと伸び伸び成長させるとよい。

このブリッジ・ナンバーには、〈7－1〉、〈8－2〉、〈9－3〉の場合がある。

〈7－1〉の場合

一般的に「7」と「1」の組み合わせは調和するが、上述の点が当てはまるので留意する。発明家の気質が強く、型にはまらない性質であるため、エキセントリックな人になることが多い。

〈8－2〉の場合

「8」と「2」は、どちらも似たような苦難をもたらす。この組み合わせは、過敏、批判的、噂好き、経済的な浮き沈みの激しさが一端となって恋愛関係が破綻することが多い。ポジティブな面として、生来の交渉能力の高さが挙げられる。指導者と外交官の両面を持つ。

〈9－3〉の場合

創造性豊かな組み合わせである。芸術家の心を持ち、その心に従ってしか生きられない。この組み合わせでは、才能の抑圧や、真剣に才能を活かさないことが困難につながる。明るい面として、大勢の人を勇気づけ、奮い立たせる天性の才能がある。

7のブリッジ・ナンバー 

〈８－１〉もしくは〈９－２〉の場合があり、精神的な事柄にもっと時間を使い、努力を重ねるように促すナンバーである。

〈8－1〉の場合

「８－１」の組み合わせは、物質的なことに関心を持ちすぎる可能性がある。お金、物、現状に執着しすぎると、唯物的な世界の誘惑に負けやすくなる。

〈9－2〉の場合

微妙な組み合わせである。人類の幸福のために、これほど時間を注ぎ努力を傾けている自分は聖人になるはずだと信じたくなり、その強い誘惑に負けて自分を欺く恐れがある。

自分がどれほど素晴らしい人物で、どれほどのことを達成してきたとしても、だから自分は道義的に正しいという考えがいつも障壁になり、偏見、高慢、冷淡さを生む。

この組み合わせで特に問題になる課題は、もっと謙虚になること、自分に責任を持つこと、である。自分を救うことが生涯のテーマになる。

8のブリッジ・ナンバー 

このナンバーになるのは〈９－１〉という組み合わせだけで、お金の機能について理解することが重要なテーマになる。お金は物をやり取りするための道具であり、それ以上でも以下でもない。「９」と「１」の組み合わせは理想主義者を表す。理想主義は行きすぎると現実離れし、お金に対する嫌悪として表れることが多い。

「１」が「９」よりも優勢になることがあり、その場合は個人的な成功へのこだわりが強くなる。だが「９」と「１」が同程度のことが多く、とても志の高い人道主義者を表し、実業界で成功を収めるか、国際的なつながりを持ったり国際的に活動する職業で成功する可能性がとても高い。

ブリッジ・ナンバーの理解が高まると、その人の才能や能力をうまく活用できる。コア・ナンバーをうまく両立させて、それぞれの良さを活かしたり、ナンバー間の矛盾からよく生じる内面の葛藤を避けることができる。

マチュリティー・ナンバー

マチュリティー・ナンバーは、30歳から35歳頃になって表れる、心の底の願望や欲求を示す。自分で自分のことがわかる年齢になるため、そのような自分の根底にある目的があらわになり始める。そのとき、このナンバーを通して自分を知ることで、自分で自分のことが意識できるようになり、人生で本当に目指していることは何か、どこに向かっていきたいのかがわかる。それは人として成熟した結果、つまりマチュリティーから得た結果として、受け取ることのできる知識である。自分を知り、自分のアイデンティティにそぐわないことに時間やエネルギーを無駄にしなくなる。

何歳の時点でも、人は常にあるひとつの方向に向かって人生を歩み、何かを目指して進んでいる。そして、目指しているものは、自分が今がんばっていることへの報酬を得ることであったり、自分自身に約束したことの成就のように思える。だが、がんばっている最中は自分が本当に目指していることの実体がはっきりせず、本人が意識していないことも多い。マチュリティー・ナンバーの示す特性には、子どもの頃には鮮明だったのに、晩年になるまで意識から抜け落ちているという傾向が出やすい。だが特性を見失っている間もナンバーの影響は続いており、35歳を過ぎるとはっきりし始め、年齢を重ねるにつれて着実に強まっていく。

マチュリティー・ナンバーの出し方

マチュリティー・ナンバーを出すには、ライフ・パス・ナンバーとエクスプレッション・ナンバーを足し、その合計を一桁にする。ただし合計がマスター・ナンバーの場合はそのままでよい。

たとえば、トーマス・ジョン・ハンコックのエクスプレッション・ナ

ンバーは「７」で、ライフ・パス・ナンバーは「５」なので、彼のマチュリティー・ナンバーは「３」になる（７＋５＝12、１＋２＝３）。

マチュリティー・ナンバーは台形に乗せた二重丸の記号で表し、二重丸の中にナンバーを書き込む。

ベース・チャート

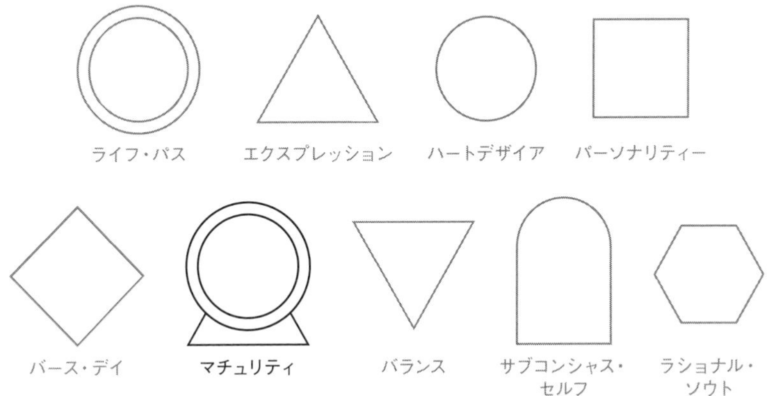

１のマチュリティー・ナンバー

人として成熟するにつれて、もっと自立し、主体性を持つ必要があることに気づく。自分が受け取るに値すると思う評価や報酬を以前より強く求め、いかなる形の失敗や限界も受け入れがたくなる。意欲や固い意志が生まれ、それにつれて自分の責任でものごとを進める力が伸びる。

チャート上に他にも「１」が複数出ていて、特にそれがコア・ナンバーの場合は、威張らない、柔軟に考える、頑固にならない、わがままにならないように努力すべきである。これらの特性を野放しにすると、強情になり、晩年を孤独に過ごす。

チャート上に「１」が少ないなら、自立と成功を手にする上で「１」のマチュリティー・ナンバーの影響が役立つ。これを土台にして、活気と冒険心にあふれた、ワクワクする人生を築くことができる。

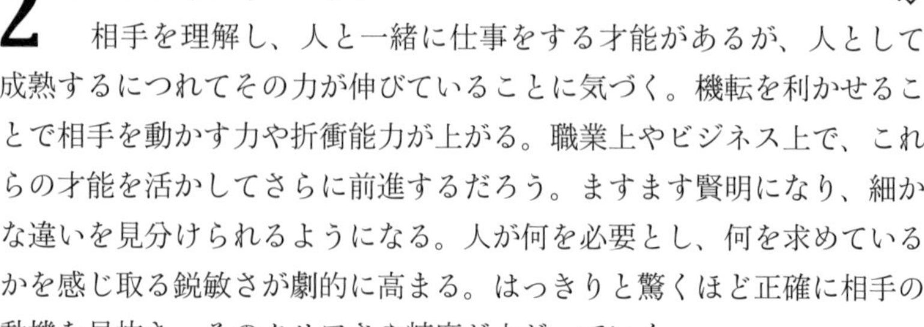

2のマチュリティー・ナンバー

相手を理解し、人と一緒に仕事をする才能があるが、人として成熟するにつれてその力が伸びていることに気づく。機転を利かせることで相手を動かす力や折衝能力が上がる。職業上やビジネス上で、これらの才能を活かしてさらに前進するだろう。ますます賢明になり、細かな違いを見分けられるようになる。人が何を必要とし、何を求めているかを感じ取る鋭敏さが劇的に高まる。はっきりと驚くほど正確に相手の動機を見抜き、そのクリアさや精度が上がっていく。

力ずくでものごとを進めるよりも、相手を説得したり穏やかに導いたりするほうが、成果が大きい。恐らく、陰の実力者の役回りを身につける必要が生じるだろう。このナンバーの人の影響力はあまり表舞台に現れないため、本来あるべき世間からの高い評価は得られないかもしれない。だが、チームワークや人と協力した結果として、自分のアイディアが実を結ぶことに満足する。

チャート上に他にも「２」が複数出ていて､特にそれがコア･ナンバーの場合は、過敏になる可能性があるので気をつける。チャート上にあまり「２」がないなら、マチュリティー・ナンバーの影響で、人と調和を保ちながら仕事をする能力が大いに高まる。

3のマチュリティー・ナンバー

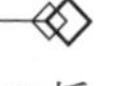

人として成熟するにつれて、どんどん外向的になり、自分の将来を楽観的に考えるようになる。以前よりずっと自分を表現できるようになり、創造性が著しく高まる。この時点でまだ始めていないなら、執筆、演劇、音楽など、何か芸術的なことをしたいと思うかもしれない。

コミュニケーション能力が大幅に改善される。気がつくと雄弁で、センスのある着こなしをするようになっている。ただし、外見にとらわれたり、華やかさや贅沢ばかり追い求めないように注意する。

「３」のマチュリティー・ナンバーの人は、人生の後半を楽しみにするとよい。人との交流を楽しむ日々を送り、ものごとにますます前向きになるため、人気者になる。

チャート上に他にも「３」が複数出ていて､特にそれがコア･ナンバーの場合は、自分のエネルギーをあちこちにばらまき、責任感に欠けた人

になる傾向がある。

チャート上に「３」が少ない、もしくは他に「３」がまったく出ていないなら、生きていくための緊張感や深刻さから大いに解放される。肩の力を抜いて人生を楽しむ経験ができるようになる。

「３」のマチュリティー・ナンバーは、人生の折り返し地点を過ぎて受け取る天の恵みである。喜びにあふれた楽しい出来事、近しい友人関係、たくさんの幸福が約束されている。

4 のマチュリティー・ナンバー

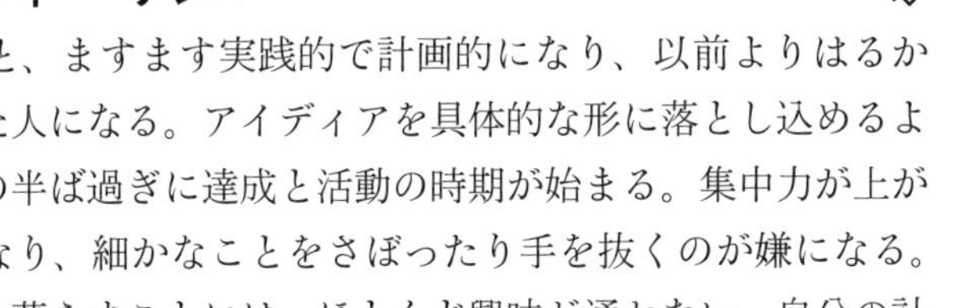

成熟すると、ますます実践的で計画的になり、以前よりはるかに地に足の着いた人になる。アイディアを具体的な形に落とし込めるようになる。人生の半ば過ぎに達成と活動の時期が始まる。集中力が上がり、目標志向になり、細かなことをさぼったり手を抜くのが嫌になる。引退して穏やかに暮らすことには、ほとんど興味が湧かない。自分の計画や努力が実を結ぶように、活発に活動する。

以前より人に手を差し伸べ、信頼される性格になるため、家族や友人にとってありがたい存在になる。ただしチャート上に他にも「４」が複数出ている場合は、頑固になったり、心が狭くなったり、強硬に意見を主張することのないように、特に注意する。「４」が少なすぎる、もしくはひとつかふたつしか出ていない場合は、システムや組織への理解が高まり、ものごとをきちんと丁寧に行うことの良さがわかるようになるので、自分のためになる。

毎日、リラックスする時間を取り、花を愛でるとよい。

5 のマチュリティー・ナンバー

おとなの年齢になっても勢いが落ちず、ますますダイナミックでマルチに活躍し、影響力が高まる。自分の人生の目的が自由の獲得であることに気づき始める。

旅に出て、冒険をし、心躍るような予想外の出来事が起こる。独自性や創造性が高まり、話術がさらに磨かれる。

今まで思ってもみなかった分野に興味を持つようになる。じっとしていられず、辛抱できない傾向が生まれるかもしれない。進捗が遅いとすぐに興味を失ったり、退屈する可能性がある。関心がなくなったら止めればよいと安易に考えるので、忍耐力が試される。集中力、自制心、注力を保つ努力が必要である。あまりに多くのことに興味を持って、自分のエネルギーをばらまかないこと。チャート上に「5」が多く、特にそれがコア・ナンバーの場合は、そうなる可能性が高い。

チャート上に「5」が少ない人は、変化への適応能力が上がり、前向きにリスクを取ろうとするため、それが人生のスパイスになる。

6のマチュリティー・ナンバー

人として成熟するにつれて、家族、友人、社会の幸福にますます関心を寄せる。ヒーラー、カウンセラー、教師の役割に魅かれる。困っている人たちに、安らぎと的確なアドバイスを提供する能力が発達する。相手の年齢に関係なく、世話を焼いている人たちにとっての父親役や母親役を担うようになる。責任感と人を守ろうとする思いが強まる。

環境保護やボランティア活動、もしくは政治に関わるようになるかもしれない。

生来の理想主義者である。おとなになり、自分の力でできることや使えるものが増えるにつれて、その理想を実現しようと力を尽くす。ビジネスやお金に対して、注意深くバランスの取れたアプローチを取るため、不安のない豊かな晩年を送ることができる。「6」のマチュリティー・ナンバーは、将来のために極めて豊かな財政基盤をもたらす。さらに「6」の影響から、老後は大切な人たちに囲まれて過ごす。

チャート上に「6」が少ない、もしくは他に「6」がまったくない場合、このマチュリティー・ナンバーは、人との近しい関係という自分がずっと求め続けてきたものが、人生の後半に得られることを示す。

7のマチュリティー・ナンバー

生きるとは何かという疑問にますます夢中になり、本を読み、じっと考え、自分は何者で、今の人生の意味を深く追求し、理解しようとする。

哲学や宗教に答えを求めるかもしれないが、恐らく他にもさまざまな考えを学び、多くの分野から幅広い知識を得る。

直感が強くなり、それにつれて、どんな分野を学んでいても表面に現れないものを見抜く能力が上がる。抽象的な問題を分析することができ、ますます高まる自分の理想に従って生きる。

以前よりも、ひとりの時間が必要になるかもしれない。プライバシーの必要性が高まる。チャート上にすでに「７」が複数出ている場合は、ひきこもって人と疎遠にならないように注意する。他に「７」がまったくないなら、自分の専門分野を深く理解する力がつく。研究分野をひとつに定める機会がある。

8のマチュリティー・ナンバー

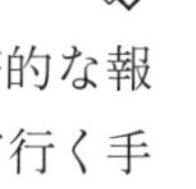

人として成熟するにつれて、成功を重ね、ますます経済的な報酬を得る。仕事にさらに打ち込むようになる。困難に見舞われて行く手を塞がれても、以前より楽に乗り越えることができる。パワーの使い方がうまくなり、自分が属す共同体の柱として、影響力のある頼りにされる存在として認識される。突然の物質的な損失に苦しむことのないよう、自分が強くなり、自制心を持つことが大切になる。思い上がるとあっという間に凋落するので、その兆しがないか注意すること。

「８」のマチュリティー・ナンバーの人は、物質的な成功から多少の距離を置く必要がある。そうしないと物欲に支配されて性格が変わり、お金に取りつかれる。 物質的な成功から一定の距離を取ることで、人間として、より高次の価値観に意識を持ち続けることができる。事業を築きたい、ビジネスを生み出したい、製品を売り込みたいといった欲求を動機に、ビジネスをゲームとして楽しむとよい。

知識が多く、常識人として多くの人から認められ、重要な立場が回ってくる。他人の資産管理や、大きな組織の指南役を頼まれる可能性がある。

チャート上にすでに「８」が複数出ていて、特にそれがコア・ナンバーの場合は、自己中心的になること、社会的地位のためだけの利殖、そして強欲に注意する。チャート上に「８」が少ない、もしくはこのナンバーだけなら、成功を収めて経済的に自立するチャンスが増大する。

9 のマチュリティー・ナンバー

成熟したおとなになるにつれ、社会全体の幸福への関心が高まり、強さを増す。公共サービスに魅かれる思いも強まる。自分が属している社会、さらには世界全体にとって、長い目で見て何が良いかを考えることが多くなる。

年を重ねると、あらゆる形式の芸術や美への鑑識眼が磨かれる。自分が積極的に芸術に関わる可能性も高い。すでに何か行っているとしたら、支援者である場合が多い。

このナンバーの人には人類に貢献することが欠かせない。おとなになるにつれ、人間社会への理解と英知が深まる。国際情勢や人道援助に関わると深い満足を得られる。

チャート上にすでに「9」が複数出ていて、特にそれがコア・ナンバーの場合は、高慢、冷淡、疎遠にならないように注意する。

チャート上にほとんど「9」がない、もしくは他に「9」がまったく出ていないなら、ひとりの人間として、自分の居場所があるという感覚を得る。自分が人という種族であり、自分の種族に対して、未来に受け継がれていく確かな価値を提供したという実感を得る。

11 のマチュリティー・ナンバー

まず「2」のマチュリティー・ナンバーの説明を読む。

「2」の特性に加えて、「11」のナンバーの人はかなり鋭い直感力がある。年齢が上がると何かを事前に察知することが特に増え、他にも数々のサイキックな経験をする。感受性が高まって繊細になり、自分の受けた第一印象の正確さに自分でも驚くことが多くなる。精神性を大切にするようになり、人生の意味への理解が向上する。自分の直感を信じる余裕が生まれる。自分の世界に誰を受け入れるかを、以前よりも細かく考えて判断する。恋愛については、相手の特異性を受け入れることさえできれば、関係が続きする。

22 のマチュリティー・ナンバー

まず「4」のマチュリティー・ナンバーの説明を読む。

このマチュリティー・ナンバーになるのは、ライフ・パス・ナンバー

が「11」でエクスプレッション・ナンバーが「11」の場合である。つらい幼少期を過ごし、どうやって生きていけばよいかわからないと感じることが多い。極度に繊細で傷つきやすい。だが年を重ねて自分のあふれ出るパワーに気づき、非常に型破りな夢をいくつも実現できる。はるかに現実的に行動し、人の心を打つことができるようになる。「22」に込められた可能性を拓く鍵は、自分に自信を持つことである。

マチュリティー・ナンバーはライフ・パス・ナンバーとエクスプレッション・ナンバーから計算するが、このふたつのナンバーから導き出すという点から、楽しみに待つべきことを示すナンバーであることがわかる。マチュリティー・ナンバーによる影響が表れ始めたら、それは自分の人生が長所（つまりエクスプレッション・ナンバーが示すもの）を活かして目の前の道（つまりライフ・パス）を進む段階に達したことを意味する。マチュリティー・ナンバーは、長所と課題をひとつに合わせる方法を映し出す。

ラショナル・ソウト・ナンバー

ラショナル・ソウト・ナンバーについては、その人のものの考え方を表すという説明が、恐らく最適である。

現実性を重視し順序立てて考えるタイプか、それとも夢を描く人か。自分の認識に加えて、さまざまな想像を巡らせるか。問題を実際に目の前にして、型にはまらない独自の考え方をするか、それとも安全で確実な方法を選ぶか。

ラショナル・ソウト・ナンバーからは、このような問いの答えが得られる。

ラショナル・ソウト・ナンバーの出し方

ラショナル・ソウト・ナンバーは、下の名前の文字に対応した数の合計に、自分の生まれ日を足して計算する。たとえば、トーマス（Thomas）が15日生まれだとする。

T　h　o　m　a　s
2+8+6+4+1+1　=22

トーマスという名前の文字に対応した数は、合計で22になる（ラショナル・ソウト・ナンバーを出すときは、マスター・ナンバーを一桁にしない）。

次に、彼の生まれ日である15を一桁の「6」にする。トーマスのラショナル・ソウト・ナンバーは、22＋6＝28、2＋8＝10、1＋0＝1なので、「1」である（「11」や「22」の場合はマスター・ナンバーなので一桁にしない）。

ラショナル・ソウト・ナンバーは六角形の記号で表し、六角形の中にナンバーを書き込む。

ベース・チャート

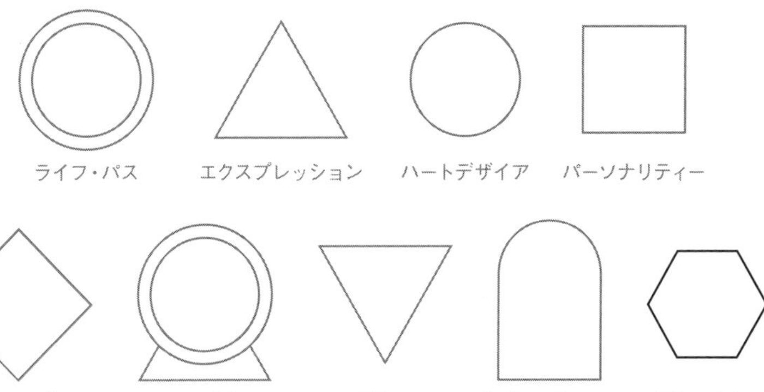

1のラショナル・ソウト・ナンバー

自立した、独自の考え方を持ち、安易に人からの影響を受けない。これと思い込んだら頑なになる傾向があり、頭脳戦の議論では場を圧倒することがある。

2のラショナル・ソウト・ナンバー

繊細にアプローチする。思考をさまざまに巡らせるときも、たいてい直感を否定せずに使う。人の考えをオープンに受け入れる。少し影響されやすいかもしれない。

3のラショナル・ソウト・ナンバー

独創性があるが、まとまりのない考えであることが多い。ひとつのことに絞らず、頭の中であちこちに考えが飛ぶ。論理性に欠けた思考回路で解決法を思いつくが、それでうまくいくことが多い。

4のラショナル・ソウト・ナンバー

現実的に順序立てて考える。一歩一歩考えを進めるため、人から根拠を聞かれて答えに窮することがほとんどない。アプローチが少々堅く、確実だと言い切れない新しい考え方には不安を感じる。

5 のラシショナル・ソウト・ナンバー

順応性があり、ものごとを柔軟にとらえる。解決策をパッと思いつき、キツネのようにずる賢い。窮地に立たされても落ちついていられる。正しくあることより人に勝つほうを優先する場合が多い。

6 のラショナル・ソウト・ナンバー

相手の話に耳を傾ける。あらゆることについて、それが人にどんな影響を与えるかを考える。人が見逃すようなことに気づくが、解決法を見つけようとすると、全体を考えずに細かな部分に注意を傾けることが多い。正義を重視した考え方をするため、法律関係の人にこのナンバーを持つ人が多い。

7 のラショナル・ソウト・ナンバー

単純な答えには決して満足しない。完全に理解できたと思えるまで、あらゆる面から問題を掘り下げようとする。そして躊躇せず解決に向けて進む。答えを見つけるという点で、このナンバーの人にかなう人はほとんどいない。

8 のラショナル・ソウト・ナンバー

明確なビジョンを持ち、全体を俯瞰する。目を見張るような解決法を好むため、その分細かいところは無視する。人をびっくりさせるのが大好きである。合理性と非合理のバランスを心得ており、両者の組み合わせでかまわないと考える。

9 のラショナル・ソウト・ナンバー

人の期待を常に意識し、全員が意見を述べる機会を得てから、最後に自分の考えを表明する。そして間違いや見落としを指摘する。論理的に考えて答えを紡ぎ出すより、消去法を取ると、問題を解決したり答えを見つけることができる。

11 のラショナル・ソウト・ナンバー

啓蒙家である。まさにピカっと光る電球のように閃いて答え

を出し、洞察を得る。魔法のように不思議で、（人から見れば）最も理解しがたいナンバーである。 発明家や精神的指導者としての素養がある。

22 のラショナル・ソウト・ナンバー

このナンバーはビジョンとシステムの組み合わせであるため、成功を収める可能性が最も高い。全体を把握する視点から最も細かな部分へ注意を払う視点まで、そのとき注目すべきことにすばやく視点を切り替えることができる。大志を抱き、夢をかなえるために必要なステップや、気をつけるべき詳細について、ひとつひとつ明確にして実現の基礎を築く能力がある。ラショナル・ソウト・ナンバーが「22」になるのは、名前のナンバーが「11」でバース・デイ・ナンバーが「11」か「29」の場合に限られ、どちらも直感の鋭さを意味する。予感を感じ取ったり、将来への影響を直感的に判断する力があるので、その力を活かし、強化するとよい。

ラショナル・ソウト・ナンバーは、知的な課題に直面したときに影響がとても大きくなる。問題の大部分が感情面であるときは、ほぼ何の影響もないという点に注意してほしい。

ブリッジ・ナンバー、マチュリティー・ナンバー、ラショナル・ソウト・ナンバーを十分理解するには、じっくり考える必要がある。ナンバーごとにじっと意識を集中して熟考すると、各ナンバーが人生にもたらす結果や影響への洞察を得やすい。

チャート上のナンバーは、それぞれが特定の分野に影響を及ぼすため、それを理解するのは（特に本章で説明したナンバーの影響はあまり明白でないため）容易ではなく、実践を重ねるのが一番である。数秘術を学び始めたばかりの人は、チャートに出ている情報を丸ごと一緒にして考える傾向があるが、各ナンバーが影響する部分をひとつひとつ区別して考えることが大切である。チャートには奥行きがあり、隠れて見えないだけで確実に影響を与えている。他のナンバーとの関係を考慮しつつ、個々のナンバーの領域を見失わないようにすることが重要である。

チャートの上下関係

The Hierarchy of the Chart

名前や誕生日からナンバーを調べていくと、チャート上には恐らく1から9までのほぼすべての数が登場する。たいていの人はそうなので、当然ながら混乱する。だがそこで混乱するのは、まだ学んでいないことがあるからだ。それは、チャート上のナンバーやそのポジションの間の相対的な上下関係についてである。

たとえば、ライフ・パス・ナンバーはマチュリティー・ナンバーやバランス・ナンバーより遥かに重要である。他のコア・ナンバーも、それぞれがその人の人柄に対して重要な意味を持っている。ハートデザイア・ナンバーがその人の密かなニーズや動機、つまり私的な面を表すのに対し、パーソナリティー・ナンバーは公の顔、その人がかぶっている仮面を示す。それは人から最初に認識される面だ。対照的に、その人と近しい関係にあって、個人的な面や内面を知る人々が認識するのは、ハートデザイア・ナンバーに表れる。

数秘術の利点のひとつは、その人の性格や内面をさまざまな面に分けて知ることができることだ。またそれらの側面が互いにどのように影響しているかがわかる。ここからは、チャート上のナンバーの上下関係をどう判断するか、重要なナンバーの違いをどのように理解し区別するか、そしてチャートの各部分が人の内面のどの部分に対応しているかを説明する。

チャート上で最も重要なのは、圧倒的にライフ・パス・ナンバーである。次に読み取るのはバース・デイ・ナンバーである。重要度で言えば、バース・デイ・ナンバーは5番目か6番目なのだが、ライフ・パス・ナンバーと密接な関連があるため、続けて読むことでふたつを結びつけて考える。その次はその人の才能、能力、目的を表すエクスプレッション・ナンバーで、職業に関しては特に重視する。

そしてハートデザイア・ナンバーを読む。その人が何かを選択するときの動機を示している。特にライフスタイルや環境に関連したことで、なぜそれを選ぶのかという理由を、このナンバーから理解する。マイナー・エクスプレッション・ナンバーやマイナー・ハートデザイア・ナンバーについても、その人の野心や性格全般に影響をもたらすので、ここで合わせて考察する。そして最後にパーソナリティー・ナンバーを見て、コア・ナンバーの示す全体像を完成させる。コア・ナンバーの中で最後に見るナンバーとなり、このナンバーが示すのは人に与える最初の印象、第一印象である。コア・ナンバーを就職にたとえるなら、パーソナリティー・ナンバーはなぜ面接に受かったかを示す。エクスプレッション・ナンバーは、その人の仕事の取り組み方に大きく影響する。ハートデザイア・ナンバーは、どのような環境で働きたいか、ひとりがよいか、人と一緒がよいか、小さな非営利団体か、大企業のほうがよいか、都心が好きか、地方のほうが好みかなど、職場のタイプに影響を与える。

コア・ナンバーから基本的な性格を大枠として理解したら、チャートの他の要素が映し出すさまざまなニュアンス、個々の性格の細かな特性、長所や短所といった部分を見ていく。

まずチャレンジ・ナンバーを見る。チャートから得られる情報として、最も重要な情報源だと思う。他のどのナンバーと比べても、その人が取り組むべき面をはっきり指摘するのはチャレンジ・ナンバーだからだ。納得のいく人生を送ろうとしたとき、その人が真っ先に直面する壁、最もわかりやすい障害を表す。

その次に見るのはマチュリティー・ナンバーだ。ただしこのナンバーの影響が強まるのは年齢を経てからで、30代半ばまでは影響がない。第2のライフ・パス・ナンバーのようなナンバーで、人生に追加される具体的な課題や能力を示す。

続いてカルミック・レッスン・ナンバーに目を向け、その人の弱点や、まだ発展の余地のある分野を見る。そしてヒドゥン・パッション・ナンバーから得意なことや大好きなことを知る。さらにサブコンシャス・セルフ・ナンバーを確認し、どのくらい自信を持って、不安なく自分の才能や能力を使うことができるかを判断する。

バランス・ナンバーは、他のナンバーとあまり関連がないが、感情の波に飲まれてバランスを失っているときは、特に多くの示唆を得られる。激動の只中での、その人の強みを表す。

数秘術には他にもブリッジ・ナンバー、コーナーストーン、キャップストーン、最初の母音、ラショナル・ソウト・ナンバー、エクスプレッションの４つの面がある。本書はそれぞれを明確に定義しているので、その人の人生で各ナンバーが果たす役割がはっきり区別できる。それぞれが微妙に異なり、どれも重要な一面を表す。

チャートを考察するときは、まず個々のナンバーとそのナンバーのポジションに目を向ける。次に互いに強く影響し合うナンバーを見る（数秘術で実践の積み重ねが求められるのはこの部分で、習得には時間がかかる）。たとえば、ハートデザイア・ナンバーが「１」、エクスプレッション・ナンバーが「８」、パーソナリティー・ナンバーが「２」の人には、どんなことが起こるだろうか。コア・ナンバーに「４」が３つあると、どのような意味があり、その人の名前の文字の多くが「５」に対応しているなら、何を意味するか。実践を積むと、自信を持ってチャートをクリアに読み取る術が身につく。

Part 2では、チャートの上下関係について学ぶ。

Part 2 時間とタイミング

Time and Timing

ここまでは、数秘術の人柄に関するナンバーに絞って解説してきた。これらのナンバーの影響は生涯をとおして続くが、ここからは周期について説明し、一定の期間だけ影響を及ぼすナンバーについて学ぶ。

チャートはふたつの部分（パーソナルな情報を表すベース・チャートと時間と共に変化する情報を表すプログレッシブ・チャート）で構成され、相互に関係がある。このふたつの理解を深めるには、ベース・チャートがその人そのものを示し、プログレッシブ・チャートはその人が時間軸のどこにいるかを表す、ととらえるとよい。Part 1までで説明してきたのはベース・チャートのナンバーである。ライフ・パス・ナンバーは、今回どのような人生を歩むことに決めたかを表し、名前に基づいたナンバーは、その人の特性を表す。Part 2からはプログレッシブ・チャートのナンバーについて説明する。これらのナンバーは、チャンス、外部からの影響、直面する障壁、壁をどう乗り越えるかを示す。しかしたとえ全く同じ周期を持つ人がふたりいても、それぞれの性格から、周期に対して同じアプローチを取ることはほとんどない。

従って、周期について分析する前に、ベース・チャートの理解を高めることが大切（訳注P２−１）である。

訳注Ｐ２-１実際にはベース・チャートとプログレッシブ・チャートに加えてネイタル・チャートがあり、このふたつのチャートの橋渡し役を担っている。ほかにもカルミック・レッスンやヒドゥン・パッションなど、Part1で説明されているナンバーはすべて広い意味でのベース・チャートの一部だととらえてほしい。

第6章

サイクルとパターン

時は、創始者の中の創始者である。(訳注6-1)
——フランシス・ベーコン

現代では時間を直線的にとらえる傾向がある。たとえば、人の一生を生まれてから死ぬまでの一本の線のように考える。しかし昔の文化では、洋の東西を問わず時の流れをサイクルとしてとらえており、中には螺旋と考える文化もある。このような見方は人間の実際の経験に基づいたものだ。たとえば、季節は直線ではなく周期的に巡ってくるし、太陽と月の動きにもパターンがある。息を吐いては吸い、目を覚まして眠りにつき、人が生まれては死んでいくなど、人の生活の基盤にはさまざまなサイクルが存在している。

いくつかのサイクルは、人の人生の一部になっている。考えてみれば、人の一生は永遠に繰り返されるサイクルであり、ある種の経験や学びなど、前にも同じことがあったとはっきりわかる場合がある。人生のある時期にある種の教訓を学び、またしばらくして同じことを別の視点から学ぶことになった、といった経験はないだろうか。

たとえば、権力者への接し方を学ぶ機会が今までに何度かあったとする。しばらくして別の権力者に巡り合ったら、そこで今までに得た知識を活かすことができる。もしくは以前に自分が権力者だった経験があるかもしれない。その場合は、権力者に従う立場と権力者として指導する

訳注6-1 フランシス・ベーコン著、服部英次郎、多田英次訳、『ワイド版世界の思想II－04「学問の進歩」第1巻、4・12』(河出書房新社、2005年、p.32)を参考にした。

立場の、両方から得た知識を活かすことができる。そしてまた次のサイクルが始まる。

人は、年月を重ね、何度もサイクルを繰り返し、その中で得た知識や知恵を人生の土台とし、進化のパターンの中で活かし続ける。

数秘術には、名前と誕生日に結びついたサイクルが数多くある。27年サイクルや、もっと長いものもあれば、９日間や９年などの短いサイクルもある。

サイクルの大半は９段階に分かれた進化としてとらえられ、基本的に１から９までの数に従って進んでいく。順番は自由に選べるものではなく、人の人生には有機的な進化のパターンがあるという認識に基づいている。９つのステップが、どのように９段階に分かれたサイクルになっているかを簡潔に説明しよう。

何らかの目標を立てたことのある人なら、最初は自分ひとりだと知っている。アイディアを思いついたり、具体的な企画に着手し始めるのは自分だ。最初の段階の特徴は、それが個人の努力だという点である。ものごとをスタートさせるには、まず自分ががんばらなければならない。自分がやろうとしていることの性質を理解しようと努め、そこにどんな課題やチャンスがあり、どんな落とし穴に陥る可能性があるかを考える。これが進化の第１段階である。

次の段階では、自分の選んだ分野の人たちと知り合い、自分の活動に魅力を感じてもらい、支援を受け始める。相手とうまく話をつけ、機転を利かせ、柔軟に対応すべき段階だ。人からの影響も大切だが、自分の目標を見失わないように、この段階ではまだ自分の長期目標に意識を集中する。これが第２段階である。

エネルギーや支援が集まり、それをひとつのことに注ぎ込んで何かを生み出す準備が整う。創造力を発揮するときだ。何かを実際に創造する段階、生み出す段階に来ている。どんな形であれ、自分が何かをつくり出すのが第３段階である。

第４段階の特徴は、激務、生産性の継続、第３段階で自分がつくったものをさらに洗練させることである。自分の生み出したものを、もっと良い形につくり込む段階で、それには細部が重要になる。自分の創造物の細かな部分に意識を集める。形にすること、たゆまぬ努力、そして細部まで丁寧に目を行き届かせることが、第４段階の特徴になる。

これらの資質は、第５段階の特徴である自由と成功をもたらす。しばらくがんばって働き続けると、働かなければいけないという束縛感が成功、達成感、安堵に変わる。それが第５段階であり、「５」という数は、形にしたという達成から生まれる自由を象徴している。自分を表現するときだ。束縛や制約を気にせず、自分の中に息づく本来の自分を解き放つ。自分に必要なことを言葉にし、内に抱えていた思いを表し、自由に、思い切り自分らしさを体験する段階である。

第６段階になると、そのような自由と、時間やエネルギーや資源の限界との間で、バランスを取る必要が生じる。

制約のない自由は、理想ではあるが、やがて焦点を失って混沌と衰退に向かう。自由の必要性は、何かに的を絞って、特定の機会を活かし広げていく必要性とのバランスを取らなくてはならない。それこそが人生を有意義で意味のあるものにする。「６」という数は、発展段階を象徴する。この段階で、人は、自然の性質と、あらゆる生物の生殖活動には死が内包されるという自然の摂理が課す限界を理解し始める。人間の意志による発展の新たな段階であり、多様なエネルギーが集まってバランスを取り、調和する。

この段階を踏むと、洗練と完璧という第７段階に進む準備が整う。「７」は、人類がさらなる高みへと発展し、自らを表現し、人生と宇宙についての深淵な理解に達しようとする挑戦を象徴する。完成度を高めようと試みたり、人道的、精神的理想に到達しようとするとき、そこには「７」という数の影響がある。

自己開発や自己の完成を目指して真摯に努力すると、それが極端に的外れであったり愚行でない限りは、第８段階に至って、さらに大きなパワーを得たり自己統御ができるようになる。「８」という数は、人生の意味について、特にビジネス、癒し、芸術といった特定の面について、理解を深めたことで生まれるパワーを表す。また精神的な世界と物質的な世界のバランスを示す。

「８」という数は無限や天と地の領域を象徴し、その理解に達した人は当然ながらパワーが増す。そのようなパワーを得ると、人類への奉仕という進化の第９段階に進むことができる。

「９」は完成の段階を象徴する。この段階では、自分が人類全体、そして宇宙全体とつながっていることを理解する。進化の第８段階までに個人の意識や社会への意識がさまざまに高まるが、この段階に至ると、今までよりもはるかに広く大きな対象に奉仕する。

何らかの分野でこうしてひとつのサイクルを完了すると、恐らく難易度の上がった新たなサイクルが始まる。

人はこうして生きる知恵や人生経験を積み、その人のカルマが銀行口座の残高のように増減する。

パーソナル・イヤー・サイクル・ナンバー

いくつか存在するサイクルの中で、人生経験に真っ先に影響を及ぼすのがパーソナル・イヤー・サイクルである。

数秘術では、人生に９年のサイクルがあると考え、人生を９年周期の進化のパターンとしてとらえる。このサイクルは、その人が生まれたときに始まり、一年ごとに次のステップに進んで９ステップで一周し、次の周期が始まる。

この周期は「１」のパーソナル・イヤーで始まり、次に「２」のパーソナル・イヤーになり、最後は「９」のパーソナル・イヤーで終わる。それぞれの９年周期には、その期間に訪れるチャンスやその周期で学ぶべきことがあり、周期ごとのトーンや特徴がある。

また周期を構成する各パーソナル・イヤーにもそれぞれ特徴があり、その年のナンバーによって象徴される。「１」のパーソナル・イヤーは「１」という数の資質を持っており、「２」のパーソナル・イヤーには「２」の資質がある。同時に、この９年周期は他のもっと短い周期やもっと長いサイクルの作用から影響を受ける。これらのサイクルにはトランジットやエッセンス・ナンバーといった長期サイクルもあるが、最も影響がはっきりわかるのはパーソナル・イヤーとエッセンス・ナンバーである。

パーソナル・イヤーは、その人が生涯を通して昇る進歩の階段のようなものである。９年間で９つの段階を踏み、人として成熟し、成長していく。９年間を構成するそれぞれの年は、その年の成長を象徴するような始まりと終わりがあり、特有のリズムと流れがある。簡潔にまとめると以下の９段階である。

・「１」のイヤー：新たな始まり、種まき、精力的な年
・「２」のイヤー：人間関係、感受性、協力の年
・「３」のイヤー：創造性、動機、インスピレーションの年
・「４」のイヤー：努力、節制、チャンスの年
・「５」のイヤー：変化、自由、未知の年
・「６」のイヤー：責任、家庭、奉仕の年
・「７」のイヤー：内省、自己認識、精神的な償いの年
・「８」のイヤー：成果、敬意、評価の年
・「９」のイヤー：完成、解放、変容の年

ちなみに、人がそれぞれの周期で進化している間、この惑星も全体として９年サイクルで前進し、人に影響を及ぼしている。惑星の９年サイクルをユニバーサル・イヤー・サイクルと言い、そのナンバーを出すには、知りたい年の西暦年の四桁を足して、一桁になるまで計算する。

たとえば1992年のユニバーサル・イヤー・ナンバーは、１＋９＋９＋２＝21、２＋１＝３なので、「３」である。ユニバーサル・イヤー・ナンバーは、個人のパーソナル・イヤー・ナンバーの計算に使われる。

パーソナル・イヤー・ナンバーの出し方

パーソナル・イヤー・ナンバーを出すには、その人の生まれ月の数、生まれ日の数、そしてナンバーを知りたい年のユニバーサル・イヤー・ナンバーの３つを足す。

たとえば、５月15日生まれの人の1992年のパーソナル・イヤー・ナンバーは、５（生まれ月）＋６（生まれ日の15日＝１＋５）＋３（1992年のユニバーサル・イヤー・ナンバー）＝14、１＋４＝５となり、「５」である。年が変わるとパーソナル・イヤー・ナンバーも変わる。

もうひとつ例を挙げよう。11月29日生まれの人の1996年のパーソナル・イヤー・ナンバーを出すには、

11月＝1＋1＝2
29日＝2＋9＝11　1＋1＝2
1996年＝1＋9＋9＋6＝25　2＋5＝7

この例のパーソナル・イヤー・ナンバーは、２＋２＋７＝11、１＋１＝２となり、「２」である。ちなみに、生まれた年のパーソナル・イヤー・ナンバーは、その人のライフ・パス・ナンバーと同じである。

パーソナル・イヤー・ナンバーを計算するときは、マスター・ナンバーの11や22も**必ず一桁にする。**パーソナル・イヤー・サイクルは９年周期で「９」までなので、マスター・ナンバーは存在しない。そのため11は「２」に、22は「４」にする。

パーソナル・イヤー・ナンバーの影響は、１月から始まり12月に終わる。年頭と年末の３カ月間は、前後の年の影響も受ける重複期間になる。年頭の３カ月間にその年のエネルギーが集まり始め、同時に前年の影響が弱まっていく。その年のエネルギーと影響は９月頃にピークを迎え、その後、年末までの３カ月間は、翌年のエネルギーが感じられるようになる。その年の影響が弱まり、新たな年の影響が重複して出始める期間である。

一部の数秘術師は、パーソナル・イヤーの始まりはその人の誕生日あたりだと主張しているが、わたしの考えをここで明確にしておく。それは誤りだ。なぜなら、パーソナル・イヤーの計算には地球のサイクルを示すユニバーサル・イヤー・ナンバーが使われ、それは西暦年から計算されるからだ。それが個人のサイクルのリズムを決め、ユニバーサル・イヤーとの共時性を示すからである。

パーソナル・イヤー・ナンバーの記録例として、プログレッシブ・チャートを参照してほしい（301頁の図6.2）。

1のパーソナル・イヤー・ナンバー

大きな変化に備える年である。新しいことに着手したり、冒険したくなる。新たな目標に向かう強い追い風を感じるだろう。

ビジョンを描き、計画を立てる時機だ。自分の夢を人と共有し、計画を立て、必要な支援を得るとよい。ただし、自分の意欲を力にして始めることが、何よりも大切である。きっぱり決めること！

新しい９年サイクルの始まりである。この年のあらゆる行動が自分の未来に影響する。自分の中から湧き上がる創造力を抑え込まず、そのまま何も恐れず、大胆になることだ。

この年はいつもより自信と決断力が生まれる。手放す年であった前年と比べると、特に違いが際立つ。始まりのときを表す年である。

自分が決めて、自分の夢に向かって、自分で行動する年である。

また個人的にずっとやりたいと思っていたこと——たとえばダイエット、運動プログラム、新しい勉強——を始めるなど、自分を変えるのにも良い年である。

この年は気持ちが大きく揺れ動くときがあり、特に最初の２、３カ月に感情が激しく揺れる恐れがある。前進に向かうまで、しばらく時間がかかる。多くの変化と努力が必要になる。

ものごとをオープンに受け止め、考えを整理し、意識を集中すること。雑念にとらわれたり、ぐずぐず先延ばしにしたりしないほうがよい。

岐路に立つ年である。自分にとって正しい道を歩み続けるには、勇気と冷静さが必要である。

チャンスの年である。

鍵になる月は、３月、４月、７月、８月、10月である。３月に自分の計画の土台づくりができる。４月は、住む場所や仕事など、何らかの変化がある。７月から８月にがんばってきたことの成果が出始める。10月には大きな節目を迎え、精神的に動揺することが多い。秋になると自分の計画がまとまっていく。

2のパーソナル・イヤー・ナンバー

自分の計画に気を配り、大切に守り育む年である。我が子を見守る母親のように、計画に対する現実の脅威や想像上の脅威に意識を働かせる。

前進し続けるには、機転を利かせ、協力を得る必要がある。人と対立することがあり、落ち着いた細やかな対応が求められる。自分の目標を常に意識しながら、頭を使って相手を説得すること。力づくは自分の利にならないので、妥協点を見出すと自分にとって良い方向に進む。

異常なほど敏感になり、前年に感じていた意欲や勢いはどこに行ったのかと、時折不思議に思うかもしれない。この一年は、自分の目標を見すえながら繊細なバランス感覚を持ち、障壁を避けて通ることを前向きにとらえる、という今までと異なる資質が求められる。

気持ちが落ち込んだり、挫折感や不満を味わうかもしれない。苦難が特徴となる一年だが、計画を前に進められるチャンスも多い。

ゆっくり成長する年なので、忍耐力が求められる。付き合う相手を十分見極めること。この一年は少し傷つきやすいので、自分のアイディアを人にあまり話さず、少し秘密にしておき、自分自身とアイディアを守るようにする。

読書や研究調査による自己向上に良い一年である。人生の中でも目に見えにくい面や明白ではない面への意識が高まり、その意識が自分をぐっと強くし、未来への備えができる。

この年は、あらゆる人間関係に対して懸命な判断をし、人付き合いをすべきである。そうすると人との近い関係、中には一生涯続くような関係を築く力が圧倒的に高まる。

「２」のパーソナル・イヤーには感受性やオープンさが高まるため、この年にソウル・メイトを見つける人が多い。

５月は極めて重要な月で、直感と感覚が非常に鋭くなる。また内省的になり、精神的な気づきを通して、仲間や状況に影響を及ぼすことができる。７月に計画が山場を迎え、明らかな前進を遂げる。８月にものごとが具体化し、新たな始まりがある。９月は感情が高まり、調整、機転、内なる決意が求められる。「２」は成長と前進の年だが、それは自分のパワーを穏やかな形で間接的に使うことで達成される。

3のパーソナル・イヤー・ナンバー

拡張と個人レベルの成長の年である。自己表現が高まる時機だ。創造力と芸術的な才能が前面に出る。快活になり、あらゆる社交行事に魅かれる。

ほかの年と比べて、人を楽しませる機会も自分が楽しむ場面も多い。ワクワクするような人たちと知り合う。自分の真価、自分の持てるものすべてを認める好機である。

この年は自分がとてもダイナミックになり、カリスマ性が生まれる。自分のエネルギーをあちこちに注がないことが課題になる。新しい独創的なアイディアを前に進める絶好の機会に恵まれるが、それを活かすには、自分を制して意識を集中する必要がある。

すぐに楽観的になり、何かに熱狂できる年で、それが自分の活動のスピード・アップにつながるかもしれない。ただし、実際に仕事に集中して進めなければ、遅れが出たり、落胆することになる。

友情が花開き、恋愛相手と思いを分かち合える、楽しい一年である。

財政面でも良い年になることが多く、自分のクリエイティビティーの方向性をうまく定めると、さらに弾みがつく。軽快で前向きな人たちに囲まれて過ごすとよい。

いつもより旅に出るかもしれない。ほぼ間違いなく、旅先で心躍る人々と出会い、楽しい経験をする。

この年は、うっとりするようなことや贅沢を楽しみ、お祭り気分を味わうとよい。

この一年はコミュニケーションが良好になり、自分のアイディアをわかってもらえることが多い。

恋愛は定まらない。

２月に変化がある。６月に取り組んでいたことが完了する。７月には新たな始まりの兆しが見える。８月と11月は気持ちが高ぶる可能性がある。

4のパーソナル・イヤー・ナンバー

ものごとを整理して考え、実践的に行動する年である。細かい部分を大切にし、目標に向けて全力で取り組むこと。前年と比べ、集中力と何かひとつのことに意識を向ける力が大きく向上する。現実主義を取り、決断力を持って臨む年になる。

この一年は、限界を感じたり、多少の挫折を味わうかもしれない。だが絶対につかみ取るべき重要なチャンスが訪れる時機でもある。仕事に関係のある旅が増える可能性がある。

巡ってきたチャンスを最大限に活かすために、柔軟でいること。忍耐と激務と幅広く融通を利かせることが、同時に求められる。とは言え、

この一年は努力が認められ、友人や家族から支援を得られる。

この年は不動産の購入や自宅の改装に向いている。ずっと先延ばしになっていた活動に目を向けるのもよい。

自分の義務を果たすこと、そして苦労して稼いだお金を、恐れずに少し使うことが大切である。この年に何かを売ったり買ったりすると、非常にうまくいくことが多い。

自分の基盤固めの年である。翌年は確実に変化が多いので、この年にその準備をする。

懸命に働いた結果として、大いに満足感と達成感を得る。

１月と２月は重要な変化があり、新たなチャンスが訪れるかもしれない。３月は、自分を顧みて計画を立て直す必要がある。今後に目を向け、瞑想するとよい。６月に新しい重要な一歩を進めることができ、恐らく仕事上の画期的な前進となる。10 月はいくつか変化が差し迫り、混沌とするため、変化を脅威に感じるかもしれない。だが 11 月に、昇進もしくは追加の財政支援という形で援助を得る。

5 のパーソナル・イヤー・ナンバー

ダイナミックな変化の年である。びっくりすることが自分に何度も起こる。変化にオープンになり、新しいチャンスを受け入れる心の準備をしておくこと。この一年は身構えすぎないのがよい。リスクを計算した上で多少の賭けに出ると、大きな前進を遂げられる。

知恵と思慮深さが鍵であるものの、事実が出そろう前にすばやく積極的に動いて、選択しなければならない場面に必ず遭遇する。

この年は、与えられたチャンスを最大限に活用するために、自分を売り込む必要がある。ワクワクするような一年だ。

旅に出る機会が増え、引っ越しの可能性もある。

食、アルコール、セックス、薬物への欲望に惑わされる恐れがある。これらの分野で過ちを犯す恐れがあるので、注意を怠らず、分別をわきまえること。

またこの年は、予想もしなかった冒険や幸運がある。

時代遅れのやり方や個性にしがみつこうとすると、不安な一年になるかもしれない。古いものは捨て、新しいものを取り入れること。前年の苦労の後に訪れる、再生と解放の年である。

この年は変化の連続で、特に4月と5月に変化が多い。7月に突破口が開き、喜びに湧く。9月は激しい月になる可能性がある。10月は、恋愛関係において相手に気を配り、バランスを意識する必要がある。

6のパーソナル・イヤー・ナンバー 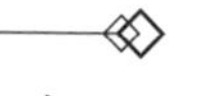

前進と財政面の進展が見られる年である。仕事で大きなチャンスが訪れる。新たな責任や課題を負うことで成長が促される、手応えのある年になる。

この年は、家庭への責任を負い、家族や友人のニーズに注意を払う。心にしみるような思いをし、多少の自己犠牲を払う時機であり、安らぎや思いやりがテーマとなる。

自分が属しているコミュニティーの中での、自分の立場の重要性がわかるようになる。それぞれの人が自分の責任に向き合えるように力を貸してほしいと人から頼まれる。つまり「まさかの友は真の友」という諺の友人になる年である。調和とバランスの取れた雰囲気をつくるために、力を尽くさなければならない。またこの年は、夫婦間の問題が表面化し、配慮が必要になることが多い。しかし、愛と柔軟性を持ってすれば、このような問題にうまく対処できるだけの理解力がある。

深い思いがふたりの関係を再生し、家族が増える可能性が高い。

5月は約束と迫りくる変化にあふれていて、ストレスになり、感情が高まる。6月に状況を打開し、一息つける。9月は前進が見られる。10月は振り返りと再調整の月で、12月には完成と成就を味わう。

7のパーソナル・イヤー・ナンバー 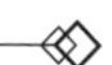

この年は、ひとりで過ごす時間が増え、自分の中に答えを見つけ、以前より自分を理解できるようになる。そのような傾向を自分が経験して認識する。人付き合いを楽しんだり、世俗的な目標を目指す時ではない。

日常生活に必要なことは、自然と片づくものだとわかる。もちろん日々の義務や仕事で手を抜くべきではないが、物理的に必要なことや世俗的なニーズに気をもむより、この一年は自分自身に目を向けるとよい。自分の心や精神面の在り方を見つめるべき年である。

生活の質を改善し、本を読み、考えを深め、洞察を得る年にすること。自分を大切にし、休息を取り、健康に気をつけるとよい。

自分の人生の基盤を強化すべき年である。ものごとがうまくいくかどうかは、結局すべて自分の内面の強さにかかっている。この年は、普通とは言えない不思議な出来事が数々起こり、改めて人生を見つめることになる。生きる喜びや人生の素晴らしさを、不自然な形でも無関係な立場からでもなく、まさに自分のものとして体験する機会があり、純粋に自分自身への気づきが高まる年である。

世俗的な見返りへの関心や欲求が強すぎると、この時期の経験が非常に嫌なものになってしまう。「手放して天に委ねよう」という姿勢で臨むと、いったい自分が何をしたのかと思うほど、実りの多い、楽しい一年になる。

8のパーソナル・イヤー・ナンバー

自分に向き合い、自分と常に関わり続けた前年を過ごし、自分の仕事の状況に疑念を抱くこともあったはずだが、この年は胸をなでおろす一年になる。ものごとがついにうまくいく。受け取るべきお金をやっと手にしたり、昇進が認められたりと、財政面でトンネルの先に明かりが見える。また内面の強さが生まれ、自信を持てる。

この一年は収穫の年で、ここに至るまでの７年間に重ねた努力の分だけ、自分に返ってくるだろう。

この９年サイクルが実によくできていることを認識し、理解できるはずだ。人は皆流れの中にいて、もう流れに逆らう必要などないとわかる。

この年には、仕事と世俗的な成長に没頭し、その報酬を家庭に持ち帰るチャンスが訪れる。ただ同時に、報酬が幸せをもたらすのではなく、そのような人生経験を幸せと考える、というある種の諦観が必要である。世俗的な面から一定の距離を置き、執着しないことが大切である。見返りを得る「８」の年の前に、「７」という魂の探求と成長の一年があるのは、そのためである。

自分の野心に抗わず、身をゆだねること。そのほうが頭が冴え、意識を一点に集め、目標に向かって前進し達成しやすくなる。それが自分でもわかるはずだ。

自分のパワーが明らかに強くなる。知的創造力も高い。ビジョンと直感に従って動くことができ、それによって効率が上がり、ブレなくなる。この年は､倒産や失敗などの深刻な損失を被る可能性もある。自分に返ってくるのは、常に自分の努力とやる気の分だけだからだ。どれほど自分が努力し、どれほど自分にやる気があるかは、自分でわかっているはずなので､恐れることも疑う必要もない。あるのは成功と勝利のみである。とても満足のいく年になることは間違いないだろう。

9のパーソナル・イヤー・ナンバー

やりかけの仕事を終わらせ、家を掃除し、新たなもののための余地をつくる年である。

物質的なレベルでは、増えすぎた体重を落としたり、要らなくなったものを人に譲るか売ったり、長年借りたままのものを返すのによい時機である。

精神的なレベルでは、まるで違う心理状態を経験する。自分以外の人や彼らが何を必要としているかに目を向けるとよい。助けになれる方法を見つけ、自分が価値を感じる理念のために、時間とエネルギーを使う。疑問や疑いを抱いて、重く考えないほうがよい。それには意識を自分からそらし、別の方向に向けて集中するのが最善である。そのほうが自分自身が軽やかになり、自分の考えや思いがよくわかるようになる。

完成の年である。問題は解決し決着がつく。ぎくしゃくした関係は和らぐか完全に緊張が解ける。仕事上のストレスは原因が明らかになり、対処が可能になる。

人付き合いを楽しみ、気さくに会話を交わしたり、音楽などの芸術を楽しむとよい。この一年は、いつもより創造性が豊かになっている。

この年は、困難にぶつかって克服したいという欲求が自分の中にあるため、多少の問題があるかもしれない。決断が求められる。勇気や強さが試される場面も何度かあるかもしれない。ずっと気楽に過ごせる年ではないが、年末までには、もう少しで状況を打破できると感じられ、気持ちが軽くなる。

９年サイクルを締めくくる一年で、希望に満ちた新しい時代に向かっ

て楽観的になり、ワクワクすることも多い。手放すことへの恐れもあるが、ここで多くを手放すと、その分だけ次のサイクルで得るものの余地が広がる。

パーソナル・イヤー・サイクルの影響は、恐らく他のどのサイクルよりも強く、はっきりと感じられる。人は多くのサイクルから同時にさまざまな影響を受けているが、影響の仕方はサイクルによって異なる。誕生日に基づいたサイクルの影響は、「外側から」やって来るように感じられる。自分のものではない抗うことのできない力が、出来事や状況を引き起こして変化をもたらしたり、自分のエネルギーの方向を変えてしまうように感じる。それに対して、名前の文字に基づくサイクルは（この後論じるが)、「内側から」やってくるように思える。これらのサイクルの影響は、自分の中の抗いがたい力から生じ、自分が望んでいる変化や、自分が準備できている変化を起こす。パーソナル・イヤー・サイクルは、小学校の学年のように段階を踏んで進むステージと見なすことができる。つまり、１、２、３と順に進み、９に到達すると、また最初から始まる。そのため、パーソナル・イヤー・サイクルにマスター・ナンバーはない。このような単純なパターンで進むのはパーソナル・イヤー・サイクルに限られる。他のサイクルは、名前や誕生日など、その人のチャートに結びついたリズムに従う。

パーソナル・マンス・ナンバーと
パーソナル・デイ・ナンバー

９年サイクルと比べると気づきにくいが、９年サイクルで人が進化するのと同じように、９カ月サイクルや９日間サイクルも存在する。９カ月周期のパーソナル・マンス・サイクルと９日間周期のパーソナル・デイ・サイクルは、パーソナル・イヤー・サイクルと同じように１から９の順に進む。年単位のイヤー・サイクルほど明らかではないが、月や日のサイクル・ナンバーも、イヤー・サイクル・ナンバーと同様に人に影響をもたらす。

イヤー、マンス、デイの各サイクルは、互いに結びついた螺旋の重なりととらえることができる。本質的に同じパターンを描いており、日から月、月から年のパターンへと、より大きな時のうねりを飲み込んで、さらに深遠でパワフルな螺旋へ広がっていく。

パーソナル・マンス・ナンバーとパーソナル・デイ・ナンバーの出し方

パーソナル・マンス・ナンバーを出すには、パーソナル・イヤーの数に、知りたい月を表す一桁の数を足す。

たとえば、パーソナル・イヤー・ナンバーが「５」の人が７月の自分のパーソナル・マンス・ナンバーを出すには、自分のパーソナル・イヤー・ナンバーの「５」に７月の「７」を足して12となり、それを一桁の「３」にする。パーソナル・イヤー・ナンバーが「５」の人の７月のパーソナル・マンス・ナンバーは、「３」である。

次に、パーソナル・デイ・ナンバーを出すには、自分のパーソナル・マンス・ナンバーに、知りたい日の数を足し、一桁になるまで計算する。先ほどの例を使うと、パーソナル・マンス・ナンバーが「３」の人が、７月17日のパーソナル・デイ・ナンバーを出すには、自分のパーソナル・マンス・ナンバー「３」に、17日を一桁にした「８」を足して11となり、それを一桁にすると「２」になる（パーソナル・イヤー・ナンバー、パーソナル・マンス・ナンバー、パーソナル・デイ・ナンバーのいずれの場合も、マスター・ナンバーを一桁にする点に注意してほしい）。

たとえば、５月15日生まれの人の1991年のパーソナル・イヤー・ナンバーは「４」である。生まれ月の５月の「５」に生まれ日の15日を一桁にした「６」を足し、知りたい年の1991年を一桁にした「２」（１＋９＋９＋１＝20を一桁にして２）をすべて足すと13になり、それを一桁にすると「４」になる。この人の1991年のパーソナル・イヤー・ナンバーは、「４」である。

この人の1991年８月のパーソナル・マンス・ナンバーを出すには、知りたい月である８月の「８」にパーソナル・イヤー・ナンバーの「４」を足して12になり、それを一桁にすると「３」になるので、この人の８月のパーソナル・マンス・ナンバーは「３」である。

この人の1991年8月23日のパーソナル・デイ・ナンバーを出すには、知りたい日の23日を一桁にした「5」に、パーソナル・マンス・ナンバー「3」を足すと「8」になるので、この人の8月23日のパーソナル・デイ・ナンバーは「8」である。

この計算は、以下のように考えるとわかりやすい。ここで2月12日生まれの人の、1993年10月8日のパーソナル・イヤー、マンス、デイの各ナンバーを調べてみよう。

パーソナル・イヤー・ナンバーは、
　生まれ月、2月＝2
　生まれ日、12日＝1＋2＝3
　知りたい年、1993年＝1＋9＋9＋3＝22　2＋2＝4
　2＋3＋4＝9

パーソナル・マンス・ナンバーは、
　パーソナル・イヤー・ナンバー　9
　知りたい月、10月＝1＋0＝1
　9＋1＝10＝1

パーソナル・デイ・ナンバーは、
　パーソナル・マンス・ナンバー　1
　知りたい日、8日＝8
　1＋8＝9

この人の1993年10月8日のパーソナル・デイ・ナンバーは「9」である。

以下に、パーソナル・マンス・ナンバーとパーソナル・デイ・ナンバーについて説明する。

これらのナンバーの記録方法の例として、プログレッシブ・チャートを参照してほしい（301頁の図6.2）。

1 のパーソナル・マンス・ナンバーと パーソナル・デイ・ナンバー

新たな始まり、初めて会う人々、新しいアイディア、活気、意志の力、勇気、大志、自立、リーダーシップ、決断力、発明性、イニシアチブに満ちた月であり、日である。

ネガティブな点として、衝動的、意固地、狂信的な優越感、敵対的、せっかち、小ばかにした態度になりやすい。

赤、オレンジ、赤銅色、薄紫の色を身につけるとよい。

2 のパーソナル・マンス・ナンバーと パーソナル・デイ・ナンバー

感受性が鋭く、機転が利き、交渉事に長け、協力的で、説得力があり、控え目で、立ち直りが早く、社交性に富み、気さくで、ロマンチックで、人を癒し、相手をほっとさせる月であり、日である。

ネガティブな点として、自意識が高い、臆病、大げさ、調和しない、嘘つき、メロドラマ的、大げさ、意気地なしになりやすい。

ゴールド、白、黒、黄色、サーモンピンクの色を身につけるとよい。

3 のパーソナル・マンス・ナンバーと パーソナル・デイ・ナンバー

独創的で、想像力があり、人にインスピレーションを与え、やる気にさせ、楽観的で、自己表現が豊かで、ダイナミックで、ハッピーで、ラッキーで、人を惹きつけ、愛にあふれ、予言めいた月であり、日である。

ネガティブな点として、自己中心的、散り散りのエネルギー、気分屋、うわさ好き、浪費家、批判的になりやすい。

琥珀色、ワインレッド、黄味がかった緑、くすんだ淡いサーモンピンクの色を身につけるとよい。

4 のパーソナル・マンス・ナンバーと パーソナル・デイ・ナンバー

優れた管理職、勤勉さ、機を見るに敏、細部重視、頼りになる、時間に正確、実践的、几帳面、建設的、決意が固い、辛抱強いという面を持

つ月であり、日である。集中力もある。

だが同時に、制限を設ける、フラストレーションを抱える、無秩序、遅い、頑な、怒りに満ちたナンバーでもある。

緑、ターコイズブルー、青、グレー、明るい茶の色を身につけるとよい。

5のパーソナル・マンス・ナンバーとパーソナル・デイ・ナンバー

ダイナミックで、ものごとを促進し、進歩的で、話し好きで、社交的で、独自で、頭の回転が速く、柔軟で、順応性があり、機知に富み、多才で、自由を愛し、寛容で、空想的で、冒険心があり、旅を愛する月であり、日である。

ネガティブな点として、ひとつのことに意識を集中できず、頼りにならず、気まぐれで、不満をこぼしやすい。

赤、ターコイズブルー、ピンク、黒、青の色を身につけるとよい。

6のパーソナル・マンス・ナンバーとパーソナル・デイ・ナンバー

家庭的で、曖昧な態度を取らず、人を助け、自分を後回しにし、調和をもたらし、愛に満ち、思いやりがあり、慈愛に満ち、人に助言を与え、バランスがよく、満ち足りていて、受け入れる力があり、情熱的で、芸術的で、法的なことをうまく処理できる月であり、日である。

ネガティブな点として、罪悪感、わがまま、損失、不安定といった面が出やすい。

鮮やかな赤、黄、からし色、紺、シルバーの色を身につけるとよい。

7のパーソナル・マンス・ナンバーとパーソナル・デイ・ナンバー

精神面を重視し、瞑想し、思索を深め、自意識が高まり、洞察力があり、肩の力が抜けていて、完璧を目指し、観察し、チャーミングになり、読書し、勉強や研究に励み、問題を解決し、研究調査に励む月であり、日である。

また自分の世界に引きこもり、イライラしがちで、疑い深くなり、所有欲が強くなる。

青紫、紫、赤紫、ターコイズブルーの色を身につけるとよい。

8 のパーソナル・マンス・ナンバーとパーソナル・デイ・ナンバー

無駄がなくテキパキしていて、効率がよく、強く、やりがいを得られ、人やものごとへの敬意を持ち、価値がわかり、気前がよく、パワフルで、権威があり、先見の明があり、計画を立てる月であり、日である。また契約、販売、お金に関する扱いがうまくなり、人を見る目が鋭くなる。

ネガティブな点として、強欲、不誠実、金銭問題、目立ちやすい、攻撃的といった面が表れる。

ベージュ、淡い茶色、ゴールド、ブルーグレー、ライムグリーンの色を身につけるとよい。

9 のパーソナル・マンス・ナンバーとパーソナル・デイ・ナンバー

完成されていて、私心がなく、人に教えることができ、人を癒し、芸術的で、役に立ち、人道的で、懐が深く、慈しみにあふれ、社交的で、公正で、許しの心を持ち、理想主義的で、機会をうまくとらえ、情け深くなる月であり、日である。

ネガティブな点として、よそよそしい、無関心、ナルシスト、自己憐憫といった面を持つ。

ラベンダー、ゴールド、緑、赤、白、オリーブの色を身につけるとよい。

パーソナル・イヤー、マンス、デイというサイクルのリズムには、ある種のロジックが組み込まれていて興味深い。このロジックについて説明する。

人は、その人のライフ・パス・ナンバーが示す方向性に従って、その人に認められた年数を生きる。そういう意味で、ライフ・パスも、ひとつの人生にひとつのナンバーを割り振ったサイクルと考えることができる。

人生最初のパーソナル・イヤー・ナンバーは、必ずライフ・パス・ナ

ンバーと同じになる。その後は９年周期でパーソナル・イヤー・ナンバーが巡っていく。ただし、生涯最初と生涯最後の周期は９年に満たない（その人のライフ・パス・ナンバーが「１」で、その「１」のパーソナル・イヤーが始まる日（つまり１月１日）に生まれ、「９」のパーソナル・イヤーが終わる日（つまり12月31日）に亡くなる場合に限って、生涯最初と生涯最後のどちらの周期もちょうど９年になるが）。

この９年周期は、さらに９カ月サイクルに分かれる。ただし、９カ月サイクルの最初から最後までを同じ一年の内に含む年は少ない。以下の表に９カ月サイクルと９年周期の関係をまとめた。

パーソナル・イヤー	パーソナル・マンス
1	2、3、4、5、6、7、8、9、1、2、3、4
2	3、4、5、6、7、8、9、1、2、3、4、5
3	4、5、6、7、8、9、1、2、3、4、5、6
4	5、6、7、8、9、1、2、3、4、5、6、7
5	6、7、8、9、1、2、3、4、5、6、7、8
6	7、8、9、1、2、3、4、5、6、7、8、9
7	8、9、1、2、3、4、5、6、7、8、9、1
8	9、1、2、3、4、5、6、7、8、9、1、2
9	1、2、3、4、5、6、7、8、9、1、2、3

注：９年周期のうち、年内に９カ月サイクルを１から９まで巡る年は、後半の４年間だけである点に注意する。

同じように、パーソナル・デイ・サイクルにもリズムがある。「６」、「７」、「８」、「９」のパーソナル・マンスでは、同月内に９日間サイクルを３周するが、それ以外の月では２周しかしない。「５」のパーソナル・マンスは、その月が31日まであれば、サイクルを３周する。

トランジット・レター

トランジット（推移）は、名前を綴る個々の文字から調べ、後述するエッセンス・ナンバーのチャートと合わせて使うと、今後一年について

さらに展望することができる。(訳注6－2)

名前は時間に共振する音楽のようなもので、人生は名前という音楽を楽譜にしたものととらえることができる。名前の文字は音符であり、楽譜の一部として音楽を奏で、ひとつひとつがリズムや、個性や、ニュアンスをつくり出す。楽譜が音符の音の長さや意味を示しているように、名前の個々の文字は、その人の人生の特定の時期や意味を示し、その人の人生を描き出している。

トランジットの調べ方

トランジットは、苗字、ミドル・ネーム、下の名前から導き出し、それぞれがその人の意識の特定の面――物質、思考、精神面――の情報を示す。物質面のトランジットは下の名前から、思考面のトランジットはミドル・ネームから、精神面のトランジットは苗字から導かれる。ミドル・ネームを持っていない人は、苗字から思考と精神の両面のトランジットを導き出す。ミドル・ネームが複数ある人は、それらをひとつの長い名前ととらえる。苗字を複数持っている場合も、それらをひとつの長い苗字と考えて導き出す。

ここで再び、トーマス・ジョン・ハンコックという名前を例にして説明する。まず、彼の下の名前であるトーマスから、物質面のトランジットを調べる。彼が生まれた日を出発点として、トーマス（Thomas）の「T」の数価である「2」から、「T」の時期が2年続くと考える。次の「H」の数価は「8」なので、「H」の時期が8年続く。このように、それぞれの文字の時期がその文字の数価の数の年数だけ続く。

トーマスを表す文字の数価を合計すると、つまりこの名前の数価を合計すると「22」になるので、下の名前によるさまざまな影響が22年続くと一回りする。最後の文字の時期が終わると、再び「T」に戻り、改めて一文字ずつ進む。

訳注6-2 後に説明があるが、パーソナル・イヤーが一年の始まりと共に始まるのと異なり、トランジット・レターの影響は（後述のエッセンス・ナンバーと同様に）その人の誕生日から始まる点に注意する。

次にミドル・ネームのジョン（John）から、思考面のトランジットを調べる。ジョンは「J」で始まり、数価は「1」なので、「J」の時期が１年続く。次の「O」は「6」に対応するので６年続く。ジョンという名前の影響は20年で一巡し、再び「J」に戻る。

最後に苗字のハンコック（Hancock）から、精神面のトランジットを調べる。ハンコックは「H」で始まり、数価は「8」なので、まず「H」が８年続く。次の「A」の数価は「1」なので、「A」が１年続く。「N」は「5」で５年続く。ハンコックという苗字全体は「28」なので、28年のサイクルが繰り返される。

（下の名前）物質面のトランジット	（ミドル・ネーム）思考面のトランジット	（苗字）精神面のトランジット
T h o m a s	J o h n	H a n c o c k
＝ ＝ ＝ ＝ ＝ ＝	＝ ＝ ＝ ＝	＝ ＝ ＝ ＝ ＝ ＝ ＝
2 8 6 4 1 1	1 6 8 5	8 1 5 3 6 3 2
22	20	28

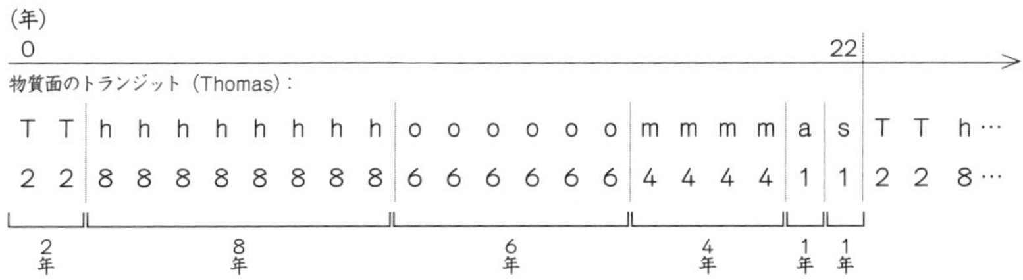

物質、思考、精神の各側面のトランジットの意味を、以下に説明する。トランジットの説明を理解する際は、どの意識の側面についてかを念頭に置いて読むことが大切である。トランジット・ナンバーの記録方法の例として、プログレッシブ・チャートを参照してほしい（301頁の図6.2）。

Aのトランジット・レター

現実的な事柄に、思考を使ってアプローチする期間である。変化、行動、進歩、創造性がある。「A」という文字の影響から、その人の性格に自立心とリーダーシップが加わる。また旅に出ることがとても多く、引っ越しの可能性もある。昇進などのチャンスを期待できる。自分の意識や人生に対する見方が画期的に変化するかもしれない。

Bのトランジット・レター

いつもより感情的になり、気弱にもなるかもしれない。この期間は愛を求める思いが強まるため、そこにつけこまれて、感情に任せた恋愛に走る恐れがある。健康にも注意が必要で、特に神経系に気をつけること。十分な休養を取るほうがよい。受け身の姿勢で、人のアドバイスに耳を傾けるべき期間だ。仕事面では、感受性の鋭さや折衝能力が評価されて、キャリア・アップする時機である。人を引き寄せる力があり、人から「助けてあげたい」と思われる。

Cのトランジット・レター

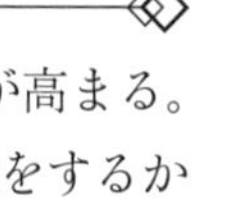

自己表現がうまくできる時機である。創造力と独自性が高まる。また直感が鋭くなり、予感が当たるといったサイキックな経験をするかもしれない。いつもより冒険心が生まれ、新しい友人が何人もできて、社交行事が増える。自己アピールがうまくなる。また、特にセールス関連の仕事など、ビジネスが好調に進む時機である。

Dのトランジット・レター

この期間は、健康に気を配り、食事や運動の習慣を見直すとよい。健康維持のための予防策を取ると効果を発揮する。

また自分の気持ちの表し方に取り組む年で、愚痴や悩みを聞いてくれる人が欲しくなるかもしれない。恋愛関係は少しぎくしゃくする可能性がある。自分が感じていることを相手と共有すると、気持ちがほぐれる。成長の機会に恵まれ、自信を高められる時機である。旅に出る。

Eのトランジット・レター

やる気が生まれ、役に立ちたいと感じる期間である。転職、旅、住まいをもうひとつ持つといった可能性がある。恋愛を含めて冒険的な新しい体験に惹かれ、結婚する可能性もある。財政面では良い意味を持つ文字だが、焦点を絞り切れない。軽薄な態度を取る恐れがあり、それが物質面での実質的な前進に悪影響を及ぼす。また新しい宗教や哲学の考え方に魅力を感じる時機である。

F のトランジット・レター

魂の探求と精神的な成長の期間である。家庭でも仕事でも、必死に働き、責任が増す。また直感が高まって敏感になるが、自分がどんな人生を生きたいかははっきりしなくなる。内面を見つめ、深く考え、瞑想することが大切である。犠牲者ぶる傾向が表れる時期でもあり、自分を犠牲にしすぎる恐れがある。それは、純粋な無償の愛というより、責任逃れである可能性が高い。とは言え、多くの人から悩みを聞き、助言を求められるため、安らぎを与える機会にも受け取る機会にも十分に恵まれる。

G のトランジット・レター

「G」という文字は思考と精神の両面に影響を及ぼし、矛盾した力が働く期間である。財政面で得るものがあるが、自分は報酬を求めないほうがよい。自ら求めなければ、成功と幸せが訪れる可能性がある。またこの時期は、自分がひとりきりで独りぼっちだと感じることが多く、瞑想やじっと思いにふける時間を過ごす。陰鬱に思い悩む傾向も強く表れる。自己表現力は高いが、表面的な表し方にとどまりがちで、自分の考えや気持ちを隠そうとする。他の時期と比べて衝動的になり、特に感情的な事柄でその傾向が強まる。

H のトランジット・レター

この期間は思考がとても活発になる。びっくりするほど型やぶりな考えが浮かんだり、独自のアイディアを思いついたり、さらには何かを発明するかもしれない。大志を抱く時機で、自分を売り込むと成果を得られる。前進と成功を達成できる時機である。自制心を持ちつつ、自分の願望がはっきりする。ただし感情面では少し傷つきやすくなり、愛や注目を必要とする。

I のトランジット・レター

この期間は、感情の起伏が非常に激しくなり、神経をすり減らしてストレスに苦しむ。また事故を起こしやすい。落ち着いて自分の中心軸からブレないことと、人生はこんなものだと受け入れる気持ちが大切になる。うまく自分の機嫌を取り、自己憐憫や不安感に捕らわれないようにする。またこの時機は競争心が高まり、成功や財政的な見返りを得るチャンスがある。

Jのトランジット・レター

多くのことを率先して行う時機で、仕事の方向性を変える可能性がある。収入を増やせる機会があるが、それには細かなことをきちんと調べ、どんな結果になり得るかを、行動を起こす前にすべて確認しておかなければならない。近道しようとしないこと。この時期は、新たな責任を負う。引っ越しをする可能性もある。この期間中、始めは気持ちが揺れ動くが、それを過ぎるとある種の再生と気づきを経験し、改めて自分に自信が持てるようになる。

Kのトランジット・レター

直感が極めて鋭くなる時機である。啓示を得たり、精神的な壁を突破したりする可能性が飛び抜けて高い。多くの人と知り合い、ビジネスでは新しい事業に取り組む。いつも以上に独創性や内なる意欲が湧き上がる。自分が思っているより、もっと人と協力して責任を分担するように心がけるとよい。またこの時機は、普通でない出来事や変わった状況を経験する。とても繊細になっているので、神経を逆なでされ、大きなダメージを受けるかもしれない。「K」のトランジットは、名声や幸運に関連することが多いので、不誠実、軽率、大げさにならないように注意する。

Lのトランジット・レター

急ぐ時期ではない。自分の進路、計画、将来について、注意深く、徹底的に考えること。思考の時間帯で、自分が持っている願望や期待の本当の意味を深く掘り下げ、考える時である。また、あらゆる機会をとらえて旅に出るとよい。芸術に関わってクリエイティビティーを発揮すると、大いに得るものがある。さらに、この期間は友達をつくりやすい。結婚にも向いている時機だが、思慮不足や不注意な行動のせいで、友人や資産を失う恐れがある。

Mのトランジット・レター

懸命に働き、現実的な方法を取る時期である。寡黙な印象を与えるため、近しい人たちとの間に距離が生じる可能性がある。努力して自分の気持ちを表すこと。恋愛関係については、要求されることが多く、他の時期より犠牲が必要になる。またこの期間は、大事なことを決める前によく考えることが大切である。衝動的にならず、気分しだいで方向性を変えないようにする。じっくり時間をかけよう！

Nのトランジット・レター

自分の世界を広げるチャンスで、冒険のような経験と旅をする。引っ越しをする可能性が高い。ダイナミックな期間で、数々の新しい活動を行い、重要な意味を持つ人との交流が生まれる。またこの時期は、恋愛と充足感を手にしようとする。犠牲、順応性、柔軟性が求められる。財政面が気にかかるようになり、心配しすぎる恐れがある。この時期は、忘れっぽくなる傾向がある。他の年と比べて色っぽい気分になる。運動が大切な期間である。

Oのトランジット・レター

激しい感情を経験する時期で、放っておくと健康にも影響する。気がつくと極端に心配している。重い責任がのしかかる年で、微妙な感情的問題とも関わってくる。宗教と物理学の研究に興味を持つようになる。またこの時機は、指導力が上がる。

Pのトランジット・レター

この期間は予期せぬ出来事が多々起こり、あまりコントロールできないと感じる。無用なリスクは取らないこと。反射神経をいつものように発揮できない。恋愛では、困惑や落胆を味わうかもしれない。自分をうまく表現できない時期である。精神的な成長に意識を集中するとよい。仕事面では技能や才能が認められ、昇進したりビジネス的に成功を収める可能性がある。ただ全体としては、財政面の伸びより精神的な成長のための時間帯である。

Qのトランジット・レター

「Q」の影響の下で、直感と知性が極めて高くなる。独自のアイディアが数々浮かび、ひょっとしたら何か発明するかもしれない。またこの期間は見事な問題解決能力を発揮する。ただし他の時期より不安定になり、言動が一定しない。極めて奇抜な人たちを引き寄せるため、自分が衝動的な行動を取らないように注意する。また財政面の成長を目指すのによい時機である。認められたい、パワーを手にしたいという思いが強まる。仕事環境が大きく変わる可能性がある。

Rのトランジット・レター

この期間は、理解力と洞察力が高まり、お金、パワー、権威の扱い方を学ばされる。財政的な地位を高めるチャンスと、個人的な成長を遂げる機会に恵まれる。最高の人たちと最低な人たちの両方に出会う。あらゆる行動と決断に注意を払うことが重要になる。周りの状況に気をつけること。

Sのトランジット・レター

この時期は、感情が心の奥底にとどまり、意識はいつもより高まる。再生と覚醒の期間で、特に自分の性格の隠れた側面への気づきがある。その結果、とても現実的な意味での永遠の自由を手にして報われる。人生のあらゆる面で突然の変化を経験し、変化するたびに精神が開かれ、超常的な啓示を得る。かなりはっきりした夢を見るかもしれないので、何かのメッセージか、自分の潜在意識の表れでないかを探ってみるとよい。またこの時期は頑固な人たちと対立するため、自分の決意の固さが試される。とんでもない出来事と驚きにあふれた、ワクワクする時間帯である。

Tのトランジット・レター

緊張に包まれ、神経の休まらない時期になる。自ら望んで犠牲を払い、勇ましく負担を背負い込むのはよいが、あとで自分がみじめにならないように注意する。ひとりの時間や瞑想が役立つ。また新しい活動を始めたり、何かを学びたくなる。この期間は知識欲がとても旺盛に

なる。ビジネスや新しいパートナーと関係を結ぶのに向いている期間で、手ごたえを得られる。ただし仕事に干渉してくる人たちから自分の領域を守らなくてはならない。また旅をして見聞を広める機会に恵まれる。

Uのトランジット・レター

直感的で敏感になる時期で、がんばろうという気が起こらない。やる気が出ず、率先して何かをしようという意欲が湧かない。すっかり忘れていた昔の感情的な問題が、いくつも心に浮かぶかもしれない。長い間音信不通だった人たちから連絡が来る。家族や親戚のために何かしたり、彼らに注意を払う必要が生じる。また創造力と自己表現が高まるので、それらを活かして自己アピールするとよい期間である。

Vのトランジット・レター

「V」は最も神秘的な文字で、パワフルな精神的意味を持つ。この期間はとても直感が鋭く、啓示を得たり、深い宗教的な意味が閃く経験をする。意欲があふれるが、ひとりになって考えを深める時間が必要である。財政面で恵まれる時機で、有望な事業への投資機会がある。長年の借金を返済するだけでなく、さらに豊かになる。自分の事業や活動に関しては、手綱をしっかり締めることが大切で、自分の直感に静かに耳を澄ませるとよい。

Wのトランジット・レター

過去を手放し、両手を広げて変化を受け入れる時である。「W」は、新しい活動やワクワクする出来事を数々もたらす。この時期は、自分でも気づかずに時折突飛な言動をしたり、まったく予想のつかないふるまいをする。そのような傾向を抑えて、滅茶苦茶なことをして自分の望まない結末を招かないようにすること。この期間は、爆発的な成長を遂げる可能性もあるが、それには自制心が絶対に欠かせない。訴訟に関わる恐れがあるが、勝訴する確率が高い。またこの時期は、健康に特に注意する。

Xのトランジット・レター

この文字の影響下で、傷つきやすくなっていると感じるかもしれない。動揺しがちな期間である。型破りな人たちや考えをしばらく避けること。判断力が改善するまで待つほうがよい。人生のあらゆる面の調整が必要な時期だが、その大半が恋愛や性に関わっているように感じる。秘密の情事に身を投じる恐れがあり、たいへんなトラブルを招きかねない。ポジティブな面として、「X」の期間には浄化と献身の機会がある。公の注目を浴び、私心のない行動が尊敬の念を集めるかもしれない。精神的な事柄への助言や指導を必要としていることに気づく。またこの時機は、素早く動いて迅速に決断を下すことができる。物質的なレベルでは大きな前進があり、かなりの利益を上げることができる。

Yのトランジット・レター

精神的な成長と高次の領域の認識を得る時機である。直感がとても鋭くなり、サイキックな認識力が生じる。この時期は、魂の探求と瞑想が非常に役に立つ。

方向感覚が多少鈍くなるため、自分に問題がないかを真剣に確認したくなる。似たような分野に知的関心のある、新しい友人や知り合いが欲しくなる。深刻ではないが、健康上の問題が生じる恐れがある。刺激の強い食べ物や辛いものは避けたほうがよい。

Zのトランジット・レター

刺激的な時である。限界を超え、人生で飛躍的な前進を遂げられる。まじめに働き、悪質商法に手を出したりしなければ、財政的にもよい時機になる。直感がよく働き、それに基づいて適切な判断ができる。独特の変わった恋愛関係を持ち始め、それが、引っ越しの可能性を含めて多くの変化をもたらす。

トランジット・サイクルの長さは、１年間のものから９年間のものまであり、ひとつのサイクルは誕生日から始まって誕生日で終わる。トランジットの目的は、名前の表す才能や能力を、その人が十分に発揮できるようにすることである。名前の文字は、ひとつひとつがその人の強み

や財産を表し、そのトランジット期間の長さを示す。その期間中は、その文字特有の特性を全面的に活かさなければならないように感じる。トランジットは学びのプロセスである。

たとえば自分の名前がメアリー（Mary）だとしよう。それはメアリーという名前に込められた長所を持って、この世に誕生したことを意味する。そして生まれたその日から、メアリーという名前の長所をどう活かすかを学び始める。最初の４年間は「M」という文字の側面に取り組み（「M」は「４」に対応）、次の１年間は「A」の持つ面にひたすら取り組む（「A」は「１」に対応）。その次は「R」の学びを９年続け、最後に「Y」について７年間学ぶ。全部で21年かけてすべての特性に向き合うと、それらをさらに身につけるため、再び最初から学び始める。

３つのトランジットは重なり合うように影響を及ぼす。それぞれの年のトランジットを調べると、その年にどんな出来事や経験が待ち受けているかが、非常によくわかる。

エッセンス・ナンバー

トランジットが個々の文字とその影響を見るのに対し、エッセンス・ナンバーは物質、思考、精神という３つのトランジットをひとつに合わせて、トータルで見るナンバーである。このナンバーの影響は、その人の人生の特定の時期に表れる。

パーソナル・イヤー・サイクルと、エッセンス・サイクルの間には、いくつか重要な違いがある。まずパーソナル・イヤー・サイクルは周期であり、「１」のパーソナル・イヤーから始まり、「９」のパーソナル・イヤーに到達すると、再び最初に戻って、それが周期的に繰り返される。人生最初のナンバーは人によって異なるため、皆が同じ年に同じナンバーのパーソナル・イヤーを経験するわけではないが、誰もが「１」から「９」へ順番に進むパターンをたどる。それに対して、エッセンス・サイクルは周期的でも繰り返しでもない。ひとつのエッセンス・サイクルは長くて９年続き、短ければ１年で終わる。また、あるナンバーから次のナンバーへと数の順序どおりに進むとは限らない。たとえば、今年のエッセンス・ナンバーが「６」の人は、来年のエッセンス・ナンバーが「１」かもしれない。今年のエッセンス・ナンバーが「８」で、それが３年続き、その後「５」のエッセンス・ナンバーが２年続く場合もある。

もうひとつの重要な違いは、パーソナル・イヤーはユニバーサル・イヤーと密接に結びついており、その始まりは一年の始まりと同じだが、エッセンス・ナンバーはその人が出生時につけられた名前に結びついており、その人の誕生日から始まるという点である（前述のとおり、トランジット・レターの影響も誕生日から始まる）。

パーソナル・イヤー・ナンバーとエッセンス・ナンバーは、その経験の仕方にも微妙だが重大な違いがある。パーソナル・イヤー・ナンバーは、その年にどんな機会と課題がその人に訪れるかを示す。だが、エッセンス・ナンバーはその人がどんなものごとを引き寄せ、自分の人生の一部にするつもりかを表す。エッセンス・ナンバーは自分の内側から生まれ、パーソナル・イヤー・ナンバーは外側からやってくるように感じる、と言えるかもしれない。エッセンス・ナンバーは、その人の成長段階を表す。そのため、マスター・ナンバーの「11」と「22」が出たら一桁にしない。カルミック・デット・ナンバーのうち「16」と「19」は、チャート上で他の何よりも重要なナンバーになる。マスター・ナンバーとカルミック・デット・ナンバーの「16」と「19」は、エッセンス・ナンバーとして、どちらも特に着目すべき数である。(訳注６－３)

エッセンス・ナンバーの出し方

トーマス・ジョン・ハンコック（Thomas John Hancock）が生まれたときの、彼の最初のトランジット・レターは物質面が「T」、思考の面が「J」、精神面が「H」で、それぞれ「２」、「１」、「８」に対応する。合計すると「11」なので、彼の誕生時の最初のエッセンス・ナンバーは「11」である。

「J」による思考面への影響は１年しか続かないため、２年目にジョ

訳注６-３著者によれば、カルミック・デット・ナンバーの「13」と「14」は、エッセンス・ナンバーとしては特に注目すべき影響がない。

ン（John）というミドル・ネームの「Ｊ」から「Ｏ」に推移するため、彼のエッセンス・ナンバーが変わる。下の名前であるトーマス（Thomas）の「Ｔ」と、苗字のハンコック（Hancock）の「Ｈ」は、それぞれトランジット・レターとして物質面と精神面に影響し続けるが、２年目が始まると、彼のエッセンス・ナンバーは、「Ｔ（２）」と「Ｏ（６）」と「Ｈ（８）」の合計である16を一桁にした「７」になる。[訳注6－4]

エッセンス・ナンバーでは、カルミック・デット・ナンバーの「16」と「19」と、マスター・ナンバーが特に重要な意味を持つ。

ちなみに、生まれた年のエッセンス・ナンバーは、バランス・ナンバーと同じである。

上述の説明をわかりやすく示すため、トーマス・ジョン・ハンコック（Thomas John Hancock）を例に、彼が生まれてから19才になるまでのトランジットとエッセンスのチャートを以下に示す。

エッセンス・ナンバーの記録方法の例として、プログレッシブ・チャートを参照してほしい（301頁の図6.2）。

年齢：	0	1	2	3	4	5	6	7	8	9	10	11	12	13	14	15	16	17	18	19
物質面のトランジット（Thomas）：																				
	T	T	h	h	h	h	h	h	h	h	o	o	o	o	o	o	m	m	m	m
	2	2	8	8	8	8	8	8	8	8	6	6	6	6	6	6	4	4	4	4
思考面のトランジット（John）：																				
	J	o	o	o	o	o	o	h	h	h	h	h	h	h	h	n	n	n	n	n
	1	6	6	6	6	6	6	8	8	8	8	8	8	8	8	5	5	5	5	5
精神面のトランジット（Hancock）：																				
	H	H	H	H	H	H	H	H	a	n	n	n	n	n	c	c	c	o	o	o
	8	8	8	8	8	8	8	8	1	5	5	5	5	5	3	3	3	6	6	6
カルミック・デット・ナンバー（3つのトランジットの数の計が「16」、「19」の場合、記入）：																				
		16									19	19	19	19						
エッセンス・ナンバー（3つのトランジットの数の合計）：																				
	11	7	22	22	22	22	22	6	8	3	1	1	1	1	8	5	3	6	6	6

訳注６-４「16」はマスター・ナンバーではないため一桁の「７」にするが、この「７」が「16」というカルミック・デット・ナンバーを一桁にした「７」である点には注意する。「19」も同じ。

1のエッセンス・ナンバー

まったく新しい人生の局面に入る。まさに新たな始まりのスタートラインに立つ。新鮮なアイディアが浮かぶというだけでなく、それを受け入れることができ、とても大切なものに思える。激しい変化が訪れるが、それを迎え入れる用意ができている。新しいものを進め、古いものを手放す時だ。効率の悪いやり方は、すべて自分の世界から消し去ること。今後のためにならない人間関係も、同じように手放す。長年の習慣や、ずっと抱えてきた義務や負担も捨て去ろう。有能で、革新的で、創造性にあふれ、勇敢な、新しい自分が姿を現す。

率先する力が突如として現れる。課題に立ち向かい、目の前の困難を直視することが、周囲の状況から求められる。自分の人生の真実から目を背けることは、もうできない。事実は明らかだ。態度をはっきりさせなければならない。変化は必ず起こり、その変化を起こす力が自分にある。必要なのは、プランを実行する意志とエネルギーだけだ。苦難を乗り越え、大いに報われる時機であり、自立を達成するチャンスが訪れる。ただしチャンスがただ与えられることはなく、昔からの癖や今までの惰性と格闘しなければならない。

始まりには常につきものだが、出だしを失敗したり、袋小路に入ったりして、幾度となく始めからやり直すことになる。歩き始めた赤ちゃんと同じで、必ず転ぶ。この期間はそれに耐えるしかなく、意志の強さが試される。実際、自分で自分をごまかしながら決意を固める期間になる。絶対にあきらめずに前に進めば、大いに報われる。この期間に受ける全般的な影響で、自立心、勇敢さ、自尊心が新たなレベルへ高まる。この期間が終わる頃には、自分の力で生きていく力がつき、知識も自負心も大いに増大している。

2のエッセンス・ナンバー

社会的に意義のあることを達成するため、人と協力することを学ぶ。自分が先頭に立つのではなく、人に従う時期だ。周囲の状況や、自分より上の立場の人たちからの指導を受け入れなければならない。自分があることも大切だが、高慢、頑迷、強情にならないようにする。自分にとって大事なことに固執すればするほど、大きな抵抗に遭う。今は

パートナーシップが重要な期間であり、うまくいくかどうかは、人と一緒にものごとを進められるかで決まる。
　この期間は極めて敏感になり、直感が鋭くなる。また理解力が今までになく高くなる。これらの能力を活かして洞察を得ると、相手や状況の微妙な変化を察知して、変わり続ける周囲の状況にうまく順応できる。
　必ずしも指導者の立場にいるわけではないが、直感を活かして重要な任務を達成することができる。なぜなら、変化にどう対応すべきかが本能的にわかり、進むべき方向を人々にやんわり助言できるからだ。
　この期間の成功の鍵は、助言者や腹心の友の立場を取ることである。相互依存を学ぶ時で、受け身の立場で自分がいかに価値を発揮できるかがわかるようになる。助ける側になること、補佐役に回ること、つまり人に仕えることを学ぶ。この時期は人と一緒に何かを行う能力と、それに対する前向きな気持ちが試され、その結果が出る。人の話を聞くこと。相手や状況を鋭く判断することが重要で、その際自分の見立てを相手に押しつけないようにする。
　この期間は敏感になるため、調和の取れた穏やかな環境がどうしても必要になる。神経系の健康に注意する。いつも以上に不安になりやすいので、信頼できる人を探したり、人と深い感情を共有したり、友人など大切な人たちの支えを受け入れるとよい。心を上向きに保ち、気を落とさないようにする。
　この期間は音楽が重要な役割を担い、音楽的な才能が伸びる。ダンス、運動、もしくは単に道を歩いている姿などで、身のこなしが優雅になるほどである。
　ブレることのない受身の在り方にカリスマ性が宿り、それが人を魅了する。優れた直感と感受性の鋭さが知られるようになり、個人的に話をしたいと人々から求められる。友人や仲間に対して誠実でいることが大切である。
　この期間は内面を強く保ちつつ、同時に柔軟性を失わないようにする。そうすると、明らかな困難をうまく避けて、自分の進みたい道にとどまり、成功に向かう。穏やかに相手を説得することで、ものごとを達成する時機である。

3のエッセンス・ナンバー

自己表現力が最高に高まる期間である。執筆や、芝居を始めとした舞台芸術などの芸術的才能が大きく伸びる。この期間はクリエイティビティーを活かすと成功する。自分なりの自己表現や、自分の魅力や創造力を使うと、前進を遂げ、出世や昇進の機会に恵まれる。

人と親睦を深める時で、楽しい時間を多く過ごし、豊かな友情が育まれる。今までの年月よりも、軽やかで、新鮮で、生き生きと感じる。まるで何かの重荷から解放されたように、創造性にあふれ、上昇気流が生まれ、喜びのエネルギーが自由に流れ出したかのようである。生きる喜びにあふれた姿と独創性に人々が魅力を感じ、自然に人が集まってくる。

この時期の課題は、高められた創造力を価値あることに注ぐことである。それには自制心が欠かせない。やりがいのある目標を選び、長続きするものにエネルギーを注ぐこと。そうすると、この期間が終わるまでに意味のある目標を達成して、創造力の活かし方を身につけられる。何かに集中しないと、せっかくの機会や湧き上がる創造力を、雑談や人付き合いなど表面的なことに費やす恐れがある。

この期間は感情が豊かになる。ハートを中心にした上向きのエネルギーが頂点に達し、昔の感情的な問題が数々浮上する。心ない言葉を誇張して重大に受け取ったり、困った状況にあまりに感情的に対応したりといったことが、簡単に起こり得る。この時期に必要なのは、冷静な視点の一言に尽きる。感情の起伏がとても激しくなり、独創性や感受性が高まるが、気分の振れ幅も大きくなる。とてもロマンチックになって、空想を膨らませやすくなる。うっとりするような素晴らしい時間もあるが、自分で自分の妄想に振り回されないように気をつける。相手を客観的に評価すること。

この期間は、自分の自己表現の価値や自分にしかないものを学び、個人レベルの成果と前進の達成がかなう。

4のエッセンス・ナンバー

仕事に打ち込む期間で、よく働き、細かな部分に気を配り、経歴を積み重ねることができる。努力した分だけ自分に返ってくる。厳しい要求を受けるが、生きていくための確固たる基盤を築く機会がある。

規律正しく、整然とこなすことが大切である。あらゆる分野で——特に自分の財務面の管理やビジネスに関して——細かな点まで注意する必要がある。恐らく仕事が増える。時間と資源を的確に管理することでのみ、適切なエネルギー配分をして、今まで以上の仕事をこなすことができる。

処世術全般を身につける段階にあり、健全かつ実務的に仕事に取り組みさえすれば、望む結果を手にできる。いい加減で筋の通らないやり方は、トラブルを招き、自分の仕事を増やす可能性が高い。現実に向き合う——つまり目の前の状況をそのまま正確に受け止め、希望的観測を交えない——ことが成功につながる唯一の道である。気持ちの上で制約や限界を設けないようにすること。またこの期間は、あらゆる出費を抑え、節約を心がける。健康に十分注意し、健康的な食生活を送り、運動を習慣にする。予防的な健康法に注目し、必要な休息を取り、意識して余裕を持つようにする。すべてにおいて中庸が肝心である。節度を保つこと。この期間はバランスが鍵を握る。

またこの期間は、親戚や家族からさまざまなことを頼まれる可能性がある。いつもどっしりしていて支えてくれる人とみなされ、自然に頼りにされる。単に人に使われないようにしつつも、助けの手を差し伸べること。

今後ずっと自分の人生を支えられるように、懸命に働き、しっかりした土台を確立すべき期間である。

5のエッセンス・ナンバー

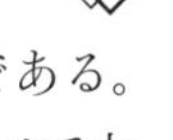

自分の才能を伸ばして前進し、進歩する、重要な時機である。重荷から解放され、自由が増える。執筆、広報、芸術の才能はすべて大きく伸びる。同時に、ビジネスの動きが速く、新たな拡大のチャンスがどこからともなく訪れる。

この期間は人々を魅了し、目標を達成するための助けが差し伸べられる。ほとんど魔法のように、自分をうまく売り込むことができる。話術にさらに磨きがかかる。チャーミングで、魅力にあふれ、それが多くの新たな扉を開く。また旅とさまざまな学びを積む期間である。遠くの土地を訪ね、異なる文化や外国の人々に出会い、人生について学ぶ機会に恵まれる。この期間は、個人レベルの成長が著しくスピード・アップする。そのため、古い習慣を改め時代遅れのやり方をしなくなる。まるで使い古しの砲台から飛び出して、急成長と急発展を遂げる新たな時間帯へ放り投げられたかのようである。

感覚的なものへの欲求が劇的に高まるので、食、アルコール、セックス、薬物に溺れないように注意する。

突然の出来事やチャンスの到来がある。アンテナを張っておくこと。この期間は、のんびり待つのではなく、急に前進する。

課題は、長期的目標に意識を向けていられるか、である。自制心を持って仕事に臨むこと。一度にたくさんのことに手を出さず、どれが重要な仕事や取り組みかを見きわめ、最初から最後までやり遂げる。意識の集中、自己管理、完了が成功の鍵を握る。

6のエッセンス・ナンバー

責任、義務、家族に関する事柄、高い理想の時間である。この期間は、あらゆる面で自分自身に高い基準を掲げ続けて、人を支えることが求められる。人から、刺激や指針を与えてくれる存在と見なされる。この期間には、近しい人たちに尽くさなければならない、という自己犠牲の要素がある。無私の心と、前向きに人の助けになろうとする思いが成功の鍵になる。

ビジネス、職業上の進路、財政面で前進が見られる可能性が高い。他の期間よりも新たなチャンスが開かれ、前に進みやすくなる。同時に、前進したことで責任が重くなったり、新たに求められることが生じる。そのときそのときに自分がすべきことに一心に取り組むと、目標を達成できる。

またこの期間は、家族からの要求が増えて、感情的になる可能性がある。愛に絡む課題がすべて表面化する。愛する能力と愛される能力が、明々白々になる。パートナーをどれほど本当に愛しているか、それとももはや愛情がないかがはっきりする期間であるため、結婚や離婚が多い。家族との関係を守り、家庭内の調和を保つように働きかけること。特に、子どもたちからのニーズに意識を向けることが大切である。

この期間は、暴君のような存在が現れて、その人から虐げられる恐れがある。権力者への対処で鍵になるのは、自分自身がバランスを保ち、

自分の中心軸に意識を集めることである。絶対にあせったり、感情的になったりしないこと。自分の長期目標にひたすら意識を向けて、調和を保つことが大切である。常に自分の理想に立ち返って拠り所にすれば、多くの人が賛同し、称賛してくれて、結果的に大いに報われ、感謝される。長い付き合いになる新しい友人ができたり、多くの人が自分の能力を伸ばそうと手を差し伸べてくれる期間でもある。

この期間は、芸術的な活動をしたいという衝動が強まる。芸術的な才能のある人や、すでにその分野で活動をしている人は、この期間に大いに力をつけ、やりがいのある新たなチャレンジに数々恵まれて成長する。

この期間は、暮らしが良くなる人が多く、仕事面での成長を実感する。

7のエッセンス・ナンバー

内省、分析、内面の成長に満ちた期間である。内なる旅に向かう。自分や身近な人たちの人生について思いを深めるため、ひとりになりたいと感じる。自分は何者で、何をしていて、それはなぜか、という人生についての根本的な問いが頭から離れない。

感受性と直感が高まるために、今まで過ごした年月と比べて、この期間は周りや状況から攻撃されているように感じる。その結果、今に至るまで何が自分の人生を方向づけてきたかを深く探ろうと、自然に内面に向かう。

周りの人、特に家族や同僚とうまくやっていくには、自分が伝えたいことをどう伝えるかについて、あらゆる点から考え、繊細に表現する必要がある。大切な友情を無用に傷つけないために、強く言い返さないことだ。

外向的、積極的になる時ではなく、内向的に自分自身の理解を深める時である。自分にも周囲の人たちにも優しくすること。重要なことを決める前に、注意深く考える。何かを大きく変える場合は、気をつけて行う。

勉強や研究、特定分野の専門性を高めるのに格好の期間である。深く明晰な思考力が最高に高まり、自分にとって一番のツールになる。優れた書籍、新たな研究領域、高等教育に魅かれる。この期間は、意識を集めてひとつのことに集中する力がある。ものごとの上辺にとどまらず、自分や他者の心の機微や、周囲のものごとの隠れた仕組みを深く見抜く。

皮肉っぽくなったり、疑い深くならないようにする。ハートで感じることを置き去りにしないように、知性に偏りすぎないこと。精神的、心理的な統合が深まる時で、頭と心は互いに反するものではなく、ひとつにして働かせるように心がける。

自分は何をしているのが一番楽しいかが、恐らくこの期間にわかる。湧き上がるその思いに従うこと。本当はやってみたかったのに、ずっとなおざりにしてきたことを勉強するとよい。内なる自分に従い、そのアドバイスに真剣に耳を傾ける期間である。

8のエッセンス・ナンバー

ビジネスや職業に関わることに、大半の時間を割く期間である。大きなチャンスが新たに訪れ、それを活かすために全力を注がなければならなくなる。個人レベルで大きなパワーを得て進歩を遂げる期間だが、それに比例して仕事に多くの時間を使う必要があるため、きちんと計画を立て、細かな点まで注意を払わなくてはならない。個人的な経済状況を含めて、ビジネスのあらゆる面が非常に厳しい視線にさらされる。恐らく以前よりも手元にお金があるため、今まで以上にお金の扱いに注意が必要である。

新たなスタートを切る可能性があり、そのチャンスを逃してはいけないと感じるが、同時に非常に慎重に対処すべきだとも認識している。ビジネス上の取引に関して、すべてに抜け目なく対応すること。気をつけないと重大な間違いを犯し、それが今後数年にわたって尾を引く恐れがある。

注意を払いながらパワーを使う時である。あらゆることへの対応で、賢さが求められる。日常のささいなことから、重要な人間関係に至るまで、あらゆる分野でバランスが成功の鍵になる。家族、気心の知れた友人、同僚に強力なリーダーシップを発揮して、穏やかに導きつつも、お金の出入りは厳しく管理する。

昔起こった問題、特に昔の借金に絡むことが、自分へのしっぺ返しとなって浮上する時期である。事態を悪化させないためには、過去の自分の行いの報いだと認め、受け入れざるをえなくなる。以前よりも資金があるが、皮肉なことに、それと同じくらい以前よりも資金が必要な場合が多い。この期間は、自分が逆境に強いことに気づく時でもある。さまざまな困難を経験した後に、今自分が重要な仕事をし、十分な報酬を得ているという達成感と、自分の遂げた進歩を改めて感じる期間である。

9のエッセンス・ナンバー

自分の理想が試され、新たに創り出される期間である。夢にも思わなかった形で、自分の幅が広がる。心理的、精神的に、自身の劇的な広がりを経験する可能性が高い。今となっては自分の人生に関わりのない古い人間関係を手放すことになる。自分のアイデンティティの基盤だと信じてきた昔からの習慣や自分の特徴でさえ、消えてなくなっていく。

過去の自分を許し、過去に何かあった人々を許し、彼らには彼らの人生を歩んでもらう。怒りや正義感からネガティブな思いを持ち続けると、自分がひどく惨めになる。裁判になればいつまでも長引く。

この期間までに、大勢の人々と心を通わせる能力を身につけている。自ら多くの犠牲を払い、人に尽くすべき時である。人の痛みや苦しみから大いに感化され、自分の周りや世の中をもっと良くしなければ、と思う。

芸術の世界で活動している人、特に俳優、著述家、舞台芸術家は、この期間に新たな機会を数多く得て、才能を伸ばし、前進する。意識が外に向いており、自分なりのやり方で人に教えたり、演じたり、世の中を前進させる。高次の大義のために力を尽くし、教えたり演じたりすることが大いに成功を収める。

この期間は、利己的、ネガティブ、狭量になると、すべてが台無しになる。視野の広さが求められる期間である。はるか遠くまで見通し、人間社会の大きな潮流を理解するよう努めるとよい。この期間の学びを終えると、すべての人を慈しむ思いが自分の中にあふれる。社会全体の利益のために尽くすと、幸せに満たされ、自分が報われる。

11のエッセンス・ナンバー

この期間は、感受性が圧倒的な高まりを見せ、それと同じくらい壮絶な変化が起こる。直感がビリビリと刺激され、サイキックな経験さえできるようになる。そうして高次の領域を認識することで、自分の中の次元の低い部分にも光が投げかけられ、自分を高めようという働きが生じる。その次元の違いは対照的で、衝撃的である。

ひとりの人間として、自分の短所をはっきり意識する。そのため、深く自分の内面に向かう可能性がある。極度に自分に意識が向き、自分はダメな人間だと自分を非難するかもしれない。そのような自己否定はこの時期に経験するショックから生じ、抑制する必要がある。この期間は、自分という人間の土台が激しく揺さぶられ、自分の心の真ん中に激震が走る。その震動は内面だけにとどまらず、しばしば実際の出来事となって現れ、アイデンティティが揺るがされる。

自分がしていることに幸せを感じるか、今の仕事は自分の高次の価値観や才能に直接結びついているかを、自分に問い正す時である。それがもっと精神性のある永続的な基盤の上に人生を築く機会になる。そして、さらに大きく進歩し、もっと幸せになれる。この期間は、自分の深い本質にふれて再調整が行われる。内と外がひとつになっていく期間で、心理的、精神的に急成長する。それがこの期間に得られる成果である。

この期間は、直感を導きとして、嵐のような日々をくぐり抜けることができる。感情は激しく揺れ動くが、自分は正しい方向に進んでいると直感でわかる。方向を見失っているのではなく、実は大躍進を遂げている。しっくりこないかもしれないが、すべては良い方向に向かっている。

瞑想し、祈り、調和の取れた状態をつくり、森を散策し、自然に親しむこと。内なる自分に従えば、もっと幸せになる。

宇宙からの愛とサポートを確信する素晴らしい内面の体験をし、サイキックな経験もする。すべてのレベルで光明を得る時である。その機会を思いきり活かすとよい。高次の力に導かれて急成長する期間である。

16 のエッセンス・ナンバー

人の思考パターンや行動パターンは、しだいに構造化し、自分の本質を体験したり幸せを深く感じる上での障壁になる。宇宙の大いなる善は、そのような固まりを時々崩壊させるが、その力が働く期間のひとつが、このナンバーの期間である。

いわゆる魂の暗黒期である。予定通りにものごとが進まないことが多い。思いもよらないこと、波乱、ショッキングな出来事が起こるかもしれない。ひどく不当な内容であったり、バランスの悪い形で争いごとに決着をつけなければならないかもしれない。自分がどこに向かっているのかまったくわからなくなり、困惑するかもしれない。

この期間の課題は、自分には脅威に感じられる大いなる力に、自分を明け渡すことである。変容をもたらす力に自らを委ね、自然に方向が決まるように任せる。混乱の渦から脱出する最も確かな方法は、流れに身を任せることだ。

一見すると、「16」のエッセンス・ナンバーは、建物をなぎ倒す嵐のように見える。だが実際は、以前よりも健全で幸せな人生になるように、再調整しているにすぎない。

このエッセンス・ナンバーの期間は、ふつうあまり長くない。この期間が過ぎると、足元がぐっと安定し、状況がはるかによくなる。今は夜の暗闇を体験しているが、明けない夜はない。夜明けと共に必ず新しい人生が訪れる。

この期間の学びのひとつは、感謝の気持ちである。今まで自分に与えられたものについて、真剣に考えてみることだ。自分に注がれた愛、与えられた才能、自分は認めていないが今までの人生で起こった数々の良い出来事を見落としているはずだ。この混乱期をもたらしているのは、自分の中のある種の死角である。自らを省みて、深く反省すべき時である。感謝は、この期間に健全な変容を遂げるための鍵のひとつである。自分にもたらされたすべてに対し、宇宙に感謝すること。感謝できるかどうかが、本当の意味での度量の大きさを表す。恐らくは、大いなる力によって不当な目に遭わされてきた、と感じているはずだ。しかしそれは幻想である。その考え方のせいで、自分の本質や運命が目に入らなかったのである。心を開くこと。自分の視野が無限ではなく、自分が見ているのは相対世界でしかないと認めること。無限なるものが、愛と共に、自分を高次の意識に向けて導いていると受け入れることだ。

大いなる力に、自分を明け渡すこと。そうすると、高次の次元に自分を開き、導きを得ることができる。今こそ信じる心を育む時である。信じる力によって、変化の只中でも心を強く安らかに持つことができる。

信じる力によって、自分がどこに向かっているかわからなくても、良い方向に向かっていると感じることができる。それは、今の自分を幸せにする鍵でもある。

瞑想し、祈り、精神修行を定期的に行う。健全な食生活を送り、運動して、健康に気をつける。不健全な態度や行動は一切なくすようにする。精神の目覚めた生活を送ること。信頼することを学ぶ。

19のエッセンス・ナンバー

自立しようともがき、自分の野心に取りつかれる期間である。必死に働いて地位を確立し、足場を固めなくてはと焦っている。前向きな気持ちと先を見通す目はあるが、あくまで個人的な利益を得ることに向けられている。

苦しい期間である。自分の願望と自分以外の人への心配の間で、胸が引き裂かれるようだ。頑迷さや頭の固さが如実に表れる恐れもあるので、そのような特性を押さえるように気をつける。次元の低い欲望と次元の高い愛の間で、激しい内面の葛藤を抱える。

秘かに、世の中のために尽くしたいという願望と、何かを成し遂げたいという自分の野心とが、自分の中で対立する。人が何かを必要としているのがわかる。だが同時に、理想や理想を掲げる人たちに疑問を感じる。現実的にならなければ世の中を渡っていけないと、自分に言い聞かせているかもしれない。しかし、高次の自分の本質の声に耳を塞いではならない。唯物主義や強欲だけに従って、高い理想を手放さないことだ。

この期間の人は、結局自分の野心や利己心に屈する形で、この葛藤を収めてしまうことが非常に多い。それでは、強欲で自己中心的だと思われて、たいへんなトラブルになり得る。また自分が野心に駆り立てられているため、自分の得になることしか考えない人たちに引き寄せられる。中には、胡散臭い商売や、違法行為に手を染める人も出てくる。

この期間は、人と関わるのを止め、今までのように人と交流すべきでないと感じるかもしれない。だが、それは孤立に向かう。また簡単に満足したいという野望があり、この時期はそれが叶わないため、不満を感じるかもしれない。

この期間の課題は、自分の中の世俗的なニーズと内面の精神性との間

にバランスを見出すことである。それには魂とは何かを深く探り、他者の視点を前向きに受け入れることが求められる。人との関係を断ったり、自分よりも理想主義的な仲間を偏見の目で見たりしないことだ。「19」のエッセンス・ナンバーの期間を終える頃には、以前より暮らし向きが良くなり、はるかに自立している場合が多い。友人や愛する人たちとのつながりがなくなったと感じることもあるので、親しい人たちとの絆を保つように努めることが大切である。人に心を開いて、「人はパンのみにて生きるにあらず」(訳注6－5)と認めることである。

22のエッセンス・ナンバー

この期間には、膨大な要求を受け、その結果として偉業を成し遂げるチャンスがある。気がついたときには、自分が大きな流れや社会的な大義を求める動きの中心にいる。権力を手にするが、目前の任務をやり遂げるには、持てる力をすべて振り絞らなければならない。

世の中のために自分を捧げる期間である。利己的、狭量、臆病になるのは、目指してきたことに完全に反するため、たいへんなトラブルになる。

今こそ持続する優れた仕組みを築く時である。それはビルや事業といった物質的なものかもしれないし、社会的に価値のある理念を推進する活動かもしれない。その仕組みは高次の次元、元型界と言われるところからもたらされる。この期間は、高次の次元から何かが自分にもたらされることを、真実としてあらゆる場で目にする。現実的に言うなら、この期間の自分の幸福、暮らしぶり、ものごと全般の受け止め方は、その大半が、自分が何をするかで決まる。高次からの導きに従って行動すれば、それが現実化し、結果を自分の目で見ることになる。この期間は、当たり前のように人から指導力やインスピレーションを期待される。はるか遠くまで広く見渡した、大きな理念を持っており、この期間の行動には劇的な影響力が伴う。そのため、今まで以上に注意し、自分の行動に責任を持たなければならない。

訳注6-5 新約聖書、マタイによる福音書、第4章4の言葉。人は物やお金だけではなく、愛情や文化など、心の豊かさを求める存在である、という意。

微妙な期間である。高次の理想に従って生きることが求められ、非の打ちどころのない価値観を持っていなければならない。論争は避け、我慢強く寛大な心で人と接すること。問題の解決には、ゆっくり確実な道のりを選ぶとよい。しっかり休み、自分に必要なことを後回しにせず、自分を大切にすること。バランスの取れた活動をして、過労を防ぐ。

長期的な優先順位についての自分のビジョンを失わずに、細かな部分まで注意を払うことが大切である。世の中のためになることの土台を築く期間である。大きな夢を描き、実践的に前に進めれば、必ず実現する。

チャート上のサイクルの中では、短期や中期のエッセンス・サイクルとパーソナル・イヤー・サイクルの影響が最も強く感じられる。パーソナル・イヤー・サイクルは「外側」からやってくるように感じ、この先の変化や影響を表す。エッセンス・サイクルは「内側」から湧き上がるように感じ、その人の発展段階を表し、ナンバーがその年にその人に必要なこと、願望、優先順位、ものの見方を明らかにする。

そのため、パーソナル・イヤー・ナンバーとエッセンス・ナンバーはふたつを合わせて見ることが大切である。

注：パーソナル・イヤー・ナンバーとエッセンス・ナンバーが同じナンバーの期間を、デュアリティーと言う。デュアリティーは厳しい困難や障壁を表す場合がほとんどで、特に誕生日から年末までが苦しい期間になる。

ピリオド・サイクル・ナンバー

物語がたいてい三幕構成であるように、人の人生も大きく３つの期間、３つのピリオド・サイクルに分けられる。一幕目のファースト・ピリオド・サイクルは、自分の本質を見出そうと模索する期間である。同時にこの期間は、たとえば自分の周囲、両親、家族の社会経済状況などの強い力にどう対処しようかと試みる。

次のセカンド・ピリオド・サイクルは人生の中盤で、その人の個性や創造力が少しずつ表に表れる。このサイクルの始めの時期は30代前半から半ばに当たり、世の中に自分の居場所を見つけようと、もがき苦し

ライフ・パス・ナンバー	ファースト・サイクルが終わり、セカンド・サイクルが始まる年齢	セカンド・サイクルが終わり、サード・サイクルが始まる年齢
1	26 – 27	53 – 54
2と11	25 – 26	52 – 53
3	33 – 34	60 – 61
4と22	32 – 33	59 – 60
5	31 – 32	58 – 59
6	30 – 31	57 – 58
7	29 – 30	56 – 57
8	28 – 29	55 – 56
9	27 – 28	54 – 55

む。30代後半、40代、50代初めになると、自分自身をうまく御して、周囲の環境にも影響を及ぼせるようになる。

そして最後のサード・ピリオド・サイクルで、内面が花開く。その人の本質がついに現実になる。この期間は最高の自己表現ができ、個人のパワーも最高レベルに達する。

ピリオド・サイクルは誕生日に基づいている。約27年の周期で、9年周期の3巡とも言える。ピリオド・サイクルが次のサイクルに移行する年齢は、その人のライフ・パス・ナンバーで決まり、表のとおりである。

ファースト・ピリオド・サイクルは、生まれた日から始まる。セカンド・ピリオド・サイクルは、29歳の誕生日に最も近いパーソナル・イヤー「1」の年に始まる。サード・ピリオド・サイクルは、その27年後に始まる。(訳注6－6)

ピリオド・サイクル・ナンバーの出し方

ファースト・ピリオド・サイクルのナンバーは、生まれ月の数から出す（生まれ月が10月もしくは12月の場合は一桁にし、11月の場合は

訳注6-6 ピリオド・サイクルと次に説明のあるピナクル・サイクルは、どちらもその人の誕生日から始まり、各サイクルにナンバーがある。

マスター・ナンバーなので、そのまま11を使う)。

たとえば、1949年5月15日生まれの人のファースト・ピリオド・サイクルのナンバーは、5月の「5」である。

セカンド・ピリオド・サイクルは生まれ日の数に基づき、その数が二桁の場合は一桁にする(ただし例外として、マスター・ナンバーの11と22はそのままにする。29は11にして、それ以上は計算せず一桁にしない)。

先ほどの例では、生まれ日が15日なので、この人のセカンド・ピリオド・サイクルのナンバーは、1＋5＝6となり、「6」である。

最後のサード・ピリオド・サイクルは、生まれ年の数を一桁になるまで計算して出す。マスター・ナンバーになった場合は例外とし、一桁にしない。

1949年生まれの人のサード・ピリオド・サイクルは、1＋9＋4＋9＝23、2＋3＝5となり、「5」である。

ピリオド・サイクル・ナンバーの記録方法として、プログレッシブ・チャートを参照してほしい(301頁の図6.2)。

1のピリオド・サイクル・ナンバー

強烈な期間である。不屈さ、勇敢さ、柔軟性が求められる。個性を発揮し自立するために、持てる才能をすべて使うように追い込まれる。また一本化の期間で、生涯の夢に意識を集めるべき期間である。目指す方向をしっかり見定めているかが試される。いかなる障壁に直面しても、なぜか克服するための資金や手段が手に入り、この期間を終える頃には以前よりも強くなっている。自立、立ち直る力、強さが求められるが、この期間にこれらを自分の特性の中核にできる。このナンバーのサイクルは進歩の期間である。

2のピリオド・サイクル・ナンバー

ゆっくり辛抱強く発展する期間である。周囲に極めて敏感になり、直感が高まる。調停役としての天賦の才が現れ、落ち着きを持って相手を説得する絶大な力を得る。この期間に、機転を利かせ折衝を進める才能を育むとよい。人と協力することが大切である。

音楽などの芸術的な才能が開花する。またパートナーシップが重要になる期間で、理解と妥協が必要になる。忍耐と柔軟性が求められるものの、この期間は優しく善意にあふれ、人を感化する力があるため、人が喜んでサポートしてくれる。美と調和のある環境を求め、自然の中で過ごす時間を持ち、親しい仲間との穏やかな関係を楽しむとよい。ゆっくりだが着実に前進する期間である。

3のピリオド・サイクル・ナンバー

自己表現が高まり、社会的なサポートを多く得られる期間である。芸術面の能力、特に執筆、演劇、舞踊の能力が新たな高みに達し、得るものがとても多い。またこの期間は、今まで以上に社交的になる。人からは、チャーミングで、人を引き寄せる魅力があり、カリスマ性があるように見える。深みのない活動や底の浅い人間関係を広げすぎて、エネルギーを無駄にしないように注意すること。大きな上昇エネルギーに満ちたサイクル期間で、自制心を持ち意識を集中すると、この期間を最大限に活用できる。

4のピリオド・サイクル・ナンバー

懸命に働き、その報酬を受け取るサイクルである。仕事、キャリア、健やかな家族、堅固なコミュニティーなど、主に現実的なことに深く関わる。空想にふけったり理想を夢見たりせず、経済的な基盤を固めるとよい期間である。この期間は細かなことを心配しすぎる恐れがあるので、それが癖にならないように、パターンを断ち切ることが大切である。この期間に自分が夢中になれる仕事を見つけて、心のままに打ち込むとよい。ただし、人間らしさを忘れず、近くにいてくれる人たちをおろそかにしないこと。この期間は、自制、秩序、自発性が求められる。仕事中心の日々になるが、その中でこれらの特性を身につけ、家族、仕事、さらにはコミュニティーを支える大きな存在とみなされるようになる。

5のピリオド・サイクル・ナンバー

急速な進展と多くの変化が特徴のサイクルで、自由について学

ぶ。旅に出たり、何度も引っ越しをしたり、転職したりと、責任のない自由気ままな期間である。自分をうまく売り込む才能が現れ、話術が大いに磨かれる。外国語をマスターしたり、執筆や編集を学んで身につけることができる。またこの期間は、ワクワクするような人たちと知り合い、外国を訪れ、新しい考え方に出会う。自分の専門分野で進歩的で先見性のある考えに共感する。自ら変化を求め、新たなチャンスをつかむ期間である。

6のピリオド・サイクル・ナンバー

家族、責任、義務の期間である。真剣な交際、結婚、家族に関するあらゆる問題に焦点が当たる。真剣な交際をしていて、愛を持ってその関係を受け入れている場合は、調和とサポートにあふれた期間になる。また周囲の人たちから大いに必要とされ、愛され、感謝される。結婚にはうってつけのサイクルである。仕事上のパートナーシップも同じように好調な期間で、共同で活動すると大いに進捗がある。

逆に、約束や責任の伴わない不真面目な関係、もしくは関係が破綻している場合は、この期間に別離や離婚に至ることが多い。

芸術面の才能は、どれも開花し、自分を表現する新たなチャンスが到来する。またこの期間は、起業を強く後押しする影響下にある。柔軟性、協力、妥協を通して進歩する期間である。

7のピリオド・サイクル・ナンバー

専門性を持ち、考えを深め、人生についてじっと問いかける期間である。研究したいテーマを深く追究するとよい。科学、技術、哲学、形而上学の分野に魅かれる。特定の分野の専門家になる。直感に極めて優れ、また真剣に取り組んでいるテーマであれば、上辺だけを見ず、奥深く見通す頭脳明晰さを発揮する。エネルギーや思考を一点に集中するとよい。また「7」のピリオド・サイクルは内なる成長の期間で、瞑想、熟考、内省が内面を豊かにしてくれる。英知を培うように心がけること。恋愛関係については、ひとりで過ごしたい期間であるため、時々負担に感じるかもしれない。自分の本心をあまり人と共有したくないと感じ、内面を見つめる精神生活に心を奪われて、その世界に没頭したくなる。

そのため、この期間は自分が蓄えた知識を人に教えたり、助言をしたり、もしくは単に人に伝えて、共有することが大切である。

8のピリオド・サイクル・ナンバー

仕事、キャリア、経済的な報酬の面で、極めて恵まれる期間である。勤勉さと、挫折や困難に見舞われても再び前向きに打ち込むことが鍵になる。この期間は、管理職、まとめ役、財務管理の能力が格段に高まる。広い視野で状況を見渡し、大胆な計画を実行する天賦の才を発揮する。また経済的な自由を獲得する期間である。ビジネスや職業に関する活動は、十分注意して真剣に臨む必要があるものの、順調に進む。自分のキャリアや事業を自分でコントロールし、新たな高みに達するように追い込まれる。権力を手にするが、目的を持って賢明な使い方をすることが重要である。

9のピリオド・サイクル・ナンバー

人類全体を見渡す広い視野と、他者の幸福に対する純粋な関心が発達する期間である。このサイクルで目指すべきことは、寛容さ、受容、そして普遍の愛である。完璧を目指すようなものなので、完全に達成されることはないが、このサイクルの影響下にある人は、これらの理想に向かって成長する。個人レベルでは、人道主義と社会奉仕が幸せの鍵になる。世の中全般の幸福を高めようとする働きから、収穫が得られる。この期間は、さらなる理想を目指して力を尽くすと自分が報われる。また創造力が高まる期間で、その才能が大きな社会的目標や社会へのメッセージと結びついていると、特に成長が著しい。このサイクル期間には、過去の怒りや苦しみを許し、ネガティブな感情を手放すことが求められる。そのため自己犠牲や手放すという要素のある期間である。高い倫理規範に従って生きることが求められるが、その結果、精神的にも個人的にも豊かになる。

11のピリオド・サイクル・ナンバー

精神の拡張を遂げるサイクルで、啓示を得ることもある。理解と英知が広がる。物欲に駆られて自分のために唯物的な目標を目指すのではなく、人としての高い理想を追求する時である。ただし、現実に足を着けずに、無限の世界を追い求めたいという夢も見る。それは避けなければならない。自分の勉強や研究に意識を集中し、自分の得た知識を、人にわかりやすくシンプルに説明できる水準まで、理解を深めるとよい。社会と共有すべきメッセージもしくは能力を潜在的に持っているが、深い自己変容と自己表現の向上を通してのみ、その才能が天から与えられる。この期間は、より良い自分になろうと前向きになるほど、世の中全体に貢献することができる。

この道のりを心から受け入れて大切にする人にとっては、歩みがいのある期間になり、財政面を含めて十分なサポートがもたらされ、名声さえ得られる。人の成長や進歩に貢献できたという深い満足感を得られる期間である。

22のピリオド・サイクル・ナンバー

このサイクル期間は、未来にわたって存続し、大いに人のためになる制度や教えを確立する、壮大な可能性を秘めている。この期間は、元型界にあるものを感じ取り、それを地上に顕現させる能力があり、造り手や統率役としての能力、先を見通す力が頂点に達する。人々の深いニーズを見抜き、建設的かつ現実的な計画を立てて、そのニーズを満たすことができる。その仕事に全面的に取り組むことになり、多くの場合は、生涯をかけてその夢を追う。実現には、持てるすべてのエネルギーを注ぎ、あらゆる才能を活かすことが求められる。人生のすべてを捧げるような役回りだが、人として非常に大きな達成感を感じ、大いに報われる。人類の幸福に永続的な貢献をすることができる。

ピリオド・サイクル・ナンバーは、生まれてから死ぬまでの道のりでの、その人の状態を映し出す。心理状態、ものごとへの姿勢、人生に対する取り組み方について、鋭く見抜く視点をもたらし、これから経験する出来事や状況の調子や激しさを示す。ピリオド・サイクルのナンバーによる示唆は、精妙で簡単にはわからない。だが魂の探求に向けて小さな一歩を踏み出せば、このナンバーが深淵な体験を指し示していることがわかる。

ピナクル・サイクル・ナンバー

頂点を意味するピナクルは、ライフ・パス、つまり人生の道のりを４つに分けて構成する長期サイクルである。各ピナクル・サイクルのナンバーは、それぞれのサイクル期間にその人が吸収しなければならない具体的な属性を表す。期間中にナンバーが提示する要求や機会に応えざるを得なくなるため、結果的にそのナンバーの資質が身につく。そのプロセスを通して、ピナクルはその人の特徴や性格を形成する。

最初の期間であるファースト・ピナクルは、生まれたときから始まり、36からその人のライフ・パス・ナンバーを引いた数の年齢まで続く。ファーストの次のふたつのピナクルはどちらも９年間で、最後のフォース・ピナクルは、人生が終わるまで続く。

ひとつのピナクル期間を終えて次の期間に移行する直前の年齢の一年間は、常にパーソナル・イヤーが「９」と「１」の年にまたがる。つまり長期サイクルの終わりと始まりのタイミングに重なる。人はいくつもの９年サイクルを経験し、どのサイクル期間も始まりと終わりに何らかの変化があるが、ピナクル期間の移行時には激しい変容が起こる。また誰もがファースト・ピナクルというとても長いサイクルから始めるため、一生を通してもピナクル期間の移行は３回しか経験しない。

自分のピナクル・ナンバーを知ることで、今後への心構えを持ち、変化に備えることができる。

ピナクル・ナンバーの出し方

ファースト・ピナクルのナンバーを出すには、生まれ月の数と生まれ日の数を足して、一桁にする。

たとえば1949年５月15日生まれの人の場合、ファースト・ピナクルは、誕生月の５に、誕生日の15＝１＋５＝６を加えて、５＋６＝11となり、「11」である。このようにピナクル・ナンバーの計算でマスター・ナンバーが出たときは、一桁にしない。11月５日生まれの人であれば、11＋５＝16、１＋６＝７となり、ピナクル・ナンバーは「７」である。

セカンド・ピナクルのナンバーを出すには、生まれ日の数と生まれ年の数を足す。

再び1949年5月15日生まれの人を例にすると、生まれ日の15＝1＋5＝6に、生まれ年の1＋9＋4＋9＝23、2＋3＝5を加えて、6＋5＝11となり、「11」である。

サード・ピナクルのナンバーを出すには、ファースト・ピナクル・ナンバーとセカンド・ピナクル・ナンバーを足す。

この例の場合は、11＋11＝22となる。「22」はマスター・ナンバーなので、このままにして一桁にしない。

最後のフォース・ピナクルのナンバーを出すには、生まれ月の数と生まれ年の数を足す。上述の例では、生まれ月の5に、生まれ年の1＋9＋4＋9＝23、2＋3＝5を加えて、5＋5＝10、1＋0＝1となり、「1」である。

ファースト・ピナクルからセカンド・ピナクルに変わる年齢を知るには、36才からライフ・パス・ナンバーを引く。1949年5月15日生まれの人の場合は、ライフ・パス・ナンバーが「7」なので、36－7＝29となり、29才を終える時点で、この人のファースト・ピナクル期間が終わる（生まれたときのパーソナル・イヤー・ナンバーはライフ・パス・ナンバーと同じであることを思い出してほしい。ファースト・ピナクルは、生まれてから初めてイヤー・ナンバー「1」を迎え、そこから9年周期を3周し終えたときに終わる）。

セカンド・ピナクル、サード・ピナクルは、それぞれ9年間である。先ほどの例を再び使うと、この人のセカンド・ピナクルは、38才が終わるときに終わり、サード・ピナクルは47才を終えるときに終わり、その時点、つまり48歳の誕生日から最後のフォース・ピナクルが始まる。

ファースト・ピナクル・ナンバー
＝生まれ月＋生まれ日
セカンド・ピナクル・ナンバー
＝生まれ日＋生まれ年
サード・ピナクル・ナンバー
＝ファースト・ピナクル・ナンバー＋セカンド・ピナクル・ナンバー
フォース・ピナクル・ナンバー
＝生まれ月＋生まれ年

図6.1は、各ピナクル・ナンバーを、生まれ日、チャレンジ・ナンバー、バース・デイ・ナンバー、ライフ・パス・ナンバーと共に示したチャートである。(訳注6－7) また301頁の図6.2は、プログレッシブ・チャートにピナクル・ナンバーを記入した例である。

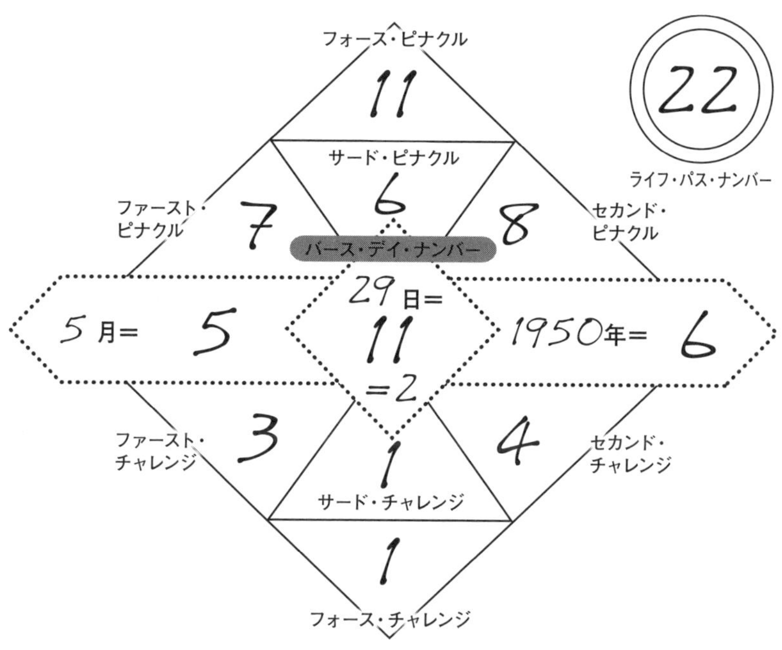

図6.1 ピナクルを加えたネイタル・チャート

1のピナクル・ナンバー

自立心、勇気、立ち直る力、自発性を存分に発揮すべき期間である。多くの困難を経験し、そこから立ち直らなければならない。このナンバーのピナクル期間の課題は、意志の力を持つことである。

訳注6-7 第2章、図2.1のチャートを発展させたもので、1950年5月29日生まれの例である。本文で例として使っている1949年5月15日生まれの人のチャートではない点に注意する。

この期間は、人や家族からあまり支援を得られない。自分で力を振り絞り、なぜ自分ばかりこんな目に合うのか、という思いにとらわれないようにする。

自分の夢に焦点を合わせるとよい。このピナクル期間は、目標を見失わない鉄の意志と、困難をうまくかわして逆風の中を進むための柔軟性が求められる。

猛スピードの自己成長期間である。持てる才能と能力のすべてを使わなければならない。創意工夫も必要である。ひたすらがんばるしかないが、得るものも大きい。この期間は自分が力を尽くさなければ何も達成されず、何の満足感も得られず、ただ人生に後ろ向きになる。あまりに自己中心的な態度や、強情、尊大にならないように注意する。強くしなやかであること、人の忠告に心を開きながらも、自分で考えて決断することが大切である。

このピナクル・ナンバーの利点は、自立心が高まり、強くなることである。自分の実力がわかる。この期間には天からの贈り物がたくさん隠されているが、最も素晴らしい恵みは、信じる力を身につけられることかもしれない。

このピナクル・ナンバーは、リーダーシップ、図太さ、不敵な大胆さといった特性をもたらす。型にはまらない発想がいくつも浮かび、それを実現する技と勇気が身につく。人や組織をまとめ、統率する能力が大いに高まる。自分の夢は価値あるものだという自信が生まれる。

これらの特性を自分のものにすると、成功を収め、大きな功績を遺す重要なチャンスが訪れる。

2のピナクル・ナンバー

このピナクル・ナンバーの期間は、非常に敏感になり、直感が働き、多くの洞察を得る。忍耐力と内面的な気づきの成長が求められる期間である。目指すゴールに達するには、優しく穏やかに相手を説得する力が必要となる。直接的なアプローチ、無理やり相手をねじ伏せようとする態度、相手との対立は、不利になる可能性が高い。またこの期間は、人を支える役割に最も満足を感じ、優れたアドバイザー、外交官、仲裁役として才能を発揮する。人の気持ちや動機を鋭く見抜き、ものご

との核心をとらえることができるからだ。ただし、その能力で分裂を生むのではなく、平和を生み、亀裂を修復し、調和をもたらすために活かすことが重要である。

この期間の課題は、あらゆる形、あらゆるレベルで、二元性にバランスをもたらすことである。対立する双方の考えの重要性を認め、平和に至る中道を見出したり、両者が妥協して、調和する雰囲気を生み出すことができるはずである。重要なプロジェクトで皆が一丸となるための、まとめ役を担う。

この期間に目を背けずに克服しなければいけない弱点は、感受性である。自分の気持ちにかまけるほうを選びたくなって、簡単に傷ついてしまうかもしれない。この期間の始めの頃は特に感受性が高まり、自分の短所に意識が向きやすくなって、自信が持てず、恐れや躊躇する気持ちに負けてしまうかもしれない。これらが相まって感情が激しく揺れる可能性もあるので、前向きな気持ちで、勇気を出して人に支えを求める必要がある。

また感受性が鋭くなることで、美や調和の取れた環境を極めて大切にするようになり、周囲に美や調和が欠かせなくなる。

この期間は、音楽や芸術一般への欲求が高まる。音楽的才能が開花するかもしれない。楽器を演奏したことが特にないなら、何かひとつ選んで始めてみるとよい。

自分の敏感さ、理解力、洞察力を活かすと、人からとても感謝されるが、人からどれほど高く評価され尊敬されているかを、十分わかっていない可能性がある。そのせいで自己評価が低すぎたり、十分な評価を得ていないと不満を覚える恐れがある。

この期間は、内気で謙虚な人という印象を与える。ファースト・ピナクルがこのナンバーの場合は、特にその傾向が出る。だが実はプライドが高いため、そのギャップに注意する。

人生の波風から逃れていたい、難しい状況に見て見ぬふりをしたい、という思いに駆られる恐れがある。調和を守ることを優先して、事実をゆがめたくなるかもしれないが、それは裏目に出ることが多いので注意するとよい。

この期間は精度の高さと細かさを発揮する。またあらゆる面でセンスが良くなり、人が憧れるような、ある種の品格を身につける。これらの資質を最大限に活かすと、外見がぐっと磨かれて、優雅で魅力的な人になる。

世の中を支えているのは、このナンバーの期間にいる人のような、調和とバランスを保つ人たちである。

3のピナクル・ナンバー

創造力に満ちあふれた期間である。自己表現力が大幅に高まり、独創性や芸術面の才能が頂点に達する。これらの才能を磨くために、できることは何でもして、最高の力を発揮すべきである。「3」のピナクルの影響下では、執筆、演劇、歌唱、舞踊に魅かれる人が多く、成功を収める可能性も高い。自分に向いている芸術分野で努力を重ねると、大いに報われる。

この期間はまた、社交性と感情が高まる。魅力的で華やかな人として、友人や崇拝者が集まる。

人を元気にし、やる気にさせる能力が生まれる。陽気で明るいエネルギーを発するため、この人と一緒に仕事をしたい、この人のために仕事をしたい、と人に思わせる。またラッキーな期間でもあり、今までと異なり、ほんのわずかな努力で問題を乗り越えることができる。

このような面はすべて、自分を甘やかしたり、生産性を下げたりする恐れがある。他の期間よりも楽な人生になって油断するため、意識を集中して自制心を保つことが大切になる。このピナクルの影響下では勤勉さや努力が鍵になり、チャンスを活かす上での課題にもなる。衝動的な行動や悪ふざけをしないように注意する。この期間は限度を知ることが重要で、お金の使い方に気をつけ、使いすぎないようにする。秩序を乱すような考えや言動にも注意し、節度をわきまえること。後で後悔し、多くのチャンスを無駄にする恐れがある。

生まれた時にこのピナクル期間にいる子どもは、きちんとしつけをして、甘やかさないようにする。幼い頃に芸術教育をすると、本人にとって刺激になり、大きく才能を伸ばすことができる。

4のピナクル・ナンバー

必死に働き、多くの見返りを手にするピナクル期間である。今後長く土台となるものを築く機会がある。組織力、管理能力、もしくは単に皆の大黒柱として働く力が著しく増す。頼りになる、信頼できる人になり、責任を全うする能力も同じく高まる。

この期間は、そのような勤勉さと忍耐力の結果として成功を手にすることができる。小さなレンガをひとつずつ積み上げるように、一歩一歩前に進めて成果を出すとよい。

とても物質的な形で、人の面倒を見る。すべてを支える要の存在と見なされるため、家族や親せきを負担に感じる可能性もある。

誰かがやらなければいけない細かな雑務や責任感で、頭がいっぱいの日々になる。子どもという常に注目を求める存在ができ、子育てに追われる。報われることも多いが、フラストレーションも多くなる。自分の限界を感じつつ、細かなことに奔走して、時々まいってしまうかもしれない。ちっとも前進していないとか、もっと簡単にできるはずなのに、と思うかもしれないが、それは誤解である。永く残るものは、時間をかけて成長することを忘れないこと。

この期間は、効率、秩序正しさ、整然としたやり方では、本来の創造力が活かされない。

この期間の課題は柔軟性と順応性である。もっと遊び、もっとのびのびすること。

生まれたときにこのピナクルの期間にいる子どもは、真面目で、親の経済的制約から影響を受ける傾向があり、早く親元を離れて、自分の家族を持たなければいけないと感じてしまう。そのため、長い目で柔軟に考えるように働きかける必要がある。あまり幼い時期に、厳しい現実に飛び込まなくて済むようにするとよい。

5のピナクル・ナンバー

自由と拡張について現実の中で学ぶ期間である。遠くを旅し、好奇心を刺激する人々に出会い、数々の冒険を味わうなど、世の中を知る期間になる。どんどん実験して加速度的に学ぶ。経験から学ぶ期間である。

言葉を操る能力が発達し、楽に書いたり話したりできるようになる。自分を売り込むことがうまくなり、それが多くの冒険につながる。仕事、旅、エキゾチックな体験の機会が、繰り返し訪れる。

この期間の課題は、良くない意味での転がる石にならないことである。(訳注6－8) ある決まった分野、職業、もしくは恋人に落ち着く必要がある。それは自由を制限することにはならず、むしろ活動の土台になる。地に足を着けずにいると、つまらない職を転々としたり、表面的な付き合いを始めては終えるばかりになる。この期間は食、アルコール、薬物の乱用に走る恐れもある。

何かに縛られ、束縛されるのが怖いという理由で、上辺だけの快楽にふけったり、真剣な交際をためらうかもしれない。

このピナクル期間に、自由の本当の意味、つまり無条件の愛の意味を理解するとよい。それは自分の愛とエネルギーを、どこかの場所、人、もしくは職業に縛りつけず、無条件に差し出すことである。そしてその逆、つまり相手と主従関係になるのではなく、そのままの自分が愛されることを意味する。この期間は、相手へ愛を差し出しながら、相手への執着を克服し、相手と自分を切り離すことを学ぶ。それはとても精神的な道のりである。

多くの人はこの道のりに背を向け、世の中や人々と表面的な関係を持ち続けるほうを選ぶ。

この期間は、自分の才能を育み、特に話術や執筆能力を伸ばすことが必須になる。セールスやプロモーターの才能にも恵まれる。

制約は自由の基盤であることを認めることが重要である。自由は、制約なくして存在し得ず、制約がなければ自分というアイデンティティも、自分という存在も存在し得ない。

6のピナクル・ナンバー

このピナクルの期間は、家族、友人、社会との関わりが深まる。責任も義務も増えるが、バランス感覚と広い視野を得て判断力が高まる

訳注 6 - 8 訳注 2-4（82 頁）を参照。

ので、感情的な問題にもうまく対処できる。

もっと注意を向けてほしいと家族から要求される。この期間は、配偶者や子どもたちに安心感、保証、愛、犠牲を提供する必要がある。家族の中心として、彼らに安堵をもたらし、彼らを理解することが求められる。たくさんの人の面倒を見る立場になり、負担が増したと感じるかもしれないが、同時に自分が必要とされているという感覚も深まる。愛、近しさ、温かさにあふれた期間だが、近しい関係から生じる課題にも立ち向かわなければならない。他人同士の対立にじっくり向き合い、調和をもたらすこと。もめ事が起こったとき、自分しか全体を見ている人がいない、ということが多い。まるで、分断状態に理解と妥協をもたらす正義の番人にでもなったかのようである。

このピナクルの影響下では、特にこの期間の始めの頃に、結婚したり子どもを持つ人が多い。親戚と関わるようになったり、子どもが生まれるなど、小さな世界の中核的存在になる。

この期間は、威厳を保つことが大切である。波風を立てないために自分を後回しにするほうが楽だが、行きすぎると単に都合のよい存在になる。自分の限界を知り、健全な人間関係を保つことが重要である。

ビジネスや財政的な面で成長を見込める素晴らしい期間である。目標達成のために力を貸してくれる人を引き寄せ、財源や人材など必要なものを得ることができる。さらに、ビジネスに対するアプローチのバランスがよくなり、多くの報酬につながる。

調和の感覚が研ぎ澄まされ、また純粋な思いやりがあることから、カウンセラーやヒーラーとして秀でる。これらの分野ですでに生来の才能を発揮しているなら、さらに能力が高まる期間である。ただし健康問題が浮上する可能性があり、食生活や運動など、健康に関わる習慣を見直す必要に迫られる。

この期間は人を助けたいという願望が膨らむが、その思いの強さから、自分には関係のないことに関わったり、他人事に首を突っ込むことになり得る。おせっかいや干渉にならないように注意する。

「６」のピナクルは、人としての完成に向かう進歩と成長の期間である。その方向性には、愛にあふれた仲間や親になる、高潔なビジネス・パーソンになる、社会を支える柱としての存在を目指すなど、さまざまな可能性がある。ただし無理が利くため、同時に多くの方向を目指して多くを求められ、燃え尽きてしまう恐れがある。この期間は、自分でバランスを取ることが必要である。

7のピナクル・ナンバー 

内面の成長と魂の探求の期間である。自分という存在や生きる意味について、自らに深く問いかける。

この期間は、自分の内面に向き合い、じっくり思いを深めるために、ひとりで過ごす時間が必要になる。精神面の成長期であり、何かを信じる感覚が高まる体験をし、宇宙のパワーという抗いがたい力に導かれる。詩歌や自然の美を深く理解する。自然を散策すると、癒されて心の栄養になる。

また専門性が高まる期間である。意識を集中して、熱心にひとつのことを追究し、発展させる。集中力が非常に高くなり、読書、内省、熟考など、あらゆる形での学習欲や研究欲が最高に高まる。直感が研ぎ澄まされて、次に何をするとよいかがわかるので、たやすくまっすぐに前進できる。

このピナクルの下では、ある特定の分野の専門家になる。ひとつのテーマを深く掘り下げる技量が圧倒的に上がる。ほぼすべてのことに対して、表面だけを見ず、深く本質を見通すようになる。そのため、人に何かを教える可能性が高い。またこのピナクルの下では、意識的に人と近しい関係を築く努力が必要で、特に配偶者や子どもとの関係を大切にすべきである。内面を見つめたいという願望は、大切な人たちから逃げたり避けたりしているのではなく、知りたいという強い思いであることをしっかり伝える必要がある。

この期間の大きな収穫は、精神的な成長、知識の増大、そして英知である。人生の意味について理解が深まり、年を重ねたときの充足感の基本になる。

この期間の課題は、人に批判的になったり小ばかにしないことである。あまりにも世間と交わらなくなり、人を見下す恐れがある。自分も完璧とは言えない人間のひとりであることを忘れてしまうかもしれない。人を傷つけるような皮肉は最も次元の低いコミュニケーションだが、この

期間はその罠にはまりやすい。

高いレベルの完璧さを目指したいという思いは、誠実である。だが大局を見失い、人間という存在を相対的にとらえなくなると、完璧を目指しても惨めになるだけだ。完璧になるという志はユートピアと同じで、現実にはならない。自分にも人にも不満を抱くことになる。

このピナクル期間は、真の洗練、洞察力、高いレベルの英知をもたらす。これらの深い理解は、自己愛と真の幸福の基本である。

8のピナクル・ナンバー

このピナクルの影響下では、ビジネスや財政面の手腕が大いに高まる。唯物的な成長、拡張と報酬の期間であり、いわゆる収穫期である。

またこの期間は個人のパワーが増大する。適格な判断力と理念を持つようになるが、実はそれこそが経済的な成功の基本である。パワーがあり有能であることが伝わるため、人が実にあっさりと自分の判断に従い、自分のところに答えを求めにやってくる。威圧的にふるまって自分のやり方を無理やり通そうとしなくても、力を行使しやすくなる。できる人という認識を得て、理念を共有して共にがんばりたいと人から思われる。人から、心からの信任を得る。

この期間は、大きな事業を組織できるようになる。問題が起こっても脅威と感じず、果敢に挑戦する。自分でも自分のパワーの高まりを実感し、ますますブレなくなり、安定感が増す。ものごとに対して、ほとんど魔法のような影響力を持つ。結果として極めて目標志向になり、自信を持って、一点の曇りもなく、夢の実現に向かって進む。

この期間の課題は、人間的な価値観や精神的な価値観をしっかり持ち続けることである。天と地のバランスを保ち続けることだ。金儲けと地位をすべてに優先させ、人間的なことや形のないものを完全に排除したいという誘惑が非常に強くなる。だがその誘惑に屈すれば、間違いなく敗北に向かう。この期間は、お金の本当の価値、お金の自然な収まりどころを学ばされ、試される。神棚に祭り上げるようにお金を崇拝すると、他のことがすべて見劣りし、お金の奴隷になる。

お金に対してバランスの取れたアプローチを取り、正しい見方をしていれば、この期間は物質的にも精神的にも大いに報われる。それが「８」が真に約束するものである。

「８」という数は、有限と無限のバランス、物質と精神のバランスを象徴する。このピナクル期間は、成長の大きなチャンスである。

9 のピナクル・ナンバー

自分ひとりでは達成できない大きなプロジェクトや目標に、自分を重ね合わせ、実現を目指す期間である。自分のためだけでなく、人にも何かをもたらすことに大きな満足を覚える。ビジネスの世界にいる人にとっては、自分のビジネスが存在することで、従業員が家族を養っていると思うと、満足と大きな喜びを感じる。社会の改革を目指して活動している人は――特にこのピナクル期間に職業の選択について活動している場合は――自分が社会の安全と幸福の向上に寄与していると思うと、強くなれる。自分のエネルギーを広く社会の利益のために使う期間である。

そのため「９」のピナクルには自己犠牲の要素がある。ある程度まで、自分にとって大事なことより社会的な大義を優先させなければならない。それは大義のために犠牲になれという意味ではない。この期間は、自分を取り巻く社会の利益と自分の個人的な願望との間のバランスを見出すために、意識的な努力が必要になる。

また財政面の成長とビジネスの前進にも良い期間である。大きな課題に向き合い、前進するために精いっぱい力を尽くさなければならない。

「９」のピナクル期間には、戯曲、執筆、芸術といった分野で、大きな手応えを得る可能性がある。美的感覚が高まり、芸術的才能が目覚めて開花する。それまでビジネスの世界にいた人が突然芸術の世界に魅かれて、後援者やパトロンとして演劇製作や芸術家を支援したいと思うかもしれない。

社会的な責任感や、多くの人を慈しむ思いが強まる。恵まれない人の力になりたいと感じ、社会的な大義や慈善活動に身を投じる可能性が高い。地域社会のために、国のために、そして世界のために、という壮大な愛を抱く期間である。

興味深いことに、この期間は偏見がなく、社会的階級や国の違いも気

にせず、それらによって発想や行動が制限されることがない。人類全体をひとつとみなして、個から個ではなく、多くの人々への愛を抱く。

「9」のピナクルの期間には、宗教や哲学に魅かれる人が多く、何らかの教義や教えを広める能力が生じる。

端的に言えば、この期間は非常に理想主義的になる。遠く広く旅をする可能性が高く、さまざまな職業や社会的立場の人たちに出会う。

この期間には、分野を問わず、成功を収めて名声を手にするチャンスがある。

11のピナクル・ナンバー 

感受性も直感も高まる、厳しい期間である。心の核の奥底であまりに多くのことが起こり続け、自分が何者で、どこに向かっているのかがわからなくなる。その一方、自分の意識と高次の領域の無意識との間に、太い経路が開く。その結果、絶え間なくインスピレーションを受け取り、情報や洞察など暴力的なほどの啓示を得る。その激しさへの対処として、信念を持って、実際に手を動かすような職業に就き、日々地に足を着けて生きていくことを学ばなければならない。

精神的にも、ひとりの人間としても、極めて大きな成長を遂げる期間である。この期間を終える頃には、人はなぜ生きるのかという問いに極めて明瞭な理解を得ている。つまりこの期間に、人の感情や精神について圧倒的な理解を得て成長することが厳しく求められる。

たとえば、自分が何者で、なぜここにいるのかといった今の自分のアイデンティティを形成する特性に何らかの愛着や執着があるとしても、その特性がこの期間中に変わり続ける。

あるひとつの分野や生き方に落ち着いて、安定したいと願うが、このピナクルのエネルギーはそれを認めない。まるでどこか決まった方向に突き動かされるかのようである。そのプロセスをコントロールできないと感じ、自分の人生を形成するその抗えない力の存在を、はっきり意識する。そしてその力に身を委ねるしかないと感じる。

そんな非常に緊迫した中で、激しい情緒不安定も経験する。

自分は人と違うという明確で否定しがたい感覚が生じる。霊的な力から特別な視線を注がれているのを意識する。生きているという感覚が他の人よりも鋭敏であるため、ものごとの精神面をクリアに理解する。まるで完璧な周辺視力を持っていて、すべてのものが正確にくっきりと浮かび上がって見えるかのようである。時には、ものに宿っている魂が透けて見えると感じるかもしれない。

同時に、地球では自分はよそ者だと感じるかもしれない。日々の現実的なことがまったくできず、この物質世界の仕組みがわからないと感じることさえある。実務的なことを覚えられない。自分だけが不器用で手際が悪く、他の人たちは何の滞りもなく暮らしているのがわかる。そしてますます部外者だと感じ、居心地が悪くなる。

そういった気まずさや違和感以上に重要なことがある。それは、自分が人々をもっと幸せに、健やかに、そして平穏に過ごせるようにするという強い目的意識、もしくはそれが可能だというメッセージを伝えたいという圧倒的な意識の感覚で、どうしてもそれを実現したいと欲する。

「11」のピナクル期間の課題は、地に足を着けて、その夢にこだわり続けることである。その夢をいつか実現するために、自分自身が成長し、人の役に立つ現実的かつ有用な方法を見つけなければならない。

この期間の影響下では、とても独創的で、革新的で、創意に富む。まったく型にはまらないアプローチで、問題に取り組む。この期間は、自分の直感を信じ、調和を取って内なる平穏を取り戻し、地に足を着けて生きる努力をすること。あらゆるレベルで大きな見返りがある。辛抱強く努力を重ねれば、自分にぴったりの場所が見つかる。

22のピナクル・ナンバー

過酷なピナクル期間である。自分が持っているパワーがすべて表に表れ、使えるようになるが、それを必要とする難題が自分の前に立ちはだかる。その課題には物質的な面と精神的な面の両面がある。物質的な面は、自分の取り組みや夢に関して、なかなか形にならずに苦労する部分として表れる。精神的な面はそこまで明白にならないが、同じくらい重要な課題である。それは、世の中を幸福にする大いなるものの創造のために、精神性への自分の理解とビジョンを全力で活かすことである。この期間は精神力が大いに強化され、それに比例して決意の固さと能率も高まり、マスター・ビルダー(訳注6－9)になる。「22」というマスター・

ナンバーのピナクル期間の人は、元型界のいかなるものも認知し、それを顕現させなければならない。この期間は、意識の向くものすべてが大規模である。大きく長期的な計画を立て、世界に永続的な影響を及ぼす大きな理念を描き、それと同時に同じくらい大きな問題や課題を抱える。このピナクルの期間は、そのような計画や理念といった夢に、自らのすべてを捧げなければならない。自分の大志に全身全霊を注げば、挫折や敗れた夢の世界に迷い込むことはない。

自分の潜在能力のすべてを振り絞り、世界に恩恵をもたらす期間である。「22」のピナクルでは、持てるすべてを捧げなければならず、そういった意味で厳しく極端な期間である。

ただし、ひとり孤独に苦闘するのではない。計画の実現に向けて、多くの精神的、物質的サポートが集まる。大きな目的を直感で理解している姿が、人々を引き寄せる。彼らは壮大な夢が語られるのを聞き、その夢の実現に加わることで充実感を感じ、友人や支援者として支えてくれる。

この期間になくてはならないのは、勇気である。自信と信念を持って、この期間の課題に耐え、数々の障壁を乗り越える必要がある。

またこの期間は著しく実践的になる。緻密かつ大胆に問題にアプローチする。細部まで注意を払いつつ、目下の課題に果敢に挑む。結末を恐れて尻込みするのではなく、思い切って飛び込むこと。夢の実現に夢中になって、私生活は二の次になる可能性が高い。

このピナクル期間は、膨大な努力が求められるが、壮大な可能性を秘めている。ついに素晴らしい時がやってきた。思いきり力を尽くしてほしい。

一般的に、ピナクル・サイクルの影響のほうが、ピリオド・サイクルよりも強く感じられる。ピナクル・サイクルは具体的な出来事や経験を示すのに対し、ピリオド・サイクルは、ひっそりと根底に流れるものを繊細に示すためである。

訳注6-9「22」のライフ・パス・ナンバー（53～54頁）の説明を参照する。

ピナクル・サイクルの移行は、ピリオド・サイクルのそれと比べて、はるかに劇的である。生涯で３回サイクルが変わるが、それぞれの移行期で経験する衝撃は、間違いなくいつまでも心に残る。

プログレッシブ・チャート

パーソナル・イヤー、マンス、デイの各サイクル、トランジット・サイクル、エッセンス・サイクル、ピナクル・サイクル、そしてピリオド・サイクルが、プログレッシブ・チャートを形成する。これまでのチャートと同じく、プログレッシブ・チャートを読み解く上での最大のポイントは、各サイクルがどこでどのような影響をもたらすか、またサイクルが互いにどのように影響し合うかを、ひとつひとつ、はっきり区別して考えなければならない点である。

チャートを読み解くプロセスは、自然の中の散策にたとえられるかもしれない。長期サイクルは全体の環境を表す。たとえば、現時点のピリオド・サイクルが山地のような地形を示しているとしよう。ピナクル・サイクルは、その山地が深い森に包まれていることを示す。エッセンス・サイクルは、今は人生の中でエネルギーと遊び心にあふれた期間であるとか、今は少し疲れていて感情的になる、といったことを示す。トランジットは健康状態や心理状態、つまり、山地の中でも今は谷を歩んでいるのか、丘を登っているのかを示す。さらにパーソナル・イヤー、マンス、デイからは、雨が降っているとか、もうすぐ池があって、のどの渇きを癒せるといったことがわかる。

数秘術をマスターするには、想像力に加えて、分析し推論する能力がとても重要になる。あるパーソナル・イヤー・ナンバーが、あるエッセンス・ナンバーに、どのような影響を及ぼすかを感じ取って理解しなくてはならない。それには実践あるのみだ。自分のチャートを見ながら今までのことを振り返り、なぜあのとき自分はあの選択をしたのか、なぜあのような経験をしたのかを考えて、それらが当時のサイクルとどのように関連しているかを読み取ってみるとよい。一年ごとに考えると、サイクルのナンバーの饒舌さに驚くはずだ。

年齢	0	1	2	3	4	5	6	7	8	9	10	11	12	13
物質面のトランジット・ナンバー	2	2	8	8	8	8	8	8	8	8	6	6	6	6
思考面のトランジット・ナンバー	1	6	6	6	6	6	6	8	8	8	8	8	8	8
精神面のトランジット・ナンバー	8	8	8	8	8	8	8	8	8	1	5	5	5	5
カルミック・デット・ナンバー (3つのトランジットの数の計が「16」、「19」の場合、記入)		16									19	19	19	19
エッセンス・ナンバー (3つのトランジットの数の計)	11	7	22	22	22	22	22	6	8	3	1	1	1	1
ピナクル・サイクル	11 →													
パーソナル・イヤー・ナンバー	7	8	9	1	2	3	4	5	6	7	8	9	1	2
ピリオド・サイクル	5 →													
年(西暦)	1949					1954					1959			

図6.2　プログレッシブ・チャート

プログレッシブ・チャートは49年間をカバーする。
生まれたときをスタートにしても良いし、何歳の時点から作成してもかまわない。
例（Thomas John Hancock、1949年5月15日生まれ）

第7章

数秘術の幅広い活用法

デ・オムニバス・レバス・エ・クイバスダム・アリイ
（その他諸々を全部詰め込む）
——作者不明

私たちは日々数に囲まれている。電話をかけるときも、自宅の住所、車、銀行口座を特定するのにも、すべて数を使う。生活の中で数に関係のない場面はほとんどない。実は、これらの数はどれも人とその数がついたものとの関係を語っている。その「もの」の性質や、そのものがもたらす影響を伝えている。これらの数の意味がわかると、時間や日程を変えるべきか、自分に有利な数に変えるにはどうするかなど、自分が取るべき行動への洞察や指針を得られる。

この章では、自分と同じ苗字である先祖の人生との類似点について、次に住所に含まれる数や電話番号など日常で広く使われる重要な数について、そして数を使った探し物の見つけ方と二桁の数の一般的な意味について説明する。これらの知識があると、今までの章で触れてこなかった場面でも、数の基本原則を活用することができる。

先祖の影響

たいていの人は先祖の苗字を代々受け継ぎ、父方の名前を使うことが多い。苗字は先祖との強い結びつきを示し、先祖と同じような精神面の歩みを経験することを表す。第6章で述べたように、精神面のトランジットは苗字の文字に基づいており、つまり苗字が同じ人たちは、人生の精

神面の歩みが似ていることになる。

ただし、その体験のレベルや激しさの度合いは人によって大きく異なるため、比べることはまったくできない。

たとえば、おなじみのトーマス・ジョン・ハンコックと彼の父親、祖父、曾祖父、、、と続く先代は、全員ハンコックという苗字を持つ。つまり彼らは全員17歳から22歳まで、45歳から50歳まで、そして73歳から78歳までの間、精神面のトランジットの文字が「O」になる。これらの年齢の期間、さまざまな感情を味わって精神的な進化を経験し、彼らの場合は美への理解や、家族や社会に対する責任と密接な関係がある。絵を描くなど、何らかの方法で自分の気持ちを表現したいという願望を持つ。温かく自分を育んでくれる人間関係に恵まれる。「O」の精神面のトランジット期間には、自信と信頼、郷愁、感情の込められた祈りといった要素があり、彼らは皆そのような経験をする。

体験の強さや激しさの度合いは個人差が大きいため、極めて身近で見ていても、似たような経験をしていることにまったく気づかないかもしれない。

苗字からは他にも全般的なことがよくわかるため、自分の苗字について思いを深め、研究するとよい。同じ文字や同じ数が何度も出ていないだろうか。苗字の各文字に対応する数から何が読み取れるだろうか。

ハンコック（Hancock）という父方の名前は、頭から順に、８、１、５、３、６、３、２に対応し、すべて足すと28で、２＋８＝10、１＋０＝１となり、「１」である。

この家系には、恐らく財政的な手腕に優れた人が多く（コーナーストーンの数価が「８」(訳注７−１)）、その多くは自営業で（「１」、「８」、「３」がふたつ）、宣伝か販売に関するビジネスを営み、その仕事で話術やユーモアのセンスを活かして成功していた可能性が非常に大きい（「３」と「５」）。家族と責任をとても大切にする（２番目の母音が「６」）。人が何を必要とし、どんな気持ちでいるか、とてもよく気がつく（kの「２」だが、Kはアルファベットの11番目の文字であるため「11」とも言える）。

訳注７-１名前の最初の一文字目。第４章179頁を見よ。

トム・ハンコックの先祖には、海賊などの世間からのけ者にされた人がいたかもしれない。ハンコックという名前には、冒険心の強さと(「1」と「5」) 型破りなところがあるからだ(「1」、「5」、「3」)。

彼ら全員に共通するのは、自分のやりたいことを自分のやりたいようにやりたいという願望である(名前全体の合計が「1」で、「8」、「3」、「5」、「1」があるため)。

このように、数の理解が深まると、苗字を手がかりにして異なる時代を生きた祖先に思いをはせることができる。

住所と電話番号

身の回りの数が示していることを無視すべきではない。なぜ、何のために数がそう伝えているかを知り、自分のために役立てれば、不安のない順調な人生を歩むことができる。

身近な数の中で最も重要で最も意味のある数は、番地や号といった住所の末端の数である。その数は、良いことも悪いことも含めて、その家に住んでいる間にどんな出来事や経験が起こり得るかを伝えている。すでに本書で述べたように、すべての数には表と裏、明るい面と暗い面があり、数そのものに優劣はない。だが「13」や「14」といったカルミック・デット・ナンバー、特に「16」や「19」になる数の家は、避けたほうがよいかもしれない。そこに住む人たちに、確実にその数の属性を引き寄せる。カルミック・デット・ナンバーの家を良しとするのは、意識的かつ前向きな気持ちで古い自分を打破したい、魂を深く探求する人生を歩みたいと思っている(「16」)、もしくは人の助けを借りずに困難に向き合い、内面の強さを見つけたい、そのためにひとりになりたい(「19」)、といった場合に限られる。

つまり、数の良し悪しは、あくまで自分に必要なことや自分の希望との関係において判断すべきである。

家に割り振られた数は、その家が面した通りの名前よりもはるかに重要である。(訳注7－2) 通りの名前は、その通り沿いに住んでいる人全員に影響し、自分だけのものではないからだ。

同じように、電話番号もこの数を通して行われる連絡やコミュニケー

ションについての示唆を与えている。市外局番とそれに続く三桁(訳注７－３)の数は、通りの名前が重要でないのと同じで、同じ番号を共有する人が非常に多く、無視してかまわない。しかし電話番号の最後の四桁は、自分だけに与えられた番号である。一件の家だけに割り振られた住所の数と電話番号は、隣人や近所の人と共通する要素が一切ないため、重要になる。

住所の末端の数と電話番号について理解する

住所や電話番号など自分の環境を表す数の意味を知るには、１から９までの一桁の数について理解を深め、さらに以下のように複数桁の数について分析し洞察する。

まず各桁の数を足して、一桁になるまで計算する。その際マスター・ナンバーとカルミック・デット・ナンバーに十分注意する。

たとえば、住所の末端(訳注７－４)の数が３４１７なら、３＋４＋１＋７＝15、１＋５＝６となり、重要なのはこの「６」である。家族を大切にする家庭志向の数なので、子どものいる家族に良い数だと言える。

次に、複数桁の数を分析するときは、情報を３段階で分析する。まず各桁の数の合計である「６」について考察する。次にその手前の15という二桁の数について考えを深める。15から６が導き出される「６」は、個人主義と個人の自由（「１」と「５」）を大切にする「６」である。そして最後に「３」、「４」、「１」、「７」という個々の数を読み解く。

とても気に入った家が見つかったのに、その家の数があまり気に入らないとしても、引っ越しをあきらめるべきではない。受け入れがたい数であれば、その家の数を変えられないかを考えてみる。

この点では電話番号のほうがコントロールしやすい。わたしの経験で

訳注７-２ 通りの名前は、日本の住居表示では区町村名や字の名前に当たる。それらの名前よりも、番地の後や字の後に続く数のほうが重要であることを意味する。本書が出版されたアメリカでは、通りの名前と番号が一件の家を特定する最も細かい単位になる。

訳注７-３ 日本の市内局番に当たる。

訳注７-４ 番地、字の後に続く数、マンションやアパートの部屋番号など、住所の一番終わりにくる自分の家だけに割り振られた数を指す。

は、電話会社の番号割り振り担当者は、たいていとても親切だ。番号の候補をいくつか提示してくれるので、うまく利用することをお勧めする。

数の助けを借りた探し物の見つけ方

自分が取った行動や観察は、それが意識的なものであれ不注意なものであれ、潜在意識のどこかにいつまでも残っている。

誰かと話をしているときに車が通り過ぎたら、その車は目の片隅にぼんやりと映るだけだ。だがそれでも、その情報は記録され、永遠に保管される。実際に車が通り、それが視界に入り、その情報が脳に伝達され、記憶として刻まれる。ただし、記憶力の良し悪しと記憶したことを後で思い出せるかどうかは、別の話である。

理論的には、記憶がすべて残るので、ずっと後になってもその情報を検索して引き出せば、車のナンバーを思い出せるはずだ。催眠術を使ったら思い出すことができた、ということはよくある。

そして、数秘術というユニークな検索手段を使えば、潜在意識の中にある膨大な情報、つまり記憶を引き出し、利用することができる。

たとえば指輪をなくしたとする。最後に指輪を持っていたときに自分がどこにいたかしかわからない。

ひょっとしてポケットから落としたが、軽くて気づかなかったか、カーペットに落ちて「コツン」とかすかな音を立て、ソファーの下に転がったのかもしれない。どこかにしまいこんで、それを忘れてしまったのかもしれない。どんな経緯であれ、数日経っても指輪は見つからない。

だが指輪をなくした瞬間の情報は、潜在意識の中に保管されている。そこで、潜在意識を発動させて情報を引き出し、探し物を見つける。

ロスト・オブジェクト・ナンバー（探し物ナンバー）の出し方

なくしたものに意識を集中し、９桁の数を思い浮かべて紙に書き、各桁の数を合計する。一桁にはしない。次に、合計して出た数について以下のリストで調べる。たとえば紙に書いた数が９３４７１０１３８だと

すると、合計で36になるので、「36」のロスト・オブジェクト・ナンバーの項目を読み、どこを探せばよいかを調べる。ロスト・オブジェクト・ナンバーの合計は、最大で81、最小で６になる。(訳注７－５)

探し物に、以下のロスト・オブジェクト・ナンバーの説明を参考にしてほしい。

6 のロスト・オブジェクト・ナンバー	掃除道具もしくは履物の近くにある。誰かのせいにしない。
7 のロスト・オブジェクト・ナンバー	衣服の近くにある。
8 のロスト・オブジェクト・ナンバー	自分の嫌いな人から届く。
9 のロスト・オブジェクト・ナンバー	若い人が持っているが、その人は自分が持っていることに気づいていない。悪気なくプレゼントとして渡される。
10 のロスト・オブジェクト・ナンバー	自分が昼間一番長く過ごす部屋を探す。自宅とは限らない。
11 のロスト・オブジェクト・ナンバー	湖、池、海など、大量の水のすぐ近くにある。
12 のロスト・オブジェクト・ナンバー	安全な場所にあり、別の物を探しているときに見つかる。探さないほうがよい。
13 のロスト・オブジェクト・ナンバー	自分のクロゼットの中にある。靴か帽子の箱の中かもしれない。
14 のロスト・オブジェクト・ナンバー	水の中にある。配管工に頼んで取ってもらう必要があるかもしれない。探し物が布製なら、自分の傘、コート、頭や首回りに身につけるものの辺りを探す。
15 のロスト・オブジェクト・ナンバー	動物の近く、もしくは動物のためのものの近くにある。見つかるのに子どもが関わる。
16 のロスト・オブジェクト・ナンバー	自分では意識していないが、永遠になくなればよいと思っていた。
17 のロスト・オブジェクト・ナンバー	狭い場所にしまってある高価なもののすぐ近くにある。
18 のロスト・オブジェクト・ナンバー	枕、服、タオル、毛布など、柔らかなものの近くにある。見つけてもまたなくし、その後は見つからない。
19 のロスト・オブジェクト・ナンバー	自宅の近くにあるが、水の近くではない。乾いた土や砂の辺りを探す。

訳注７-５最大になるのは999,999,999（合計81）だが、最小は、000,000,000（合計０）もしくは100,000,000（合計１）ではない。著者によると、ロスト・オブジェクト・ナンバーを出す場合、９桁の数の中にゼロは３つまで、１は６つまでと考えられ、合計が５以下だと確かなヒントが得られない。

20 のロスト・オブジェクト・ナンバー	家の中の水の近くにある。シンク、浴室、洗面所、トイレ、湯沸かし器の周りを探す。
21 のロスト・オブジェクト・ナンバー	狭い収納スペースの中にある。書類棚かもしれない。自分の書類カバンや財布の中も探す。
22 のロスト・オブジェクト・ナンバー	もうすぐ見つかる。夢に出てきて、見つけるかもしれない。
23 のロスト・オブジェクト・ナンバー	今自分がいる場所から遠くないところにある。家具の下や中を探す。
24 のロスト・オブジェクト・ナンバー	以前しまっていた場所を探す。家族に探してもらうほうが見つかる可能性が高い。
25 のロスト・オブジェクト・ナンバー	白いもの、もしくは光源に囲まれている。自分から遠く離れたところではない。
26 のロスト・オブジェクト・ナンバー	年配の女性で、恐らく親戚の人が、どこを探せばよいかを知っている。だが、それを探していることを彼女は知らない。
27 のロスト・オブジェクト・ナンバー	ガレージの中にある。車の中かもしれない。壊れているか、傷ついている。
28 のロスト・オブジェクト・ナンバー	誰かがすでに見つけ、持ち主に返すべきだが返したくないと思っている。分離に関するカルミック・レッスンである。
29 のロスト・オブジェクト・ナンバー	近しい人から返ってくる。その人は、それほど年上でもなく、小さな子どもでもない。
30 のロスト・オブジェクト・ナンバー	子どもと一緒に楽しく過ごしているときになくした。恐らく創造力を発揮していたときである。おもちゃや画材に交じっていないか探す。
31 のロスト・オブジェクト・ナンバー	動きのある水の近くで、家から遠くないところにある。自分が見つける。
32 のロスト・オブジェクト・ナンバー	高い場所にあり、恐らく家の外もしくは窓台の上にある。
33 のロスト・オブジェクト・ナンバー	修復された宗教関連の美術品や道具の近くにある。またクリスマスの飾りをしまっている場所も探す。
34 のロスト・オブジェクト・ナンバー	自宅の中もしくは仕事場の光源か熱源の近くにある。
35 のロスト・オブジェクト・ナンバー	家の中の水が流れる場所の近くにある。物をどかさないと見えない。
36 のロスト・オブジェクト・ナンバー	自分に近しい誰かが持っている。同居している家族のクロゼットや収納スペースの中を探す。
37 のロスト・オブジェクト・ナンバー	自宅にある宗教的な美術品や道具の近く、もしくは自宅の自分がいる場所より東側を探す。
38 のロスト・オブジェクト・ナンバー	食料品店、近所の友人の家、仕事場など、定期的に行く場所に向かう途中でなくした。誰にでも見えるところにある。

39 のロスト・オブジェクト・ナンバー	高いところにある。遊びや創造的な活動に関係のあるものに囲まれている。
40 のロスト・オブジェクト・ナンバー	恐らく壊れないように、きちんと柔らかなものでくるまれている。
41 のロスト・オブジェクト・ナンバー	クロゼットの下のほう、もしくは履物の近くにある。
42 のロスト・オブジェクト・ナンバー	料理をする場所だが、恐らく自宅ではない。レストランなど自分が訪れた場所に電話する。
43 のロスト・オブジェクト・ナンバー	ベッドやリビングなど、くつろぐ場所の近くにある。畳んだシーツや毛布の間かもしれない。
44 のロスト・オブジェクト・ナンバー	汚い場所もしくは家の改装中のところにあり、作業員が見つける。
45 のロスト・オブジェクト・ナンバー	毎日その近くを通り過ぎている。しっかり見ること。
46 のロスト・オブジェクト・ナンバー	同僚、特に仲の良い同僚に聞くとよい。ただし今から数日待ってから聞く。
47 のロスト・オブジェクト・ナンバー	複数の人がどこにあるかを知っている。ひとりは嘘をついている。部下に聞くとよい。
48 のロスト・オブジェクト・ナンバー	水もしくは調理道具のすぐ近くにある。また酒類の保管場所をすべて探す。
49 のロスト・オブジェクト・ナンバー	探さなくてよい。まず見つからないし、すでにひどく壊れている。
50 のロスト・オブジェクト・ナンバー	なくした場所から移動している。キャリング・ケースもしくは乗り物の中を探す。
51 のロスト・オブジェクト・ナンバー	教会など礼拝する場所にある。または病院のような癒しの場かもしれない。
52 のロスト・オブジェクト・ナンバー	なくしてから、少なくとも誰かひとりがそれを手に取っている。恐らく面識がないが、自分が良く知っている人と仲の良い人である。
53 のロスト・オブジェクト・ナンバー	旅行に出かけて、戻ってきたときに受け取る。自分がいない間に見つかる。
54 のロスト・オブジェクト・ナンバー	誰かが持ち歩いているか、あちこち移動している。時間がかかるが戻ってくる。
55 のロスト・オブジェクト・ナンバー	水もしくは風の動きによって、どこかに行ってしまった。最も期待していないときに見つかる。
56 のロスト・オブジェクト・ナンバー	自分が通ってきたところを今すぐ辿る。なくしたのが数日前だとしても、すぐにそばを通りかかる。近くに水がある。
57 のロスト・オブジェクト・ナンバー	なくしたのは自分で、スポーツをしている間に見つける。スポーツ・ウェアのズボンのポケットの中を特に探す。

58のロスト・オブジェクト・ナンバー	誰かの欲張りもしくは怒りの犠牲になっている。戻ってくる可能性は低い。
59のロスト・オブジェクト・ナンバー	乾いた暗い場所で、恐らく小さな戸棚の中にある。食料もしくは食器の周りを探す。
60のロスト・オブジェクト・ナンバー	見つかる可能性はない。
61のロスト・オブジェクト・ナンバー	家の地下倉庫もしくは床下を探す。雨風にさらされている。
62のロスト・オブジェクト・ナンバー	家からかなり離れた場所でなくしており、戻ってこない。
63のロスト・オブジェクト・ナンバー	忘れられがちな保管場所にあり、しばらく自分の目に触れていないものに囲まれている。
64のロスト・オブジェクト・ナンバー	探す必要はない。家の掃除もしくは模様替えをしたときに見つかる。
65のロスト・オブジェクト・ナンバー	今から数時間以内に近くを通り過ぎるが、見つける確率は低い。
66のロスト・オブジェクト・ナンバー	なくなったのは盗まれたからである。盗んだ人は、手もしくは足先に傷を負っている。
67のロスト・オブジェクト・ナンバー	若い家族、恐らく女性が見つけ、返してくれる。
68のロスト・オブジェクト・ナンバー	２回なくなっている。誰かが一度見つけたが、返す前になくした。その人はなくしたことを認めないだろう。別の人が見つけ、返ってくる。
69のロスト・オブジェクト・ナンバー	自宅からかなり離れたところにある。比較的最近訪れた友人もしくは親戚に電話する。すでに見つかっているが、見つけた人は単に誰のものかを知らない。
70のロスト・オブジェクト・ナンバー	なくしたのではなく、置き場所を間違えている。勉強や研究資料の近くを探す。どこに置いたか考えてみる。
71のロスト・オブジェクト・ナンバー	近くにある。くつろいでいるときに見つかる。印刷物の近くである。
72のロスト・オブジェクト・ナンバー	花瓶や鉢など、上が空いている入れ物の中を探す。
73のロスト・オブジェクト・ナンバー	警察や警備の人に連絡すべきである。盗まれた可能性が高い。
74のロスト・オブジェクト・ナンバー	自分が敬意を払っていなかった人、もしくは不公平な接し方をしてきた相手から戻ってくる。
75のロスト・オブジェクト・ナンバー	戻ってくるが、壊れている。
76のロスト・オブジェクト・ナンバー	台所もしくは食品庫の中にある。粉製品の近くを探す。
77のロスト・オブジェクト・ナンバー	あまり時間をかけて探さない。見つける人の役に立つことをすると見つかり、返ってくる。

78 のロスト・オブジェクト・ナンバー	動物の近くにある。壊れており、見つかる可能性はあまりない。
79 のロスト・オブジェクト・ナンバー	ブリキの缶もしくは何らかの金属製の容器の中にある。
80 のロスト・オブジェクト・ナンバー	他のものと一緒に鍵をかけてしまわれ、さらに別の入れ物の中にしまわれている。探していないときに見つかる。
81 のロスト・オブジェクト・ナンバー	ゴミと一緒に持っていかれた。見つけることはできない。汚れで覆われており、もうすぐ粉々にされる。

数秘術の助けを借りて潜在意識に働きかけ、探し物を見つけるという手法は、古くから行われてきた確かなものである。人生のさまざまな面と同じで、因果関係がはっきりしなくても、実際に探し物が見つかるという現実を疑っても意味がない。９桁の数がなかなか思い浮かばないとしたら、自己意識が強すぎるのかもしれない。たとえ思い浮かべた数を10回変えたとしても、どのようにその数に至ったかに意味はない。最終的にこの数だと思った数がすべてであり、それ以上でも以下でもない。

ダブル・ディジット・ナンバー（二桁の数）

ここまでは、マスター・ナンバーとカルミック・デット・ナンバーを除けば、チャートに現れる一桁の数のみを考察してきた。そこで、10から上の数についても見ていこう。

最終的に１から９までの一桁にした数は、複数の数の組み合わせが基になっている可能性がある。たとえば「７」は、16、25、34、43、52、61もしくは70を一桁にして「７」になった可能性がある（79もしくは88の場合は、まず16になってから７になり、一回の計算で直接７にならないため、当てはまらない）。25を一桁にした「７」は、34や61を一桁にした「７」とは微妙に異なる。そのため、わたしがチャートを作成するときは、一桁にする前の二桁の数、ダブル・ディジット・ナンバーも記入するようにしている。たとえば25が「７」になったときは「25／７」、34が７になったものは「34／７」と書いておく。

ここまで読み進めた読者は、数秘術を十分理解しており、ダブル・ディジット・ナンバーの分析ができる。

ダブル・ディジット・ナンバーの特徴のほとんどは、その数を一桁にしたときの数の特徴である。まず何よりも１から９までの数が重要な意味を持つからだ。

ダブル・ディジット・ナンバーの場合は、それらの特徴の中で強調される面と弱まる面があるが、どの面も完全になくなることはない。この理解を深めるには、自分のチャートに出ているダブル・ディジット・ナンバーをよく観察するとよい。

たとえば、25が基の「７」は、16が基の「７」ほど内に引きこもらず、34が基の「７」は、25が基の「７」よりも独創的である。

また10で割り切れる数は、原則的に、一桁にしたときの数の個性を強めたものである。10から一桁になった「１」は、すでに10の段階でリーダーシップ能力がはっきり表れている。10は「１」の１オクターヴ上で、40は「４」の１オクターヴ上、70は「７」の１オクターヴ上である。

以下に10から99までのダブル・ディジット・ナンバーについて簡潔に説明する。ダブル・ディジット・ナンバーをいくつか選んで自分なりに考察し、それから以下の説明を読んで主なポイントをつかめたかどうかを試すと、数秘術の練習になるかもしれない。ちなみに、自分を表すダブル・ディジット・ナンバーは、氏名の文字の合計を出し、一桁になる直前の二桁の数である。

10 のダブル・ディジット・ナンバー	「１」が持っているあらゆる資質が増強される。パワフルなリーダーであり、ひとつのことに徹底的に集中し、成功に向かって一直線に進む。目標に向かう上で冷酷になり得る。高慢な専制君主になる可能性がある。
11 のダブル・ディジット・ナンバー	第１章のマスター・ナンバーの説明（27頁）を参照する。
12 のダブル・ディジット・ナンバー	非常に創造性豊かで、個性的で、型にはまらない。集団の利益ではなく、自分の利益を表す数である。
13 のダブル・ディジット・ナンバー	第１章のカルミック・デット・ナンバーの説明（29～30頁）を参照する。
14 のダブル・ディジット・ナンバー	第１章のカルミック・デット・ナンバーの説明（30頁）を参照する。
15 のダブル・ディジット・ナンバー	愛と許しにあふれ、極めて寛容である。責任感が強く、ものごとをうまく進められ、ダイナミックで、強い。旅行、冒険、実験を表す数である。自堕落なところがある。

16 のダブル・ディジット・ナンバー	第１章のカルミック・デット・ナンバーの説明（30 ～ 31 頁）を参照する。
17 のダブル・ディジット・ナンバー	精神的な成長、信じる心、バランスの数である。裕福か破産かのどちらかである。精神的、道徳的価値観に嘘をつかないための、内面の苦闘を表す。
18 のダブル・ディジット・ナンバー	国際的な規模のビジネスに関わりがあり、理想主義と利己心の不一致を表す。精神面の努力を意識的に積み重ねることが足りない。
19 のダブル・ディジット・ナンバー	第１章のカルミック・デット・ナンバーの説明（31 ～ 32 頁）を参照する。
20 のダブル・ディジット・ナンバー	極端に敏感で、直感が鋭く、批判に弱い。感情的な問題がある。難局に立たされると、弱点や臆病さが露呈することがある。
21 のダブル・ディジット・ナンバー	「12」に似ているが、「12」よりもはるかに直感が鋭い。先延ばしにする傾向がある。
22 のダブル・ディジット・ナンバー	第１章のマスター・ナンバーの説明(27 ～ 28 頁)を参照する。
23 のダブル・ディジット・ナンバー	人が大好きで、自由を求めて闘い、大義を掲げる。すぐにものごとを放り投げる。現実性がない。
24 のダブル・ディジット・ナンバー	人の相談に乗り、相手を安らかな気持ちにさせる。音楽、特にリズムを好む。家庭内の争いや離婚を表す。
25 のダブル・ディジット・ナンバー	精神的な指導力を表す。集団での取り組みを好む。真面目すぎるところがある。自分の気持ちを打ち明けることが非常に苦手である。
26 のダブル・ディジット・ナンバー	ビジネスや経営に秀でている。戦略に優れ、仕事中毒で、プライベートな生活がめちゃくちゃであることが多い。
27 のダブル・ディジット・ナンバー	カウンセラー、ボランティア、芸術家の数で、成功する人が多い。遺産を表す数である。頑固で心が狭くなるときがある。
28 のダブル・ディジット・ナンバー	「10」と同じだが、「10」よりも慈愛と寛容さがある。
29 のダブル・ディジット・ナンバー	「11」と同じである。第１章のマスター・ナンバーの説明（27 頁）を参照する。
30 のダブル・ディジット・ナンバー	コミュニケーションと創造性の数で、「３」の１オクターヴ上である。ユーモアのセンスがとても豊かである。陽気だが、底の浅いところがある。
31 のダブル・ディジット・ナンバー	「４」になる他の数よりも外向的で楽しいことを好む。創造性が豊かである。誠実さに欠ける面がある。
32 のダブル・ディジット・ナンバー	「23」を参照する。「23」よりも敏感で、感情の起伏が激しく、気分屋である。

33のダブル・ディジット・ナンバー	この数をマスター・ナンバーとする数秘術師もいる。究極的には教える才能を意味する。キリストの数と言われ、人に安らぎをもたらす。自己犠牲とユートピアを信じる心を表す。共依存になることが多く、また病的に嘘をついてしまうときがある。
34のダブル・ディジット・ナンバー	とても知的で、努力によって得た精神的な純粋さがある。人と分かち合う。戦士の数である。
35のダブル・ディジット・ナンバー	ビジネスで創造力を発揮する。創意にあふれた人、道具のデザインや設計をする人、ビジネス・アドバイザーを表す数である。社交的だが人と一緒に仕事をするのは苦手で、フリーランスのほうがよい。
36のダブル・ディジット・ナンバー	とてもクリエイティブである。天才的なときがある。また自意識が高く、感情を表に出さず、よそよそしい。
37のダブル・ディジット・ナンバー	とても個性的、学者肌、乱読家で、抜きん出た想像力がある。考えがきちんとまとまらず、でたらめなことが多い。
38のダブル・ディジット・ナンバー	第1章のマスター・ナンバー「11」の説明を参照する（27頁）。「11」よりも現実的である。直感がとても鋭いが、それをなかなか認めない。美術品やアンティークの販売でお金を稼ぐことが多い。何らかの恐怖症がある。
39のダブル・ディジット・ナンバー	機能美の芸術を好む。演劇や舞踏を職業にすることが多い。拒絶や分離が苦手である。
40のダブル・ディジット・ナンバー	「4」の1オクターヴ上である。極めて整然として、体系的で、几帳面である。人に対して批判的で、不寛容で、時には偏見を持つこともある。
41のダブル・ディジット・ナンバー	「14」を参照する。数多くのプロジェクトにうまくエネルギーを向けることができる。自分勝手で、ユーモアに欠け、犯罪に手を染めることがある。
42のダブル・ディジット・ナンバー	「24」を参照する。政治的な野心がある。政府機関など行政に関わるかもしれない。鈍感なところがある。
43のダブル・ディジット・ナンバー	「34」を参照する。集中、完璧主義、時にはフラストレーションや劣等感を表すときもある。
44のダブル・ディジット・ナンバー	ビジネスにうってつけの数である。軍隊で経歴を積むのもよい。先を見通す目と実行力がある。潜在能力が高い。
45のダブル・ディジット・ナンバー	銀行業務もしくは国際機関に関わることが多い。自分で自分に満足できずに苦しむ。斜に構えるところがある。
46のダブル・ディジット・ナンバー	リーダーシップを表す（「10」を参照する）。無神経なことが多い。常に用意周到で、自信がある。

47 のダブル・ディジット・ナンバー	第１章のマスター・ナンバー「11」の説明を参照する（27 頁）。現実的で地に足のついた「４」と、精神的な「７」の間の内面的な葛藤がある。そのバランスが取れるようになると、預言者や傑出したカウンセラーになる。
48 のダブル・ディジット・ナンバー	先見の明があり、しっかり計画を立てる。非現実的な夢に心を奪われるときがある。
49 のダブル・ディジット・ナンバー	「13」を参照する。人のために力を尽くす世話好きである。問題を解決する。皆の英雄、皆の友人でいたい数である。
50 のダブル・ディジット・ナンバー	「５」の１オクターヴ上である。極端なほど自由を愛し、多芸多才である。新しいアイディアにオープンで、躊躇せずイチかバチかやってみる。性的な関係について悩むことがある。
51 のダブル・ディジット・ナンバー	「15」を参照する。「15」よりも自立していて攻撃的である。
52 のダブル・ディジット・ナンバー	「25」を参照する。「25」よりも敏感で、直感が鋭く、クリエイティブである。
53 のダブル・ディジット・ナンバー	「35」を参照する。「35」よりも話術に長け、独創的で、ビジネス志向である。
54 のダブル・ディジット・ナンバー	「45」を参照する。「45」ほど整然としておらず、自制心がない。何かを最後までやり遂げることが苦手である。夢見がちで、理想がとても高い。
55 のダブル・ディジット・ナンバー	自由をこよなく愛し、旅好きである。社交的だが、自分勝手で孤独でもある。販売の仕事なら必ず成功する。
56 のダブル・ディジット・ナンバー	感受性が極めて鋭く、さらに自由でいたいという欲求と家族の一員でいたいという欲求が同じくらい強いという、難しい組み合わせである。第１章のマスター・ナンバー「11」の説明も参照する（27 頁）。
57 のダブル・ディジット・ナンバー	聡明さと創意を表す。晩年に英知を深める。とても創造性豊かで、型にはまらない。
58 のダブル・ディジット・ナンバー	勤勉さを表し、たいてい成功する。好機をとらえ、すばやく決断できる。自説を譲らず、意固地なところがある。
59 のダブル・ディジット・ナンバー	とても説得力があり、相手を納得させる。成功した弁護士や資金集め役のチャートに出ることが多い。あらゆる立場や多様な文化背景の人々と打ち解けられる不思議な能力をもたらす。
60 のダブル・ディジット・ナンバー	愛にあふれ、思いやりがあり、責任感が強い。卑屈になるときがある。
61 のダブル・ディジット・ナンバー	恋愛関係の苦労を表す数。家族や友人を求める思いが強い。要求が高くて秘密主義なので、調査研究、法律に関わる役人、シークレット・サービスに非常に向いている。

62のダブル・ディジット・ナンバー	「26」を参照する。「26」ほど敏感でない。人の世話を焼くことに秀でている。医療分野の職業に良い数である。
63のダブル・ディジット・ナンバー	「36」を参照する。「36」のように外向的ではないが、乱れた性的関係を持つ恐れがある。
64のダブル・ディジット・ナンバー	「46」を参照する。「46」ほど整然としていないが、もっと創造力がある。
65のダブル・ディジット・ナンバー	「56」を参照する。「56」以上に、自由と家庭のバランスを取る必要が重要になる。時に、犯罪傾向をもたらす数である。
66のダブル・ディジット・ナンバー	欠点に寛大である。経済的な浮き沈みがある。極めて忠誠心が高く、愛情深い。
67のダブル・ディジット・ナンバー	分析的な頭の良さと創造性が融合した数である。発明家や数学家のチャートに重要な数として出ることが多い。たいていコア・ナンバーである。
68のダブル・ディジット・ナンバー	ビジネスに良い数。鈍感な傾向があるが、忠誠心がとても高い。ユーモアのセンスが豊かである。
69のダブル・ディジット・ナンバー	このナンバーほど責任感が強く、自分を犠牲にする数はほとんどない。政治活動や環境活動家によく出るナンバーで、他には医師、看護師、教師に多い。極めて創造性豊かである。
70のダブル・ディジット・ナンバー	隠者の数である。孤高の人で、物質世界とのつながりを失うほどまで、知識を得ることに没頭する可能性がある。非常に聡明で独自性があり、エキセントリックである。
71のダブル・ディジット・ナンバー	「17」を参照する。「17」のような威厳はなく、一匹狼が多い。
72のダブル・ディジット・ナンバー	「27」を参照する。とても話上手で、たいてい乱読家である。
73のダブル・ディジット・ナンバー	「37」を参照する。自立心が強く、ひとりで働くことを好む。恋愛関係では要求が多い。
74のダブル・ディジット・ナンバー	「47」を参照する。予感がしたり強烈な夢を見る。摂食障害をもたらす可能性がある。
75のダブル・ディジット・ナンバー	「57」を参照する。「57」よりも分析的だが、創造性は高くない。
76のダブル・ディジット・ナンバー	「67」を参照する。管理や組織に関わる人に絶好のナンバーである。アイディアを現実化できる。原理主義や宗教への狂信をもたらす場合がある。
77のダブル・ディジット・ナンバー	すべての数の中で、最も知的で創意にあふれたナンバーかもしれない。精神的な英知を表す。
78のダブル・ディジット・ナンバー	このナンバーは、精神面と物質面の板挟みに苦しむ。チャート上の重要な数としてこのナンバーがある人は、財を成し、その財を失う。

79のダブル・ディジット・ナンバー	政治的指導者や精神的なリーダーによく出る数である。人類全体へ関心を寄せるが、冷酷で独善的にもなり得る。
80のダブル・ディジット・ナンバー	ビジネスに良い数。だが独立心に欠けるため、起業家よりも経営陣や軍部によく見られる。外向的である。
81のダブル・ディジット・ナンバー	「18」を参照する。「18」よりも金権志向である。精神面の理解に欠けることが多い。暴力をもたらす場合がある。
82のダブル・ディジット・ナンバー	「28」を参照する。強い指導力と勇敢さの数である。逆境に強い。結婚は安定性に欠ける可能性がある。チャート上の重要な数としてこのナンバーを持っている人には、一生独身か何回も結婚する人が多い。
83のダブル・ディジット・ナンバー	「38」を参照する。「38」よりもビジネス志向で、「38」ほど繊細ではなく、傷つきやすくない。
84のダブル・ディジット・ナンバー	「48」を参照する。「48」よりも先を見通す目があるが、「48」のようなまとめ役タイプではない。
85のダブル・ディジット・ナンバー	「58」を参照する。「58」よりも男性的である。強気になることがある。
86のダブル・ディジット・ナンバー	「68」を参照する。「68」よりも自分志向である。どこか無責任で自分に甘い。
87のダブル・ディジット・ナンバー	「78」を参照する。「78」と比べると多少実践的で、お金の扱いに長けている。だが「78」と同じくらい、精神面と物質面の間で激しく苦しむ。
88のダブル・ディジット・ナンバー	矛盾だらけのナンバーである。ビジネスには最高だが、恋愛関係にはよくない。無神経である。
89のダブル・ディジット・ナンバー	貴族階級とその世界の人々を表すナンバーである。数々の旅をもたらす。この数があると、たとえ短い間でもひとりでいられない。
90のダブル・ディジット・ナンバー	自己犠牲と謙虚さを表す。宗教的な熱意をもたらすことが多く、ほとんどの場合、人を元気にさせるポジティブな熱意である。チャート上でこのナンバーが重要な意味を持っている人は、人と交わらない傾向があるが、多くの人から愛され尊敬される。
91のダブル・ディジット・ナンバー	この組み合わせは、職業上、特にクリエイティブな分野での成功をもたらす。だがお金の処理ができない。変わり者で、自説を曲げない。
92のダブル・ディジット・ナンバー	第１章のマスター・ナンバー「11」の説明を参照する（27頁）。人類に大きな関心と思いを寄せる。
93のダブル・ディジット・ナンバー	「39」を参照する。独創的で、特に建築や造園の分野でその力を発揮する。将来にわたる約束をするのが苦手である。
94のダブル・ディジット・ナンバー	「49」を参照する。現実的な人道主義者である。旅行が性に合わず、変化を嫌う。

95のダブル・ディジット・ナンバー	「59」を参照する。人道主義者だが、現実的でなく、夢見がちである。旅と変化を愛する。
96のダブル・ディジット・ナンバー	「69」を参照する。愛にあふれ、自分を犠牲にする性質である。「69」と比べると、その性質がもっと家族、友人、地元社会に向けられる。
97のダブル・ディジット・ナンバー	「79」を参照する。「79」よりも感受性が高い。黙々と働き、読書好きである。
98のダブル・ディジット・ナンバー	「89」を参照する。理想主義者だが、無関心な人という印象を与える。感情を表に表せずに苦労する。チャート上でこの数が顕著な意味を持つ人は、人からなかなか理解されない。
99のダブル・ディジット・ナンバー	天才的芸術家を表す。誤解されることが多く、たびたび噂話の被害に遭う。恋愛関係では、嫉妬や所有欲をもたらす恐れがある。

本書の前半で述べたが、人と同じで、数にもそれぞれ性格がある。「1」から「9」までの数の性格を十分理解すると、複数の桁の数についても、性格の組み合わせとして理解することができる。ただし、複数の桁の数の性質は、主にそれを一桁にしたときの数の性質であることを忘れないでほしい。その上で、個々の桁の数がひとつ上の桁の数を通して影響を及ぼすと考える。

たとえば324は、まず何よりも一桁にしたときの「9」の特性を持つ。そしてこの「9」の表れ方に「3」が影響を及ぼす。さらに「3」が「2」の表れ方に影響を及ぼし、「2」が「4」の表れ方に影響を及ぼすが、「2」と「4」は「3」ほど重要ではない。

数と遊ぶ

もし地球外生命体に出会ったら、恐らく数という言語しかコミュニケーションの手段がない。数字という字は役に立たないかもしれないが、いくつか小石を並べて数を表せば、ある程度の知性が自分にあると相手に証明できるし、何らかのやり取りもできるかもしれない。つまり数とは、互いを理解し、相手とコミュニケーションを取るための、この世界の限界を超えた普遍の手段である。

数は、感情や個人的な好みといった主観的な現実に縛られない。数に

は最も純粋な意味での客観性があり、だからこそ科学を語る言語として使われている。抽象概念や物質的な現実を定量的に伝えるには、数こそが最も信頼できる伝達手段である。

その一方、数を使って言葉の「魂」を明らかにすることもできる。言葉は、その言葉の表す対象の根底に存在している思いから生まれる。ひとつひとつの言葉には、その言葉の意味する範囲が明確に決められ、その言葉に結びついた感情や精神的な思いが込められている。数秘術を使うと、言葉の根底にある思い、その言葉の魂を明らかにすることができる。

そこで、いくつか大切な言葉を取り上げて、どのように数秘術を使って言葉の深い意味を見出すかを説明しよう。

愛

では「愛（Love)」という言葉を見ていこう。

この言葉に数秘術を使うと、エクスプレッション・ナンバーが「９」で、「愛」の人道主義的で普遍的な性質がわかる。寛大で、惜しみなく、自分を後回しにし、他者を気遣う。癒しであり、師であり、自分の持てるものを無条件に投じる。

「愛」のハートデザイア・ナンバーは「11」で、感受性が鋭く、直感的な性質で、調和を求め、最高のパワーと結びついている。「11」は「チャネル」もしくは「イルミネーター（光をもたらす者)」とも言われる。

そして「愛」のパーソナリティー・ナンバーである「７」は、注意深く自分を顧みる必要と、「愛」に本来備わっている暗黙の英知を示している。

憎しみ

次に愛の反対語を取り上げよう。「憎しみ（Hate)」である。

「憎しみ」のエクスプレッション・ナンバーは「16／７」で、これは自己破壊的な性質を示すカルミック・デット・ナンバーである（第１章のカルミック・デット・ナンバーの説明を参照する)。このナンバーは孤立を示す。冷たく、そっけなく、自分の世界に閉じこもっているため孤立する。それは主に精神面の問題で、その結果、気持ちが大切な問題に対して慈しみの心に欠けることが多い。

「憎しみ」のハートデザイア・ナンバーは「6」で、憎悪の対象との感情的な強いつながりを示す。「6」には、どうしてもコントロールしたいという負の側面があり、手放すことができない。憎んでいる相手に、相手の息が詰まるほど過度に注意を向けることを意味する。

「憎しみ」のパーソナリティー・ナンバーは「1」で、強気、無神経、人と分かち合うことができないといった「1」のネガティブな属性を示し、孤立、孤独を意味している。「1」の頑固さのせいで、憎んでいる相手のポジティブな属性を受け入れることができない。

光と闇 

「光（Light）」と「闇（Dark）」を比べながら、それぞれから連想されることと、「愛」と「憎しみ」の例との関連を見ていこう。「光」という言葉のコア・ナンバーは「愛」のコア・ナンバーによく似ている。「光」のエクスプレッション・ナンバーは「11」、ハートデザイア・ナンバーは「9」、パーソナリティー・ナンバーは「2」である（前述のとおり「愛」はハートデザイア・ナンバーが「11」、エクスプレッション・ナンバーが「9」、パーソナリティー・ナンバーが「7」である）。「11」は啓蒙や洞察を象徴するが、「光」は触れるものすべての真の性質を明らかにする。ハートデザイア・ナンバーの「9」は、「光」がどこまでも広く遠くまで届かんとすることを示す。「光」はすべての存在にとって、手を伸ばせば届くものであり、すべての人、すべての存在への分け隔てのない恵みである。パーソナリティー・ナンバーの「2」は、生来の優しさを表している。

「闇」という言葉は、エクスプレッション・ナンバーが「16／7」、ハートデザイア・ナンバーが「1」、パーソナリティー・ナンバーが「6」である。「憎しみ」との唯一の違いは、ハートデザイア・ナンバーとパーソナリティー・ナンバーが入れ替わっていることだ（「闇（Dark）」と「憎しみ（Hate）」の綴りは一文字しか共通していないが、コア・ナンバーは同じである）。繰り返しになるが、これらのコア・ナンバーは、自己破壊、孤立、孤独を表す。パーソナリティー・ナンバーの「6」は、闇による守護という幻想を示している。

犬と猫

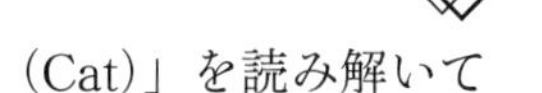

今度は身近な動物である「犬（Dog）」と「猫（Cat）」を読み解いてみよう。言うまでもなく、「犬」と「猫」は対照的な性格である。

「犬」という言葉のエクスプレッション・ナンバーは「８」で、何かを保護するという生来のパワーと能力を表す。ハートデザイア・ナンバーの「６」からは、人に飼われる環境を欲し、愛されたい、注目を得たいという思いを持っていることがわかる。そしてパーソナリティー・ナンバーの「11」は、飼い主の気分を敏感に察知し、直感が働くことを示す。

一方、「猫」の場合は、エクスプレッション・ナンバーの「６」が人になつく性質を示している。だが、ハートデザイア・ナンバーが「１」で、独立心があり頑固な性格であるとわかる。さらにパーソナリティー・ナンバーが自立と自由を必要とする「５」であるため、「猫」をコントロールすることはできそうにない。

「犬」も「猫」もコア・ナンバーに「６」があるが、「犬」の場合はそれがハートデザイア・ナンバーとして現れ、つまり愛、注目、家庭の調和への願望を示している。「猫」の場合はそれがエクスプレッション・ナンバーなので、人間に飼育される環境にはぴったりだが、ハートデザイア・ナンバーが「１」であるため、自立が欠かせない。「猫」は従順ではなく「犬」が従順なのは、生まれつきだと言える。

食物と住処

家庭というテーマで、次は生活の基本である「食物（Food）」と「住処（Roof）」という言葉を考察してみよう。どちらの言葉にも、保護、安らぎ、母親的、家庭的、育むことを象徴する「６」が３回も登場する！

「食物」のエクスプレッション・ナンバーは「22」である。「食物」という物質がエネルギーに変わり（新陳代謝）、そのエネルギーが物に変わる（臓器の成長）ように、食べ物はいのちの基盤を成し、その変容が「22」という数に表れている。ご存じのとおりマスター・ビルダーの数であり、「食物」という言葉は正にいのちの顕現を表している。

「住処」はエクスプレッション・ナンバーが「９」、パーソナリティーが「６」で、家庭環境を守るという住処の目的が表れている。

川と木

では「川（River）」と「木（Tree）」を読み解いてみよう。「川」のハートデザイア・ナンバーは、動き、自由、ダイナミックさ、変化を意味する「5」である。パーソナリティー・ナンバーは「22」で、すべての障壁を突き抜けて進む、最もパワフルな自然の力のひとつだとわかる。エクスプレッション・ナンバーは「9」で、すべての存在の幸福のために、自らのすべてを捧げる。

「木」には素晴らしいナンバーが並んでいる。まずハートデザイア・ナンバーが「1」で、自立心と、生存への強い意志が表れている。上に向かってまっすぐ伸びている「木」の形がまさに「1」である。次にパーソナリティー・ナンバーの「11」が、天に向かって伸びる「木」の性質と、すべての存在にインスピレーションをもたらす精神性を示している。そしてエクスプレッション・ナンバーの「3」は、「木」の精神のパワーと美しさを伝える「木」自身のコミュニケーション能力を象徴している。

仕事 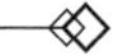

最後に「仕事（Work）」という言葉を取り上げよう。「仕事」のエクスプレッション・ナンバーとして、再び「22」というマスター・ビルダーの数が登場する。人は「仕事」をして生活費を稼ぎ、暮らしを立てる。つまり、「仕事」とは唯物的な世界に理想をもたらす手段であることを、この「22」が示している。次に「仕事」のパーソナリティー・ナンバーは「16／7」で、この「7」は仕事における集中力、意識をひとつのことに向けること、完璧を目指すことを表す。「16」はカルミック・デット・ナンバーで、「仕事」に束縛されたり「仕事」だけの人生になると、「仕事」が自己破壊的に作用し得ることを示している。「16」は、仕事中毒という強迫観念、仕事以外の人生の豊かさをすべて破壊しかねない性質を表す。

このように、よく使われる言葉、都市名、国名、そしてもちろん人の名前を使って、実際に数を読み解いてみるのは、数秘術を学ぶ最善の方法のひとつである。

数秘術の練習に非常に良い言葉を、以下に挙げる。

「太陽（Sun）」は、のん気でお気楽な「３」が３つの文字のちょうど真ん中にあり、ハートデザイア・ナンバーも「３」である。パーソナリティー・ナンバーは「６」で、エクスプレッション・ナンバーは「９」である。何かの偶然とはとても思えない。

「湖（Lake）」は、エクスプレッション・ナンバーが「11」で、潜在意識と顕在意識の間のつながりを示す。ハートデザイア・ナンバーの「６」は安定を、パーソナリティー・ナンバーの「５」は動きを表す。

「湖」と「海（Sea）」を比べてみよう！

「花（Flower）」は、ハートデザイア・ナンバーが「11」、コーナーストーン(訳注７－６)の数価が「６」、エクスプレッション・ナンバーが「７」、パーソナリティー・ナンバーが「５」である。それに対して「植物（Plant）」は、ハートデザイア・ナンバーが「１」、パーソナリティー・ナンバーが「８」、エクスプレッション・ナンバーが「９」である。

他にも、「男（Man）」、「女（Woman）」、「道具（Tool）」、「ハンマー（Hammer）」、「車（Car）」、「箱（Box）」、「戦争（War）」、「針（Needle）」、「毛糸（Wool）」、「赤ちゃん（Baby）」、「友達（Friend）」、「姉妹（Sister）」、「兄弟（Brother）」といった言葉を読み解いてみてほしい。

動物の名前も良い練習になる。まずは「トラ（Tiger）」、「ライオン（Lion）」、「オオカミ（Wolf）」、「熊（Bear）」、「ワシ（Eagle）」、「サメ（Shark）」を見てみる。次に「子羊（Lamb）」、「羊（Sheep）」、「鳩（Dove）」、「イルカ（Dolphin）」、「クジラ（Whale）」をお勧めする。

ビル・クリントン大統領のチャート

ここからは、公の人の中から世界的な影響力のある人を選び、数秘術による洞察を述べたい。まずビル・クリントン大統領(訳注７－７)を取り上げる。

訳注７-６第４章の説明（179頁）を参照する。

訳注７-７第一期クリントン政権の誕生は1993年１月で、本書の原書がアメリカで出版されたのは同年11月である。この内容が執筆された段階では、現役の大統領と政権の今後を占う内容であった。

ビル・クリントン（Bill Clinton）の出生時の名前は、ウィリアム・ジェファーソン・ブライス（William Jefferson Blythe）で、1946年8月19日生まれである。出生時の名前と誕生日からコア・ナンバーを出すと、ライフ・パス・ナンバーが「11／2」、エクスプレッション・ナンバーが「6」、ハートデザイア・ナンバーが「11／2」、パーソナリティー・ナンバーが「13／4」、そしてバース・デイ・ナンバーが「19／1」である。

数秘術の観点から述べると、クリントン大統領は、人の心を強く揺さぶる人物としてアメリカ国民の前に登場し、山のような矛盾に満ちている。矛盾の原因の一部は、出生時につけられた名前と養子になってからつけられた名前が大きく異なる点にある。第3章で述べたように、ふたつ目の名前は、その人の生来の能力に焦点を当て、その力をさらに高めることがある。クリントンも明らかにそのケースで、ウィリアム・ジェファーソン・ブライスという出生時の名前に対し、ビル・クリントンというふたつ目の名前が、彼の持ち前の能力をさらに高めている。では、誕生日から計算するライフ・パス・ナンバーの「11／2」とバース・デイ・ナンバーの「19／1」について読み解いていこう。

ライフ・パス・ナンバーの「11／2」からは、クリントン大統領が非常に繊細で、直感に優れていることがわかる。彼は人が考えていること、感じていること、そして世の中の流れを敏感に察知する。その場の相手や聴衆に合わせて、相手に対する理解、素直な姿勢、そして説得力を完璧なバランスで示し、相手にぴったりのトーンで対応することができる。輝くような誠実さが隠れ蓑となり、実は相手が何を求め、何と言ってほしいかを直感的にわかっていても相手に悟られない。クリントン大統領は、この特性を活かして数々の窮地を脱してきた。大統領選の初期に不倫やマリファナの使用が発覚して大問題になったが、すべて乗り越えてきたことがその証明である。

また「11／2」というライフ・パス・ナンバーから、クリントン大統領の場合、直感を得る経路が窓のように大きく開いており、自身の潜在意識や直感的な自己から、さまざまな認知が定常的に流れ込むことがわかる。意識して努力しなくても反射的に直感を受け取ることができ、その能力が高度に発達している。

このライフ・パス・ナンバーは、人と協力して働きたい、調和を保ちたい、調停役として貢献したい、という強い願望を生む。人から好かれたいという欲求があるため、批判に敏感になりやすい。

これらの資質がすべて、パーソナリティー・ナンバーの「11／２」によって強化されることで、クリントンは未来のアメリカへのビジョンを明確に描いている。

実は、ビル･クリントン大統領は精神世界に精通し、深い理解がある。この点はあまり広く報道されておらず、足しげく教会に通うタイプでもないため、プライベートなままでほとんど知られていない。だが、クリントンには精神性への洗練された理解があり、精神的理想が彼の意欲の源となっている。

このような感受性の高さと調和への願望とのバランスを取っているのは、バース･デイ･ナンバーの「19／１」である。このナンバーからは、彼の鉄の意志、固い決意、高い指導力が伺える。「19／１」は、頑なさや、自分ひとりで多くの重責を担おうとする傾向を示す。生きることの苦しさを知っており、時にはその苦しみを自ら求め、自分で自分に発破をかける。彼のふたつの名前もそうだが、ふたつの「11」と「19／１」の組み合わせには、ビル・クリントン大統領の二面性が表れている。つまり、敏感で、いろいろなことに気づき、繊細で、直感が鋭いが、その一方で、強く、現実的で、意欲にあふれ、対立を恐れず正面から向き合う。

ウィリアム・ジェファーソン・ブライスという出生時の名前からは、クリントン大統領のエクスプレッション・ナンバーは「６」になり、責任感と思いやりがあり、人に尽くすことを中心に考え、忠誠心の高い人物像が浮かぶ。

「６」と「11」は、どちらも自分が舞台の真ん中に立っていたいタイプを表し、他の誰かに注目を奪われることを嫌う。そこに自ら苦労を背負いたい「19／１」の影響が加わるため、本来の責任感の強さと、お山の大将になりたいという願望の両方を抱え、このふたつが動機となって行動する人物だと言える。

次に、ウィリアム・ジェファーソン・ブライスという名前から導かれるパーソナリティー・ナンバーの「13／４」について考察する。このナンバーからは、細かなところも見逃さず、精力的に長時間働き、数字で課題をとらえプランの詳細まで気を抜かないという、一般的に知られた実務派クリントンの個性が見て取れる。また「13／4」はカルミック・デット・ナンバーで、くつろぎ、平穏、休暇を楽しむことに居心地の悪さを感じるという負の側面がある。このナンバーを持つ人は仕事中毒になりがちで、猛烈に働くことで、自分は責任を果たし生産的に活動していると自分を信じ込ませ、安心感を得る。

クリントン大統領の場合、「13／4」というナンバーが、細かさ、時には意味のない些細なことにこだわる傾向をもたらしており、それが大統領への道を閉ざす恐れがあった。だが、ビル・クリントンを名乗ったことで、そのような狭量さから逃れることができた。この名前ではパーソナリティー・ナンバーが「8」になり、先見の明を持ち、壮大な計画を打ち出し、細かなことは超越して、広く国家間の情勢に関わるような人物になるからだ。

ビル・クリントン大統領のマイナー・ハートデザイア・ナンバーは「6」で、彼の責任感の強さをさらに強めている。マイナー・エクスプレッション・ナンバーの「5」は、変わり続ける状況への柔軟性や順応性を高める。つまり、ビル・クリントンという名前のお陰で、人格の幅が広がり、印象を強めている。

最後に、ウィリアム・ジェファーソン・ブライスという名前には、1から9までのすべての数が登場し、クリントンの有能さを示している。人を大切にし、音楽家で、弁護士で、政治家であり、国家のビジョンがある。どんな状況でも、自分の幅広い才能と能力を活かすことができるという自信と落ち着きがある。

次に、ビル・クリントン大統領のプログレッシブ・チャートを見てみよう。まず初めに、エッセンス・サイクルに16と22が繰り返し出てくることに気づく。これは、孤立と不確実性（カルミック・デット・ナンバーの「16」）の期間と、パワフルで公的な面を持つマスター・ナンバーの「22」の期間が、うまくバランスを取っていることを示す。ビル・クリントン大統領にとって、18歳から19歳、30歳から31歳、そして40歳は苦しい時期だったはずだ。逆に、20歳から21歳、41歳から42歳、43歳、45歳、46歳（大統領になった1992年と翌93年に当たる）、そして47歳（1993年から94年）は、強さ、個人のパワー、巨大な影響

力が特徴的な時期になる。だが1994年にエッセンス・ナンバーが再び「16／７」になるため、魂を深く探求し、内面に疑念を抱きながら一年を終えるかもしれない。一国の指導者の姿とそのドラマに人々は自分を重ね合わせ、指導者もまた国民の姿に自分を重ねる。1994年後半、アメリカ国民とビル・クリントン大統領は、今後の方向性や世界の中での役割に関して、内面を深く見つめ、動揺、疑念を経験する時期になるだろう。クリントン大統領のチャートとエッセンス・ナンバーの「22」の時期には、最後の超大国としてのアメリカの国力と国家としての自信が読み取れる。だが、いつか向き合わなければならない体制的な弱点も認識している。その弱点は、恐らく1994年後半から今以上に露わになり、クリントン政権下のアメリカは、深刻化する問題を深く掘り下げ、答えを見つけなければならないだろう。(訳注７－８)

「16／７」のエッセンス・ナンバーの一年が過ぎると「13／４」になり、根本的な問題に前向きに取り組み、力を尽くす状況になると示されている。基盤を強化し再建する時期だ。ビル・クリントン大統領のチャートからは、才能とやる気にあふれ、時代の要求に応える有能な人物像が浮かぶ。(訳注７－９)

クリントン大統領が再選するかどうかは、選挙戦を争う相手のチャートが必要だが、この文章を書いている時点ではまだわからず、予測はできない。だがクリントン大統領のナンバーは、彼が指導者として今後何年も影響力を持つことを示唆しており、再選される可能性が非常に高い。(訳注７－10)

次に元大統領を何人か取り上げ、考察したい。リチャード・ミルハウス・ニクソン（Richard Milhous Nixon）は、1913年１月９日生まれ、ハートデザイア・ナンバーが「16／７」で、パーソナリティー・ナンバーが「11／２」というのは、要職に就く政治家にとってたいへんな災い

訳注７-８ 議会中間選挙（1994年11月）で共和党が上下両院の過半数を奪い、民主党が大敗して政権運営が難しくなった。またクリントンには、以前から不正取引や性的スキャンダルが存在していた。

訳注７-９ エッセンス・ナンバーが「16／７」になるのは就任３年目の1994年で、任期を迎える（つまり再選を賭けて選挙活動が行われる）翌95年が「13／４」の年に当たる。

訳注７-10 クリントンは1996年に共和党候補のボブ・ドールを破って再選を果たし、２期８年にわたって大統領を務めた。

である。ニクソンのサイクルを見ると、彼の場合はタイミングも非常に悪かったとわかる。とは言え、彼を非常に許しがたい人物だと思っている人でも、ニクソンが多少の賢明さを持ち、敬意を得たことを全面的には否定しないだろう。歴代のアメリカの大統領の中で、ニクソンほど劇的な転落と名誉失墜を経験した人物はいないが、今ではニクソンの考え方を評価し、彼の意見を求める声も多い。ニクソンはマスコミにしばしば登場するようになり、まさに「16」の意味する再生を象徴する人物だ。(訳注7－11)

ジェームス・アール・カーター（James Earl Carter）は、1924年10月1日生まれである。現代史において、人道主義を最も強く標榜した大統領で、たしかに彼の4つのコア・ナンバーに「9」がふたつある。あとのふたつ、エクスプレッション・ナンバーとパーソナリティー・ナンバーはいずれも「5」で（そのうちひとつはカルミック・デット・ナンバーの「14」）、力を発揮しようとして性急になる面がある。加えて、カーターにはカルミック・レッスン・ナンバーが3つあり、内政（「6」）、精神的な事柄（「7」）、ビジネス・権力・交渉事（「8」）に弱いことがわかる。(訳注7－12)だが、本人の精神的な強さや人々の幸福を純粋に願う思いは（ライフ・パス・ナンバーが「9」、ハートデザイア・ナンバーが「9」）、歴代の大統領の中でも最高である。ちなみに、クリントンであれカーターであれ、ジミー・カーター大統領やビル・クリントン大統領と言うより、カーター大統領、クリントン大統領と言ったほうが力強い印象を与える。大統領のような地位を目指すなら、下の名前を含めて自己紹介をするのは、決して賢いとは言えない。

ロナルド・レーガン（Ronald Reagan）は、1911年2月6日生まれで、ミドル・ネームはウィルソン（Wilson）、ライフ・パス・ナンバーが「11」、パーソナリティー・ナンバーも「11」、ハートデザイア・ナンバーが「2」、エクスプレッション・ナンバーが「13／4」である。4つのコア・ナ

訳注7-11 ウォーターゲート事件で大統領を辞任。任期中の辞任はアメリカ初。1994年死去。本書の執筆時点では存命だった。

訳注7-12 カーター政権は、内政では経済政策の失敗で不況を招き、外交面でも大きな実績を残せなかった。最後はイランのアメリカ大使館人質事件への対応の稚拙さから国民の支持を失った。

ンバーのうちの３つが「11」や「２」であり、どれほど非難のレッテルを貼られても、すぐに剥がれる「テフロン大統領」というニックネームは、実に的を射ていると言える。カルミック・デット・ナンバーの「13」は、年を重ねても意欲的に活動を続ける人によく見られるが、ナンバーの持ち主を追い立て、平穏や静けさを与えないことが多い。野心家レーガンが、果たしてホワイトハウスでの時間を堪能できたかは疑問である。

ジョージ・ハーバート・ウォーカー・ブッシュ（George Herbert Walker Bush）のチャートは、パーソナリティー・ナンバーの「２」が最も目に留まる(訳注７－13)。ブッシュがよく批判された彼の「弱虫」ぶりが、この「２」に如実に表れている。ただ同時に、折衝能力、機転、柔和さを示すナンバーでもあり、影の黒幕、無言の采配者、調停役、そして自分を抑える人という面も表している。他のコア・ナンバーは、ハートデザイア・ナンバーが「８」、エクスプレッション・ナンバーが「１」で、強硬さや猛烈な活力を表す非常に男らしいナンバーである。「８」はビジネス上の連携、強い意志、見返りに対する強い欲求を、「１」は指導力、実行力、どうしてもトップに立ちたい、最高の人間でありたい、王様でいたいという思いを示す。加えて、ライフ・パス・ナンバーの「16／７」からは、感情を表に出さない人、事実を取り上げ事実だけに向き合う術を幼少期に身につけた人、緻密で分析的な発想の持ち主であることがわかる。ブッシュにとって大いに役立ったのは、ヒドゥン・パッション・ナンバーの「５」がもたらした変わり身の早さ（「リード・マイ・リップス」(訳注７－14)）、何でも器用にこなす才能、エネルギッシュさだろう。

つまり、ジョージ・ブッシュは目標志向で、有能で、権力欲が強く、意志の固い、駆け引き上手な人物である。わたしは1989年春に『イースト・ウェスト・ジャーナル』に寄稿した記事の中で、ジョージ・ブッシュ大統領への評価は賛否が分かれるだろうという見通しを立てた。その主な根拠は、彼のエクスプレッション・ナンバーの「１」とパーソナ

訳注 7-13 第43代大統領のブッシュ・ジュニアではなく、父親の第41代大統領のブッシュを指す。共和党やマスコミから「弱虫」と批判された。

訳注 7-14 ブッシュが1988年の大統領選挙で多用した、増税しないという選挙公約の言葉。ブッシュはこの公約を破って増税を実施した。

リティー・ナンバーの「２」が生み出す矛盾である。

プロの数秘術

大半の読者にとって、数秘術は趣味や有益な情報源以上のものにはならないだろう。だが、プロの数秘術師になりたいと思うなら、友人、家族、同僚、隣人など、ありとあらゆる人に数秘術を実践してほしい。ただし、職業として行うには、その責任を真剣に胸に留めるべきである。

まず何よりも、数秘術は定量的に実証できる科学ではないと認めなければならない。5000年に及ぶ経験と研究の積み重ねに基づいているものの、人間は信じられないほど複雑な生き物である。数秘術は、そんな人間のわかりやすい側面を見つめ、その一部を解明しようとする試みにすぎない。そこには、決して表に現れない極めて精妙な変動要因が無数に存在している。つまり、数秘術師が毎回正しい見立てをすることは不可能である。クライアントは、思っている以上に数秘術師の見立てを言葉通りに受け止める恐れがある。自分を信頼してくれる相手に害を及ぼさないように、細心の注意を払って言葉を選び、伝えるべきである。これは、チャートに出ている弱点や相手の足りない部分を説明したいときに、特に重要だ。たとえばクライアントのチャートを見て、あまり自信のない人で、それをごまかすためにアルコールに頼るような、自分に甘いところがあるとしよう。このような場合に「あなたはあまり自分に自信がなく、アル中ですね」と言っては、本人がさらに自信をなくし、ますます酒瓶に手を伸ばしたくなるだけだ。そうではなく、まずクライアントの才能やポジティブな特性をいくつか挙げて、それらを活かすように伝え、自信を持ってもらう。その上で自信が足りないのは本人のプラスにならず、害ですらあると伝えて、「たくさんのことをがんばってやっているのに、そんな自分のがんばりを自分が認めていませんね」と指摘するとよいだろう。

プロの数秘術師の仕事は、クライアントの性格や気質を深く見抜いて伝えるだけではない。その人のやる気を伸ばし、元気づけ、気持ちを高めるのも仕事である。

数秘術師にとって最も力になる資質は、あふれんばかりのクライアン

トへの愛だと、わたしは思っている。クライアントはほぼ必ず、何らかの導きや支えを求めてやってくる。つらい思いをしている人と比べて、不満もなく幸せに暮らしている人が数秘術師の元を訪れる可能性はとても低い。クライアントは苦しみや混乱に見舞われ、あなたの元を訪れる。絶望しているかもしれない。お金を払って、訓練を受けた経験豊かなプロの助けを借りれば、困惑の中に光を見出し、自分の状況に対処し、ひょっとしたら自分を癒す一歩を踏み出せるかもしれない、という希望を持ってやってくる。まったくの赤の他人であるクライアントから、友人や身内も知らないような話を打ち明けられることがほとんどだ。プロになるとは、そのような人に助けを差し伸べ、安らぎをもたらす立場に立つことを意味する。本質を深く見抜いて伝え、知恵を出すことが求められ、クライアントの思いに応える立場に身を置くことになる。ただし、それ以上に大切なことは、プロになると、その人の精神面をそのまま受け止め、相手の心に触れ、絶望を希望に変え、一縷の望みしかない状況で、相手の中に信じる力を生むチャンスを得ることができる。

決して簡単ではないが、やりがいはとても大きい。

人生には、数秘術が役立つ場面が多々ある。自分の性格や人の気質を深く見抜くことができる。カップルがお互いへの理解を深めて、相手の少し変わったところや変なこだわりに寛容になれる。仕事やビジネスで決断を下すときに、優れた指針が示される。波乱の中で注意を促し、その先に訪れる好機をうまく活かすことができる。

知り合いになった人や、政界、芸術界の著名人のナンバーを調べたり、大切にしたい言葉や、町、州、国の名前、本や映画に登場する架空の人物の名前、さらに電話番号の数など、数秘術を使って読み解くことが習慣になると、自信がついて、気軽に使えるようになる。

数秘術から深い洞察を得るには、数秘術への理解を深めるに尽きる。

用語	解説
エクスプレッション・ナンバー	出生時につけられたフル・ネームのすべての文字に対応した数価の合計。
エクスプレッションの４つの面	出生時につけられたフル・ネームの文字を、肉体、思考、感情、直感の各レベルに分けたときの分布。
エッセンス・サイクル	その年のトランジットの組み合わせで決まる期間。長さは１年から９年まで（トランジットも見よ）。
カルミック・デット・ナンバー	「13」、「14」、「16」、「19」。
カルミック・レッスン・ナンバー	出生時につけられたフル・ネームの文字の数価の中に全く出てこない数。複数の場合もある。
キャップストーン	出生時につけられた下の名前の最後の文字。
コア・ナンバー	数秘術のチャート上で最も重要な数。ライフ・パス・ナンバー、エクスプレッション・ナンバー、ハートデザイア・ナンバー、パーソナリティー・ナンバーがあり、35歳以降はマチュリティー・ナンバーも含める。
コーナーストーン	出生時につけられた下の名前の最初の文字。
サード・チャレンジ	メイン・チャレンジを見よ。
サブコンシャス・セルフ・ナンバー	出生時につけられたフル・ネームの文字に表れる数の種類の個数。もしくは９からカルミック・レッスンの個数を引いたもの。
思考面のトランジット	出生時につけられたミドル・ネーム、ミドル・ネームがない場合は苗字に基づいた期間。トランジットも見よ。
精神面のトランジット	出生時につけられた苗字に基づいた期間。トランジットも見よ。
セカンド・チャレンジ	誕生日の生まれ日の数と生まれ年の数をそれぞれ一桁にしたときの、ふたつの数の差。
ソウル・アージ・ナンバー	ハートデザイア・ナンバーを見よ。

用語	解説
短縮形の名前	苗字も含めて、自己紹介をするときに使う名前（ミドル・ネームのイニシャルや、「ジュニア」、「３世」といった称号は含めない）。
チャレンジ・ナンバー	誕生日の生まれ年、生まれ月、生まれ日の数をそれぞれ一桁にし、互いに引き算したときの差。
ディスティニー	ライフ・パス・ナンバーを見よ。
トランジット	名前に基づいたサイクル。期間は１年から９年。
物質面のトランジット	出生時につけられた下の名前に基づいた期間。トランジットも見よ。
バース・デイ・ナンバー	生まれ日の数。他のナンバーの計算に必要な場合のみ、一桁にする。
パーソナリティー・ナンバー	出生時につけられたフル・ネームの中の、子音に対応した数価の合計。
パーソナル・イヤー・ナンバー	誕生日の生まれ月の数、生まれ日の数と、その年の数の合計。期間は１年。
パーソナル・デイ・ナンバー	その日の数とパーソナル・マンス・ナンバーの合計。期間は１日。
パーソナル・マンス・ナンバー	その月の数とパーソナル・イヤー・ナンバーの合計。期間は１カ月。
ハートデザイア・ナンバー	出生時につけられたフル・ネームの文字の中の、母音に対応した数価の合計。ソウル・アージ・ナンバーとも言う。
バランス・ナンバー	出生時につけられたフル・ネームのイニシャルの文字に対応した数価の合計。
ヒドゥン・パッション・ナンバー	出生時につけられたフル・ネームの文字に対応した数価の中で、最も登場回数の多い数。複数の場合もある。
ピナクル・サイクル	誕生日に基づいた長期サイクル。具体的な出来事や経験を示す。
ピリオド・サイクル	誕生日に基づいた長期サイクル。ひっそりと根底に流れるものを繊細に示す。
ファースト・チャレンジ	生まれ月と生まれ日の数をそれぞれ一桁にしたときの、ふたつの数の差。
フォース・チャレンジ	生まれ年と生まれ月の数をそれぞれ一桁にしたときの、ふたつの数の差。
ブリッジ・ナンバー	あるコア・ナンバーから別のコア・ナンバーの数を引いた差。そのふたつのコア・ナンバーの関係性を表す。
マイナー・エクスプレッション・ナンバー	短縮形のフル・ネームのすべての文字に対応した数価の合計。
マイナー・パーソナリティー・ナンバー	短縮形のフル・ネームの中の、子音の文字に対応した数価の合計。

用語	解説
マイナー・ハートデザイア・ナンバー	短縮形のフル・ネームの中の、母音の文字に対応した数価の合計。
マスター・ナンバー	「11」と「22」。極めて稀に「33」を含める場合がある。注：「44」、「55」、「66」、「77」、「88」、「99」をマスター・ナンバーとする数秘術師もいる。しかし、「11」、「22」、「33」という3つのマスター・ナンバーがマスターに向かう道を表す三角形を形成し、その頂点の「33」が悟りを表す。「44」から上の数はこの三角形の中に位置していないため、一桁にすべきである。
マチュリティー・ナンバー	エクスプレッション・ナンバーとライフ・パス・ナンバーを足して、一桁にしたもの。ある程度年を重ねた35歳以降に影響が表れる。
メイン・チャレンジ	ファースト・チャレンジの数とセカンド・チャレンジの数の差。
ユニバーサル・イヤー・ナンバー	1月から始まり12月に終わる1年間の数。その年を表す西暦の四桁の数を合計し、一桁にしたもの。
ライフ・パス・ナンバー	チャート上で最も重要な数。誕生日の各桁の数を合計し、一桁にしたもの（マスター・ナンバーを除く）。
ラショナル・ソウト・ナンバー	生まれ日の数と、出生時につけられた下の名前のすべての文字の数価の合計。

マスター・ナンバー・ガイド

Master Number Guide

マスター・ナンバーが出たら、一桁にしないもの

・ライフ・パス・ナンバー
・バース・デイ・ナンバー
・エクスプレッション・ナンバー
・マイナー・エクスプレッション・ナンバー
・ハートデザイア・ナンバー
・マイナー・ハートデザイア・ナンバー
・パーソナリティー・ナンバー
・マイナー・パーソナリティー・ナンバー
・エクスプレッションの４つの面
（ただし感情面と直感面のエクスプレッションでは、「11」はそのままにするが、「22」は一桁にする）
・マチュリティー・ナンバー
・ラショナル・ソウト・ナンバー
・エッセンス・ナンバー
・ピリオド・サイクル
・ピナクル・サイクル

マスター・ナンバーが出ても一桁にするもの（もしくはマスター・ナンバーが当てはまらないもの）

・チャレンジ・ナンバー
・カルミック・レッスン・ナンバー
・ヒドゥン・パッション・ナンバー
・サブコンシャス・セルフ・ナンバー
・バランス・ナンバー
・エクスプレッションの感情面の「22」
・エクスプレッションの直感面の「22」
・ブリッジ・ナンバー
・パーソナル・イヤー、マンス、デイの各ナンバー

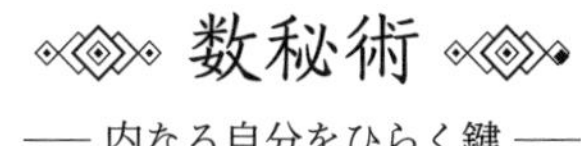

数秘術

── 内なる自分をひらく鍵 ──

付録

ライフ・パス・ナンバー

誕生日の年、月、日の数をそれぞれ合計し、一桁にする。それから3つの一桁の数を合計し、一桁になるまで計算する（11と22の場合はマスター・ナンバーのため、そのまま）。

生まれ年：＿＿＿＿年＝＿＿＋＿＿＋＿＿＋＿＿＝＿＿＿

＿＿＋＿＿＝＿＿

生まれ月：＿＿＿＿月＝＿＿＋＿＿＝＿＿

生まれ日：＿＿＿＿日＝＿＿＋＿＿＝＿＿

合計：＿＿＋＿＿＋＿＿＝＿＿＿ → ＿＿＋＿＿＝ ◯（ライフ・パス・ナンバー）

※マスター・ナンバーの場合はここまで

バース・デイ・ナンバー

生まれ日を記入。生まれ日が二桁の場合、合計して出た一桁と生まれ日の二桁の両方のナンバーを見る。

生まれ日：＿＿＿＿日＝＿＿＋＿＿＝ ◇（バース・デイ・ナンバー）

エクスプレッション・ナンバー 

出生時のフル・ネームをアルファベットで書き、それぞれの文字の下に対応する数字を書く。数字を合計して一桁になるまで計算する（11と22の場合はマスター・ナンバーのため、そのまま）。

アルファベットと数の対応

アルファベット	A	B	C	D	E	F	G	H	I
対応する数	1	2	3	4	5	6	7	8	9
アルファベット	J	K	L	M	N	O	P	Q	R
対応する数	1	2	3	4	5	6	7	8	9
アルファベット	S	T	U	V	W	X	Y	Z	
対応する数	1	2	3	4	5	6	7	8	

下の名前（ファースト・ネーム）：

アルファベットを数字に対応：

小計：＿＿ → ＿＿ ＋ ＿＿ ＝ ＿＿

ミドル・ネーム：

アルファベットを数字に対応：

小計：＿＿ → ＿＿ ＋ ＿＿ ＝ ＿＿

苗字（ファミリー・ネーム）：

アルファベットを数字に対応：

小計：＿＿ → ＿＿ ＋ ＿＿ ＝ ＿＿

エクスプレッション・ナンバー

すべての数の合計：＿＿ ＋ ＿＿ ＋ ＿＿ ＝ ＿＿ → ＿＿ ＋ ＿＿ ＝ △

※マスター・ナンバーの場合はここまで

ハートデザイア・ナンバー／パーソナリティ・ナンバー

出生時のフル・ネームの中の母音の文字（A、E、I、O、U）と子音の文字に対応した数字を合計し、一桁になるまで計算する（11と22の場合はマスター・ナンバーのため、そのまま）。

母音の文字を数字に対応：＿＿＿＿ 小計：＿＿ → ＿ ＋ ＿ ＝ ＿＿

下の名前（ファースト・ネーム）：＿＿＿＿

子音の文字を数字に対応：＿＿＿＿ 小計：＿＿ → ＿ ＋ ＿ ＝ ＿＿

母音の文字を数字に対応：＿＿＿＿ 小計：＿＿ → ＿ ＋ ＿ ＝ ＿＿

ミドル・ネーム：＿＿＿＿

子音の文字を数字に対応：＿＿＿＿ 小計：＿＿ → ＿ ＋ ＿ ＝ ＿＿

母音の文字を数字に対応：＿＿＿＿ 小計：＿＿ → ＿ ＋ ＿ ＝ ＿＿

苗字（ファミリー・ネーム）：＿＿＿＿

子音の文字を数字に対応：＿＿＿＿ 小計：＿＿ → ＿ ＋ ＿ ＝ ＿＿

母音の数字の合計：

＿＿ ＋ ＿＿ ＋ ＿＿ ＝ ＿＿ → ＿ ＋ ＿ ＝ ○ ハートデザイア・ナンバー

子音の数字の合計：

＿＿ ＋ ＿＿ ＋ ＿＿ ＝ ＿＿ → ＿ ＋ ＿ ＝ □ パーソナリティ・ナンバー

マイナー・エクスプレッション・ナンバー／マイナー・ハートデザイア・ナンバー／マイナー・パーソナリティー・ナンバー

結婚や改名などで名前が変わった後の名前やふだんよく使うニックネームをそれぞれのナンバーの計算式に当てはめて計算する。

カルミック・レッスン・ナンバー／ヒドゥン・パッション・ナンバー

出生時のフル・ネームをアルファベットで書き、それぞれの文字の下に対応する数字を書く。数字の各個数を数え、チャートに記入。0と書いた数字と個数が最大の数字を確認する（複数の場合もある）。

カルミック・レッスンとヒドゥン・パッションのチャート

1	2	3
4	5	6
7	8	9

フル・ネーム：

アルファベットを数字に対応：

個数が0の数字＝カルミック・レッスン・ナンバー：＿＿＿＿

個数が最大の数字＝ヒドゥン・パッション・ナンバー：＿＿＿＿

サブコンシャス・セルフ・ナンバー

9からカルミック・レッスン・ナンバーの個数を引く。

サブコンシャス・セルフ・ナンバー

9－＿＿＝［　］

バランス・ナンバー

フル・ネームのイニシャルに対応した数字を合計し、一桁になるまで計算する（11 と 22 が出ても一桁にする）。

下の名前（ファースト・ネーム）のイニシャル：______ → 対応する数字：____

ミドル・ネームのイニシャル：______ → 対応する数字：____

ファミリー・ネーム（苗字）のイニシャル：______ → 対応する数字：____

バランス・ナンバー

合計：____ ＋ ____ ＋ ____ ＝ ____ → ____ ＋ ____ ＝ 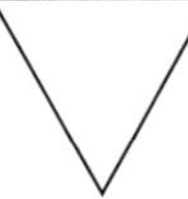

コーナーストーン

名前（出生時につけられた下の名前）の1文字目：______

キャップストーン

下の名前の最後の文字：______　　下の名前の最初の母音：______

マチュリティー・ナンバー

ライフ・パス・ナンバーとエクスプレッション・ナンバーを足し、その合計を一桁になるまで計算する（11 と 22 の場合はマスター・ナンバーのため、そのまま）。

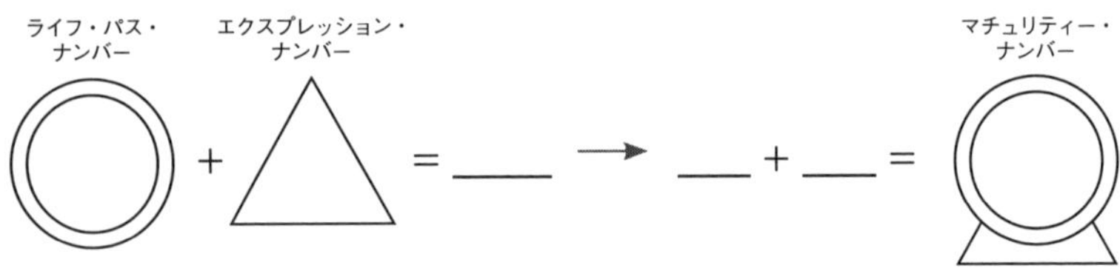

ラショナル・ソウト・ナンバー

下の名前の文字に対応した数字の合計に、自分の生まれ日を足し、その合計が一桁になるまで計算する（11と22の場合はマスター・ナンバーのため、そのまま）。

下の名前（ファースト・ネーム）：……………………

アルファベットを数字に対応：……………………

小計：………… → ……＋……＝＿＿

生まれ日：…………日＝……＋……＝＿＿

ラショナル・ソウト・ナンバー

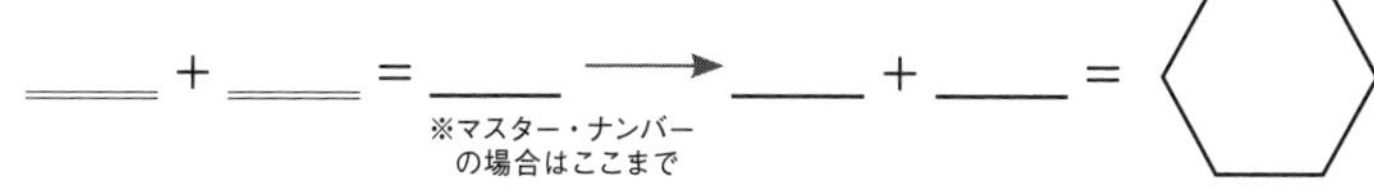

ベース・チャート

算出した数字をチャートに記入する

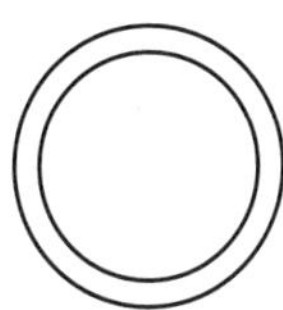
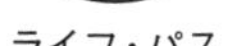

ライフ・パス

エクスプレッション

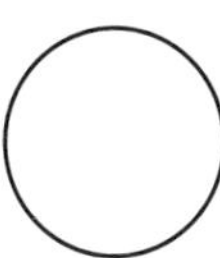

ハートデザイア

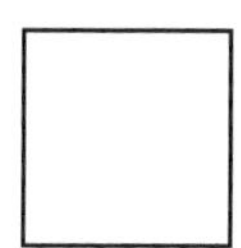

パーソナリティー

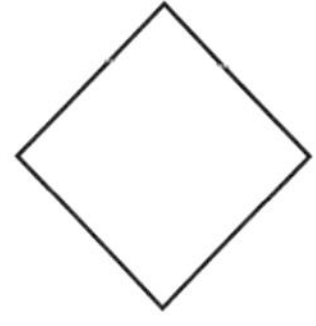

バース・デイ

マチュリティ

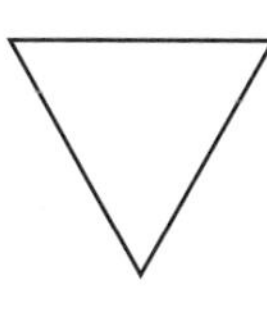

バランス

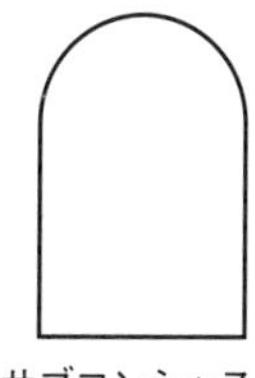

サブコンシャス・セルフ

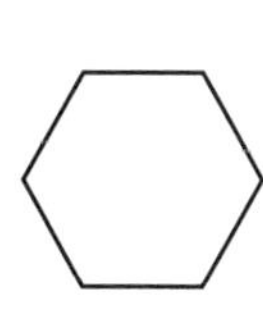

ラショナル・ソウト

チャレンジ・ナンバー

生まれ年：＿＿＿年＝＿＿＋＿＿＋＿＿＋＿＿＝＿＿

＿＿＋＿＿＝＿＿

生まれ月：＿＿＿月＝＿＿＋＿＿＝＿＿

生まれ日：＿＿＿日＝＿＿＋＿＿＝＿＿

〔ファースト・チャレンジ〕

月または日の数：＿＿＿－月または日の数：＿＿＿＝＿＿＿

（大きい数から小さい数を引く）

〔セカンド・チャレンジ〕

日または年の数：＿＿＿－日または年の数：＿＿＿＝＿＿＿

（大きい数から小さい数を引く）

〔サード・チャレンジ〕

ファースト・チャレンジ：＿＿＿－セカンド・チャレンジ：＿＿＿＝＿＿＿

セカンド・チャレンジ：＿＿＿－ファースト・チャレンジ：＿＿＿＝＿＿＿

（大きい数から小さい数を引く）

〔フォース・チャレンジ〕

月または年の数：＿＿＿－月または年の数：＿＿＿＝＿＿＿

（大きい数から小さい数を引く）

ピナクル・サイクル・ナンバー 

〔ファースト・ピナクル・ナンバー〕

生まれ月：＿＿＿＿月＝＿＿＋＿＿＝＿＿①

生まれ日：＿＿＿＿日＝＿＿＋＿＿＝＿＿②

＿＿（①）＋＿＿（②）＝＿＿（1） ファースト・ピナクル・ナンバー

〔セカンド・ピナクル・ナンバー〕

生まれ日：＿＿＿＿日＝＿＿＋＿＿＝＿＿③

生まれ年：＿＿＿＿年＝＿＿＋＿＿＋＿＿＋＿＿＝＿＿

→ ＿＿＋＿＿＝＿＿④

＿＿（③）＋＿＿（④）＝＿＿（2） セカンド・ピナクル・ナンバー

〔サード・ピナクル・ナンバー〕

＿＿（1 ファースト・ピナクル・ナンバー）＋＿＿（2 セカンド・ピナクル・ナンバー）＝＿＿ → ＿＿＋＿＿＝＿＿（3 サード・ピナクル・ナンバー）

〔フォース・ピナクル・ナンバー〕

生まれ月：＿＿＿＿月＝＿＿＋＿＿＝＿＿⑤

生まれ年：＿＿＿＿年＝＿＿＋＿＿＋＿＿＋＿＿＝＿＿

→ ＿＿＋＿＿＝＿＿⑥

＿＿（⑤）＋＿＿（⑥）＝＿＿（4） フォース・ピナクル・ナンバー

ネイタル・チャート

算出した数字をチャートに記入する

フォース・ピナクル

サード・ピナクル

ファースト・ピナクル

セカンド・ピナクル

ライフ・パス・ナンバー

バース・デイ・ナンバー

月＝

日＝

年＝

ファースト・チャレンジ

セカンド・チャレンジ

サード・チャレンジ

フォース・チャレンジ

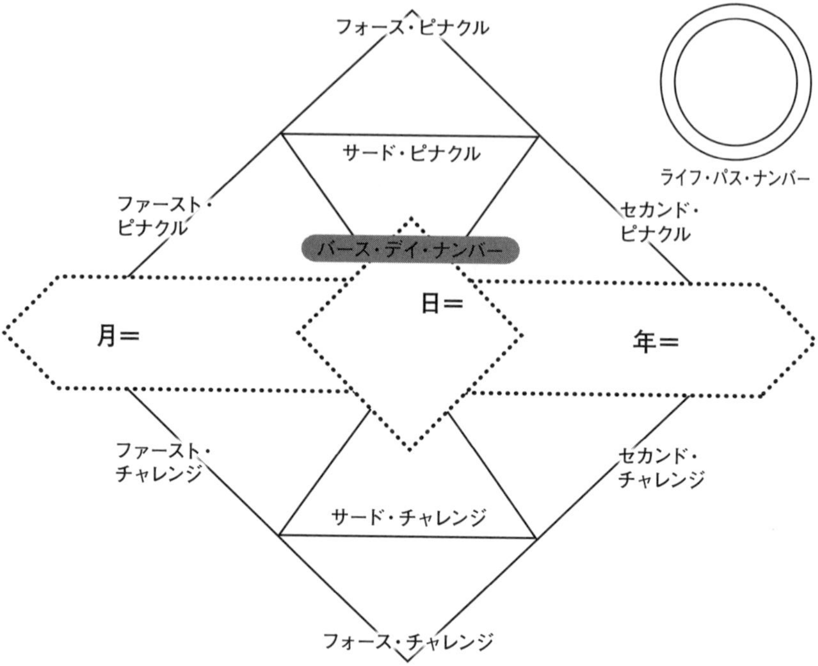

ブリッジ・ナンバー算出表

算出した数字をチャートに記入する

	ライフ・パス （　）	バース・デイ （　）	エクスプレッション （　）	ハートデザイア （　）	パーソナリティ （　）
ライフ・パス （　）					
バース・デイ （　）					
エクスプレッション （　）					
ハートデザイア （　）					
パーソナリティ （　）					

エクスプレッションの4つの面

出生時のフル・ネームをアルファベットで書く。フェーズ属性表を見ながら、それぞれの文字と対応する数字を該当する欄に記入。

フル・ネーム：

....

....

アルファベットを数字に対応：

....

....

アルファベットのフェーズ属性

	創造フェーズ	変動フェーズ	着地フェーズ
物質面	E	W	D M
思考面	A	H J N P	G L
感情面	I O R Z	B S T X	
直感面	K	F Q U Y	C V

アルファベットと数の対応

アルファベット	A	B	C	D	E	F	G	H	I
対応する数	1	2	3	4	5	6	7	8	9
アルファベット	J	K	L	M	N	O	P	Q	R
対応する数	1	2	3	4	5	6	7	8	9
アルファベット	S	T	U	V	W	X	Y	Z	
対応する数	1	2	3	4	5	6	7	8	

エクスプレッションの4面チャート

算出した数字をチャートに記入する

	創造フェーズ		変動フェーズ		着地フェーズ		合計
	文字 対応する数	個数 数価	文字 対応する数	個数 数価	文字 対応する数	個数 数価	個数 数価
物質面							
思考面							
感情面							
直感面							
合計 個数 数価							

プログレッシブ・チャート

年齢

物質面のトランジット・ナンバー

思考面のトランジット・ナンバー

精神面のトランジット・ナンバー

カルミック・デット・ナンバー
(3つのトランジットの数の計が「16」、「19」の場合、記入)

エッセンス・ナンバー
(3つのトランジットの数の計)

ピナクル・サイクル

パーソナル・イヤー・ナンバー

ピリオド・サイクル

年(西暦)

年齢

物質面のトランジット・ナンバー

思考面のトランジット・ナンバー

精神面のトランジット・ナンバー

カルミック・デット・ナンバー
(3つのトランジットの数の計が「16」、「19」の場合、記入)

エッセンス・ナンバー
(3つのトランジットの数の計)

ピナクル・サイクル

パーソナル・イヤー・ナンバー

ピリオド・サイクル

年(西暦)

読者の皆様へ、

Dear Readers,

この本を最後まで読み進めてくださり、ありがとうございます。本書はHans DecozとTom Monteによる*Numerology: A Complete Guide to Understanding and Using Your Numbers of Destiny* (TarcherPerigee, 2001) の全訳です。この日本語版が、読者の皆様に数秘術への新たな視点と発見をもたらすものとワクワクしています。

翻訳の作業を終えた今、読者の皆様にいくつかお伝えしたいことがあります。

まず何よりも、本書のそこここで、数秘術の世界を訪れた方への筆者の愛を感じられたかと思います。ディカズ氏は決して甘く優しい言葉だけを綴ってはいません。心からの覚悟を求めるような厳しい表現に時々出会います。第１章で真っ先に取り上げているのは、マスター・ナンバーとカルミック・デット・ナンバーというとても重みのあるナンバーで、これらはどれも持ち主の人生に大きな負荷をかけます。けれどもその説明には、どうしたら有意義な人生にできるかを伝えたい、数秘術を学ぼうとする人が充実した人生を送れるように精いっぱい力を貸したい、という筆者の熱い思いがあふれています。老いた父親が子供に優しく諭すような厳かなトーンが本書を貫いています。

実は日本語版だけの特徴があるので自慢をさせてください。日本語版のために新たに執筆された内容がたくさんあります。訳者は決して数秘術の専門家ではないので、翻訳を進める中でディカズ氏にかなりの数の質問を浴びせ、しつこく（！）説明を求めました。たとえばサブコンシャス・セルフ・ナンバーの「２」の説明は原書にはありません。けれども日本にはサワ、エサワ、オノ、エンノなどの苗字、ケン、リエ、アリサ、リサ、サエ、ノエなどの名前が数多くあり、ナンバーが「2」になる名前がたくさんあります。「2」の名前のFacebookページを検索してディカズ氏にいくつかリンクをお送りしたところ、快く（あまりのしつこさに根負けして？）新たに説明を書いてくださいました。質問に対して「それならこの説明を加えてはどうか」というお申し出をたびたびいただきました。その答えはすべてそのまま日本語版に盛り込まれ、日本の読者の皆様へのプレゼントになりました。

最後に編集者の木本万里さんには何から何まで本当にお世話になりました。いつも優しい言葉をかけて、私の気持ちや都合を最大限優先してくださり、そのお陰で何とか翻訳を完成することができました。デザイナーの高岡直子さんが、スクエアをモチーフにしたシャープなデザインをしてくださり、数というテーマにぴったりの素敵な本に仕上がりました。

この場をお借りしておふたりに深くお礼を申し上げます。

この本が力となり、皆様の毎日が心豊かなものになることをお祈りしています。

2022年7月
訳者

索引

 索　引 

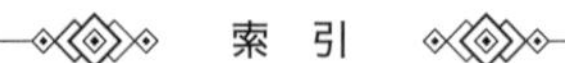

索 引

【著者について】

ハンス・ディカズ

Hans Decoz

ハンス・ディカズは、1949年、オランダのアムステルダム生まれ。ジ・アカデミー・オブ・ファイン・アーツに進学し、広告と工業デザインを専攻。ヨーロッパ、中東、アジア各地を広く旅し、1978年に渡米。

数秘術の研究は40年以上にわたる。1988年ディカズ・コーポレーションを設立。自ら設計開発したコンピューターによるパーソナル数秘術チャートの作成、リーディング、予測を提供。ディカズ・コーポレーションは米国、カナダ、ヨーロッパ、中東、日本、オーストラリア、南アフリカに顧客を擁し、数秘術関連の製品やサービスを２万件販売。ディカズによるチャートやリーディングは、ウェブサイト https://www.worldnumerology.com/ で提供されている。

イースト・ウェスト・ジャーナル（*East West Journal*）など数々の雑誌や新聞に数秘術の記事を寄稿し、ラジオやテレビ番組にインタビュー出演している。ワークショップや講演を多数行いながら、会議や博覧会の招聘に応じ、全米で活躍している。また各種SNSアカウントでも情報が発信されている。

トム・モンテ

Tom Monte

トム・モンテの著作は、すでに８冊に及ぶ。専門分野は健康と環境。『ザ・ウェイ・オブ・ホープ（*The Way of Hope*）』（Warner Books, September, 1989）の著者であり、『リコールド・バイ・ライフ：ザ・ストーリー・オブ・マイ・リカバリー・フロム・キャンサー（*Recalled By Life: The Story of My Recovery from Cancer*）』［Houghton Mifflin, Inc., 1982（上野圭一訳『がん――ある「完全治癒」の記録』、日本教文社、1983年）］及び『リビング・ウェル・ナチュラリー（*Living Well Naturally*）』（Houghton Mifflin, Inc., 1984）の２冊をアンソニー・サティラロ博士の共著者として著す。『リコールド・バイ・ライフ』のハードカバーはベストセラーとなり、現在はエイボン・ブックス（Avon Books）からペーパーバック版が出ている。『リビング・ウェル・ナチュラリー』のハードカバーは5万部近く売れ、Houghton Mifflinより大型ペーパーバック版が出版された。

他の著作に『リーディング・ザ・ボディー（*Reading the Body*）』（Viking Press , 1991、大橋渉との共著）、『プリティキン：ザ・マン・フー・ヒールド・アメリカズ・ハート（*The Man Who Healed America's Heart*）』（Rodale Press, with Ilene Pritikin, 1987、故ネイサン・プリティキン夫人、アイリーンとの共著）、『ファイティング・レディエーション・アンド・ケミカル・ポリュータンツ・ウィズ・フード・ハーブ・アンド・ヴァイタミンズ（*Fighting Radiation and Chemical Pollutants With Food, Herbs, and Vitamins*）』（East West Health Books, 1987、スティーヴン・シェクターとの共著）、『30デイズ：ア・プログラム・トゥー・アチーヴ・オプティマル・ウェイト・ロス・ロウワー・コレステロール・アンド・プリヴェント・シリアス・イルネス（*30 Days: A Program to Achieve Optimal Weight Loss, Lower Cholesterol, and Prevent Serious Illness*）』（Japan Publications, 1991、アヴリーヌ・クシとの共著）、『セット・フリー：ア・ウーマンズ・ヴィクトリー・オーヴァー・イーティング・ディスオーダーズ（*Set Free: A Woman's Victory Over Eating Disorders*）』（Japan Publications, 1991年、リンダ・マグレイスとの共著）がある。

米国とヨーロッパ各国での著作出版に加えて、『ライフ（*Life*）』、『ザ・サタデー・イヴニング・ポスト（*The Saturday Evening Post*）』、『ザ・シカゴ・トリビューン（*The Chicago Tribune*）』、『ランナーズ・ワールド（*Runner's World*）』、「イースト・ウェスト・ジャーナル（*East West Journal*）』、『パリス・マッチ（*Paris Match*）』、『ロンドンズ・サンデイ・ピープル（*London's Sunday People*）』などの雑誌や新聞に寄稿している。

【訳　者】

水柿 由香

同時通訳者。専門は広告、マーケティング。
上智大学卒。カンザス大学大学院修士課程修了。
訳書：ベネベル・ウェン著『ホリスティック・タロット　一個人的成長のための統合的アプローチ』（伊泉龍一との共訳、フォーテュナ）

数秘術

―― 内なる自分をひらく鍵 ――

2022年7月30日発行

著　者　ハンス・ディカズ
共　著　トム・モンテ
訳　者　水柿 由香
発行者　菊池 隆之
発行所　株式会社フォーテュナ
〒102-0093
東京都千代田区平河町2丁目11番2号 平河町グラスゲート2階
E-mail: staff-fortune@fortu.jp
http://www.fortu.jp/

発　売　株式会社 JRC
〒101-0051
東京都千代田区神田神保町 1-34　風間ビル 1F
TEL 03(5283)2230　FAX 03(3294)2177

編　集　木本 万里
ブックデザイン　高岡 直子

印刷・製本　シナノ印刷株式会社

©Yuka Mizugaki 2022, printed in Japan
ISBN　978-4-86538-133-7 C2076
乱丁・落丁はお取り換えいたします。
本書の無断転写・複製は、法律で定められた例外を除き、著作権の侵害となります。

好評既刊

出版と同時に、欧米の多数のプロのタロティストたちから絶賛の声が寄せられた話題の本が日本語訳に！

Ａ５サイズ／並製２冊組セット・ケース入り
９１６ページ
定価：本体７、８００円＋税

ホリスティック・タロット

個人的成長のための統合的アプローチ

全２巻セット

ベネベル・ウェン 著　伊泉 龍一 訳／水柿 由香 共訳

長年、タロットは「占い」のツールとして使われてきました。
それに対して、本書の著者ベネベル・ウェンは、タロットを通して意識下の知識や創造性に触れていくための方法を提示しています。
タロットを「未来を予言する」ことや「決められた運命を告げる」ためのものではなく、今ここでの問題に向き合い個人の成長を促すためのツールにすること、それが本書のタロットへのアプローチです。
初心者にとっては、本書に含まれている包括的な情報と明解な説明が、これからタロットの世界へ入っていくための最良のガイドとなるはずです。
プロのタロット・リーダーにとっては、500 以上の図解とともに豊富なスプレッドと実践上の解釈例が、より本格的なリーディングへステップアップするのに有益な指針となるでしょう。